상위 1% 아이가 하고 있는

서울대 아빠식
문해력 독서법

상위 1% 아이가 하고 있는 **서울대 아빠식 문해력 독서법**

초판 1쇄 발행 2021년 03월 02일
초판 3쇄 발행 2021년 07월 30일

지은이 이재익 · 김훈종

펴낸이 조기흠
편집이사 이홍 / **책임편집** 정선영 / **기획편집** 유소영, 임지선, 박단비
마케팅 정재훈, 박태규, 김선영, 홍태형, 배태욱 / **디자인** 어나더페이퍼 / **제작** 박성우, 김정우

펴낸곳 한빛비즈(주) / **주소** 서울시 서대문구 연희로2길 62 4층
전화 02-325-5506 / **팩스** 02-326-1566
등록 2008년 1월 14일 제 25100-2017-000062호

ISBN 979-11-5784-487-6 03370

이 책에 대한 의견이나 오탈자 및 잘못된 내용에 대한 수정 정보는 한빛비즈의 홈페이지나
이메일(hanbitbiz@hanbit.co.kr)로 알려주십시오. 잘못된 책은 구입하신 서점에서 교환해드립니다.
책값은 뒤표지에 표시되어 있습니다.

⌂ hanbitbiz.com ◨ facebook.com/hanbitbiz ◨ post.naver.com/hanbit_biz
▶ youtube.com/한빛비즈 ◉ instagram.com/hanbitbiz

지금 하지 않으면 할 수 없는 일이 있습니다.
책으로 펴내고 싶은 아이디어나 원고를 메일(**hanbitbiz@hanbit.co.kr**)로 보내주세요.
한빛비즈는 여러분의 소중한 경험과 지식을 기다리고 있습니다.

상위 1% 아이가 하고 있는

서울대 아빠식
문해력 독서법

독서법부터 다른 영재원 과학고 아이들의 비밀

이재익 · 김훈종 지음

HB 한빛비즈
Hanbit Biz, Inc.

언택트 시대,
더욱 중요해진 독서와 글쓰기

유튜브의 시대입니다. 혹자는 넷플릭스를 비롯한 OTT(온라인 동영상 서비스)의 시대라고도 합니다. 어쨌든 우리는 영상으로 시작해 영상으로 끝나는 시대에 살고 있습니다. 특히 젊은 세대의 영상 활용도가 높은데, 이들은 영화나 게임 같은 콘텐츠 소비에 머물지 않고 정보 검색이나 의사소통에서도 영상을 활용합니다. 이제 영상은 목적일 뿐 아니라 수단이며 생활이 되어버렸습니다. 여기까지만 보면 영상 제작 꿀팁을 담은 책의 서문처럼 보일 테지만, 실은 정반대입니다. 이 책은 고색창연하게도 독서와 글쓰기에 관한 책입니다. 특히 아빠로서 아이의 독서와 글쓰기 교육을 이야기하는 책입니다.

영상의 시대에 독서와 글쓰기가 무슨 소용이 있냐고요? 천만의 말씀. 보통 사람들의 인생에서 가장 중요한 관문인 입시와 취업에 관해서는, 아직도 또 앞으로도 말과 글이 전부라고 해도 과언이 아닙니다. 오히려 요즘 아이들에게 말 잘하고 글 잘 쓰는 능력은 더 희소하고 귀해졌습니다. 아기 때부터 식당에서 부모가 얌전히 있으라고 쥐여주는 핸드폰 영상에 길들여져, 글 쓰고 말하는 데 곤란을 겪는 아이들이 많기 때문입니다.

독서와 글쓰기의 효용은 입시와 취업 같은 현실적인 과제에 그치지 않습니다. 독서와 글쓰기는 어지러운 생각을 구체화하는 데도, 말로는 부족한 소통의 틈을 메우는 데도, 자기 자신도 몰랐던 내면을 들여다보는 데도 효용이 있습니다. 어떤 직업이든 간에 글을 잘 쓰고 말을 잘하면 실제보다 더 괜찮고 유능한 사람으로 보이기 마련입니다. 특히 이성 교제에서 말발과 글발이 엄청난 장점임을 직접 체험한 바 있습니다. 심지어 평생 돈벌이가 되기도 하죠. 유튜브도 결국 말발과 자막발 아니겠습니까?!

저는 평생을 글 쓰고 말하는 일을 하며 살아왔습니다. 20대 초반에 등단한 뒤로 수십 권의 소설책을 냈고 네이버 웹소설 원년 멤버로 5년째 쉬지 않고 웹소설을 연재 중입니다. 최근에는 웹툰도 시작했습니다. 우리나라에서 가장 오래된 팟캐스트 '씨네타운 나인틴'을 8년째 이어오고 있으며, SBS 라디오에서는 제 이름을 내건 프로그램 '이재익의 시사특공대'를 2년째 진행하고 있습니다. 그리고 십수 년째 아이의 글동무 말동무가 되어주고 있습니다.

저는 아이의 교육에 참여할 기회가 많았던 아빠입니다. 노골적으로 표현하자면 돈과 시간 그리고 요령이 있었다는 뜻입니다. 노력도 꽤나 했지만 운이 좋았다고 말하는 편이 더 정확하겠습니다. 이 땅의 많은 아빠들은 그러하지 못하죠. 하루 종일 돈 벌고 밤늦게 들어와 파김치가 된 아빠에게 아이 교육까지 신경 쓰라고 한다면, 당신은 왜 다른 아빠만큼 사교육비를 내놓지 못하냐고 타박한다면, 그야말로 너무 가혹한 일입니다. 다들 알다시피 이런 식으로 안타깝게 교육의 불평등이 시작됩니다.

자본뿐 아니라 학력도 대물림되는 구조 속에서 운 좋은 아빠였던 저는 종종 누군가에게 빚진 기분을 느끼곤 했습니다. 그래서일까요? SBS에서 함께 일하는 김훈종 PD가 이 책의 기획 의도를 말해주었을 때, 듣는 것만으로도 막연한 부채감이 해소되는 기분이 들었습니다. '남의 집 돈과 시간 문제는 내가 어찌할 수 없으나, 적어도 요령 정도는 공유할 수 있지 않을까?'

저는 이 책을 통해 제 경험을 털어놓으려고 합니다. 글 쓰고 말하는 일을 업으로 평생을 살아온 사람으로서, 또 아이를 키우면서 그 분야에서만큼은 꽤나 성공적인 성과를 거두었다고 자부하는 아빠로서의 경험을 정리해보려 합니다. 내 아이를 글 잘 쓰는 아이로, 말 잘하는 아이로 키우고 싶은 마음은 부모라면 다 같을 것입니다. 아이에게 힘이 되어주고는 싶은데 좋은 방법을 몰라서 학원비나 벌어야겠다고 체념하는 이 땅의 많은 엄마, 아빠들에게 일부분이라도 보탬이 되기를 바라는 마음입니다.

차례

프롤로그_ 언택트 시대, 더욱 중요해진 독서와 글쓰기 _5

> 1부 <
독서교육을 시작하기에 앞서

자녀와의 교감이 먼저다 _14

책만 사다 준다고 독서교육이 아니다: 무조건 부모가 맞춰라 | 내 아이 성향은 내가 제일 잘 안다는 오해 | 최악의 타이밍은 피하라

놀이를 통한 대화의 중요성: 이게 다 전두엽 때문 | 아이와의 대화를 위한 장기 전략 | 대화의 기본은 놀이

우리가 글공부를 하는 이유 _32

경험과 지식이라는 두 마리 토기를 잡기 위하여: 똑똑한 아이는 똑똑한 부모 밑에서? | 소득에 따른 진학 불평등이라는 현실 | 다행히 성공은 성적순이 아니다

세상살이의 기본을 배우는 과정: 인풋, 상상력, 아웃풋

어떻게 하면 책과 친해질까 _46

멋진 글귀로 아이를 자극하라: 내가 건넨 글귀들 | 아이의 무반응을 두려워하지 마라

기적을 만드는 동기의 중요성: 왜 공부하는지 답을 가진 아이는 다르다 | 맞춤형 목표 설정이 중요한 이유

아이 성향 파악하기 _63

내 아이 독서교육도 지피지기면 백전백승: 부모-아이 성향에 따른 4가지 전략 | "독서와 글쓰기는 반드시 성적 향상을 위해서만 필요한가요?" | "아는데, 다 아는데 시간이 없어요."

지피지기면 글에 발목 잡히지 않는다: 독서 몰입 상황 어떻게 만들까 | 도서관의 재미를 맛보게 하기 | 아이의 승부욕을 독서로 연결시키기 | 거실을 포기할 수 있는 용기 | 모든 것을 함께하라, 코호트 독서법

>2부< 기본기 다지기

우리 아이 상상력 키우기 _86

동화책으로 상상력 키우는 법: 읽어주기를 잠시 멈추고 질문하라 | 상상력은 읽기와 쓰기의 가장 큰 자산

대화식 독서의 놀라운 힘: 결핍이 준 선물 | 대화식 독서의 장점과 그 방법 | 한번 체계가 잡힌 유아기 독서의 힘

우리 아이 어휘력 키우기 _105

어휘력 어떻게 강화시킬까: 일상에서 아이의 호기심을 인정하라 | 독서형 인재 vs. 스마트폰형 인재 | 나무위키를 활용하라 | 한자의 힘을 간과하지 마라 | 가벼운 퀴즈도 도움이 된다

한자 교육의 중요성: 영미권에서 라틴어를 배우는 이유 | 한자를 알면 모든 주요 과목이 쉬워진다 | 한자와 문해력의 상관관계 | 한자 교육 시 잊지 말아야 할 점

우리 아이 사고력 키우기 _122

사고력은 충분히 향상시킬 수 있다: 다방면에 걸친 독서? | 아이를 제대로 봐야 교육도 제대로 할 수 있다 | 약간 더 어려운 내용으로 머리 근육 기르기

진짜 사고력이란 무엇인가: 사고력 독서에 이르지 못하는 이유 | '지식 자랑 독서'의 한계 | 다시, 머리 근육 기르기

>3부< 본격! 문해력 독서법

독서의 선순환을 위하여 _142

아이가 책을 가까이하게 하려면: 부모의 기준으로 좋은 책을 정하지 마라 | 독서 편식을 장려하라 | 편식이 준 선물

아이가 책을 더 가까이하게 하려면: 상상을 초월하는 웹툰-웹소설의 분량 폭격 | 아이가 몰입의 경지에 이를 수 있도록

독서의 힘으로 이룬 만점 타이틀: 단순 지식과 사고력의 차이 | 답을 유추하는 능력을 길러라 | 둔감력을 길러라 | 그 많던 종이책은 어디로 갔을까

웹툰을 허하라! 전집을 금하라!: 아이도 부모도 관심 분야의 책부터 | 독서는 결국 재미가 먼저다 | 책이 고팠던 유년 시절의 놀라운 결과 | 단순 독해를 넘어 문해력으로 | 기왕이면 종이책으로 | 종이책과 맥락 의존적 학습

독서, 과부하와 불량함도 필요하다 _183

과부하 독서법: 내가 《코스모스》를 처음 만났을 때 | 아들이 처음 《이기적 유전자》를 만났을 때 | 아이가 스스로를 몰아세우지 않도록 하라

문해력 독서법: 결국은 문해력이 좌우한다 | 문해력을 높이려면 능동적 독서가 필수 | 사교육도 능동적 독서를 대신할 순 없다 | 읽고, 필사하고, 요약하라! | 물리적 요약 vs. 화학적 요약 | 다양할수록 좋은 독서의 스펙트럼 | 논술보다 요약이 먼저다 | 요약으로 지문의 구조를 파악하라 | 잊지 말아야 할 필사의 힘

속독법 트레이닝 I : 속독법을 익히면 글을 대충 읽게 된다? | 속독법은 한 가지다? | 속독법은 매일 꾸준히 연습해야 한다? | 이재익표 속독법 트레이닝

속독법 트레이닝 II : 속독의 마법 | 속독을 위한 디딤돌 다지기 | 베르니케 영역과 브로카 영역의 이해 | 음독과 지독의 효용 | 추론적 독해의 비결은 정독 | 결국, 속도가 관건이다

글도 잘 쓰고 말도 잘하는 아이는 무엇이 다른가 _247

글쓰기 첫걸음은 이렇게: 취학 전 | 초등학교 | 중학교 | 고등학교

읽기가 곧 쓰기, 쓰기가 곧 읽기: 글쓰기엔 정답이 없다 | 글쓰기는 문해력을 향상시키는 치트키

어떻게 하면 언어 능력을 고르게 발전시킬 수 있을까: 아이를 윽박지르지 않기 | 가정에서 자연스럽게 발표해보기 | 유혹하는 말하기의 중요성 | 말솜씨는 어릴수록 기르기 쉽다

질문하는 아이로 키우는 법: 문해력과 표현력의 중요성 | 하브루타 교육법을 시작하라 | 잊지 말 것, 세 가지 금기

아이와 함께 읽고 토론하고 계획을 세우라 _281

아빠의 링크 I : 환경 | 젠더 | 혐오

아빠의 링크 II : 노동과 기술 | 코로나19와 보건의료 체계

글공부 계획을 세울 때 주의점 I : 느슨할수록 좋다 | 틈날 때마다 조금씩 | 정말 아니다 싶으면 놓아주기를

글공부 계획을 세울 때 주의점 II : 각기 저마다의 이유로 시험을 망친다 | 냉혹한 학종의 세계 | 수면의 과학 | 청소년기 수면의 중요성 | 충분한 수면의 보답

⟩ 4부 ⟨
아빠의 고민

강남 키즈 vs. 목동 키즈 _320

강남 키즈의 탄생: 강남 키즈 1세대, 학부모가 되다 | 《이기적 유전자》의 대한민국 사교육 버전

어느새 나타난 목동 키즈: 학력 사회의 효용은 여전히 유효한가 | 의대의 위상 | 알 수 없는 미래 | 잘못된 실력 쌓기의 결과

강남 키즈, 이대로 괜찮을까: 저출산과 사교육 열풍의 상관관계 | 그럼에도 불구하고 아이들은

강남 목동 키즈, 아이들은 죄가 없다: 대치동과 목동 학원가의 패러다임 | 과도한 자극은 독! | 바이링구얼은 허상 | 초등 6년도 평화롭지 않은 현실 | 부모 점수와 부모 숙제 | 학종의 종말?

아이의 꿈이 작가나 언론인이라고요? _358

웹작가를 꿈꾸는 아이에게는: 첫째도 상상력 둘째도 상상력 | 정말 상상력이 전부인가요? | 진짜 웹작가가 직업이 될 수 있나요?

방송국에서 일하고 싶은 아이에게는: 극작가가 되고 싶은 아이 | 구성 작가가 꿈인 아이

핀잔은 금물!: 반드시 돈이 되는 글쓰기만 해야 하나요?

에필로그_ 같은 엄마 아빠들에게 작은 도움이 될 수 있기를 _386

1부

독서교육을 시작하기에 앞서

자녀와의
교감이 먼저다

책만 사다 준다고
독서교육이 아니다

아이에게 독서와 글쓰기 지도를 하기 전에 반드시 필요한 조건이 있습니다. 부모가 아이와 대화가 원활하게 이루어지는 사이여야 한다는 것입니다. 서로 간의 대화가 엇나가는 상황에서는 독서 지도뿐 아니라 어떤 가르침도 제대로 먹힐 리 없죠. 오히려 역효과만 날 뿐입니다.

게다가 부모와의 대화는 아이가 처음 말과 글을 배우는 경험이기에 더욱 중요합니다. 첫 단추를 잘못 꿰면 아이가 성장할수록 대화는커녕 관계 자체가 힘들어질 수 있습니다. 따라서 아이가 어릴 적부터 교감을 바탕으로 한 관계를 다져놓는 것을 무엇보다 우선시해야 합니다. 이 챕터에서는 자녀와 교감을 형성하는 대화법에 대해 이야기해볼까 합니다.

무조건 부모가 맞춰라

무조건 부모가 맞추라니 억울하지요? 하지만 어쩌겠어요 부모인데. 아이들은 들끓는 감정의 소유자들입니다. 사춘기에 접어들수록 그 정도는 더 심해지죠. 개인별 차이는 있지만 이때를 질풍노도의 시기라고 부르는 데는 다 이유가 있을 겁니다. 아이와 대화를 나누다 보면 지적하고 싶은 문제들은 너무나도 많습니다. 거짓말, 이율배반, 답정너, 책임 전가, 무례 등등. 아이들은 잘 때 빼고는 천사보다는 악마에 가까운 경우가 더 많은데 언어의 영역에서는 더욱 그러죠. 아이들 단톡방을 보면… 악마도 울고 갈 정도라고나 할까요. 그러니 아이들과 이야기를 나눌 때 지적질은 절대 금물입니다. 아이랑 말하다가 이런 식으로 화내는 경우 가끔 있죠.

"너 누가 그렇게 버릇없이 말하랬어? 너 왜 어제하고 얘기가 달라? 결국은 핸드폰 바꿔달라는 얘기잖아? 너 왜 거짓말했어? 그게 왜 엄마 아빠 책임이야?"

이런 식으로 아이를 공격하면 어떤 상황이 발생하느냐. 아이가 입을 닫아버립니다. 아예 대화를 기피하는 경우도 있고, 속마음은 감춘 채 부모 전용 대화법을 구사하는 경우도 있습니다. 간혹 교육 전문가라는 분들이 아이들과의 대화법을 설파하면서 '상호 존중'이라는 표현을 쓰는데, 이런 말은 현실의 가정에서는 실현되기가 매우 어렵다고 봅니다. 전생에 나라를 구한 부모들에게나 허락되는 일이 아닐지요.

아이와 저의 대화법 중 여기서 소개하려는 방법은 어떤 분들에겐 눈살 찌푸려지는 내용일지도 모르겠습니다. 음… 저는… 욕설을 허락했습니다. 작정하고 그랬던 건 아닙니다. 순간적인 판단에 따른 결과였습니다.

아마도 아이가 초등학교 고학년 무렵이었을 겁니다. 한겨울 늦은 밤으로 기억합니다. 정말 추워도 너무 추운 날이었는데 차 조수석에 타면서 아이가 혼잣말로 욕을 내뱉은 겁니다.

"와 씨발 존나 춥네!"

우리가 첫 키스의 순간을 잊지 못하는 것처럼, 저는 아들의 욕설을 처음 들은 순간을 잊지 못합니다. 저도 놀라고 아이도 놀라서 서로를 돌아봤습니다. 저는 깨달았죠. '와 씨발 존나 중요한 순간이구나. 지금 내가 어떻게 대응하느냐에 따라 이제 사춘기에 접어들 이놈과의 관계가 재정립되겠구나.' 저는 시동을 걸고 가속페달을 밟는 내내 빛의 속도로 머리를 굴린 끝에 아빠로서의 반응을 결정했습니다. 그리고 말해주었죠.

"존나 춥지? 아빠도 얼어 죽는 줄."

욕설은 나쁩니다. 담배가 나쁘다는 걸 잘 알 듯 욕설이 나쁘다는 것도 다 알죠. '씨발'이라는 흔한 욕만 해도 그 유래를 찾아보면 차마 입에 담기 힘들지 않습니까. 하지만 일상적으로 욕을 입에 달고 사는 아이들이 많은 것도 현실입니다. 제가 어디서 그런 나쁜 말을 배웠냐며 야단을 쳤다면 어땠을까요? 아이는 아빠와의 대화가 불편해지겠죠. 그래서 저는 그냥 편하게 욕을 하라고 했습니다. 아빠도 너만 할 때는 그랬다고 넌지시 공감대를 형성하면서요. 그 뒤로 어떻게 되었냐고요?

아이는 친구들과 있었던 일부터 시작해 선생님 험담 등등 온갖 이야기를 털어놓더군요. 그것도 자기들만의 언어로 아주 생생하게 중계했습니다. 아빠가 욕을 다 들어주다 보니 수위도 점점 높아졌습니다. 이건 도저히 못 듣겠다 싶은 욕이 들릴 때는 한마디 하곤 했습니다. 워워. 그건 너무 심한 거 같은데. 그러면 아이도 '쏘리'라며, 겉으로는 자제하는 것 같더군요.

부모의 가치관에 따라 교육법은 다 다를 수 있습니다. 예의범절을 솔직한 대화보다 더 중요하다고 생각하는 부모라면 제 교육법은 받아들이기 힘들 겁니다. 당연히 모든 부모는 각자의 신념에 따라 아이를 양육하면 됩니다. 그것은 부모의 의무이기도 하고 권리이기도 하죠. 제 이야기는 이런 식으로 아이를 키우는 부모도 있구나 참고만 하면 됩니다.

물론 저는 나름대로 타임라인을 정했습니다. 아빠 앞에서 욕하는 건 고등학교 2학년 때까지만이라고요. 고2는 제가 생각하는 사춘기의 최대 기한이거든요. 그때부터는 말도 행동도 어른스러워져야 한다고 믿습니다. 나이 들어서도 욕을 입에 달고 사는 사람은, 곁에 둘 순 있지만 친구로 삼고 싶지는 않더라고요. 아들과 오래오래 친구처럼 지내고 싶기에, 이미 아빠의 기한에 대해선 아들에게 말해두었습니다. 바라건대 자기가 알아서 그때쯤이면 슬슬 욕설을 내려놓고 유머를 장착하길.

내 아이 성향은 내가 제일 잘 안다는 오해

부모자식 간의 대화뿐 아니라 모든 종류의 대화에서 기본은 바로 상대의 성향을 배려하는 것입니다. 상대방이 다혈질이라면 팩트폭격을 했을 때 전쟁이 일어날 겁니다. 반대로 시원시원한 성격의 소유자에게 빙빙 말을 돌려 하면 답답한 인간이라며 외면당하겠죠. 사람의 성향은 저마다 다릅니다. 손가락 지문이 모두 다르듯 완벽하게 성향이 같은 사람은 아무도 없어요. 피를 나눈 부모형제도 마찬가지예요. 저와 아들 역시 닮은 점도 있지만 그렇지 않은 점이 더 많습니다.

사람의 성향은 여러 가지로 가늠할 수 있습니다. 이 책의 독자를 학부모로 정한 이상, 여기서는 이해하기 쉽게 문과 성향과 이과 성향으로 나누어 설명하겠습니다. '문과적이다, 이과적이다, 인문대생이다, 공대생이다' 하는 표현은 다들 들어보셨을 겁니다. 이런 식으로 사람의 성향을 묘사하는 것은 대학생뿐 아니라 성인에게도 종종 적용되는데, 아마도 이런 뜻이겠죠. '문과 기질'이라고 하면 이성보다는 감성, 논리보다는 정서, 실리보다는 낭만, 과학보다는 예술, 정량적 기준보다는 정성적 기준을 앞세우는 사람을 말할 겁니다. '이과 기질'은 그 반대일 거고요. 제가 스스로를 평가해본다면 문과 기질 90퍼센트에 이과 기질 10퍼센트의, 극도의 문과 성향을 띤 인간입니다. 제가 본 아들 녀석은 문과 기질이 30퍼센트에 이과 기질이 70퍼센트 정도예요. 그러다 보니 부자지간의 대화는 엇갈릴 때가 많았습니다.

이런 엇갈림은 아이가 과학고에 진학하는 과정에서 극에 달했습니다. 아이의 관심은 온통 수학과 과학 공부에 쏠려 있는데 저는 공감할 수 있는 내용이 하나도 없었습니다. 이과 출신인 아이 엄마는 제법 공부까지 도와주곤 하는데 저는 아빠로서 소외감마저 느껴지더라고요. 별 수 있습니까? 최대한 잘 들어주는 수밖에요. 아빠는 내용은 잘 몰라도 관심은 많다는 것을 주지시켜주었죠. 부모자식 간에 성향이 비슷하다면 다행이지만 그렇지 않은 경우, 되도록 아이의 성향에 맞춰주는 편이 좋습니다. 아주 사려 깊은 아이라면 부모의 성향에 조금이나마 맞춰서 대화하겠지만, 그런 아이가 몇이나 될까 싶습니다.

이런 기질의 차이는 나중에 서로에게 영향을 주기도 합니다. 저는 괴이한 비유법을 사용하는 경우가 많은데 처음에는 그런 대화법에 질색하던 아이가 나중에는 저보다 더 엉뚱한 비유로 저를 웃게 만들더군요. 저 역시 근거를 중요시하는 아이에게 영향을 받아 몇 년 전부터 제 주장을 뒷받침해줄 통계나 연구를 찾아보는 습관이 생겼습니다.

최악의 타이밍은 피하라

아이들은 종종 극단적인 감정에 휩싸입니다. 신이 나서 까불다가도 다음 날은 우울증 환자처럼 침울해 있기도 하고, 또 어떤 날은 건드리면 폭발할 것처럼 예민해지기도 하죠. 대화를 해서는 안 될 타이밍에 자꾸 대화를 시도하면 눈치 없는 부모가 되기 십상입니다. 저도 가끔 실수하곤 했어요. 제가 알아낸 최악의 타이밍은 아이가 부모의 말을 못 들은 척할 때입니다. 이런 경우 부모는 발끈하기 마련이지요.

이런 일이 있었습니다. 정말 몸이 부서질 것처럼 피곤한 날이었습니다. 방송국에서 줄곧 여섯 시간을 떠들고 편집하고 밥도 제대로 못 먹은 참에, 목동 방송국에서 대치동 학원까지 아이를 데리러 갔습니다. 학원 앞에서 아이를 태우고는 일상적인 인사를 건넸습니다. 수업은 어땠냐고요. 그런데 아이는 눈도 안 마주치고 핸드폰만 보는 겁니다. 한 번 더 물어봤는데 여전히 개무시하는 거예요. 갑자기 확 열이 받은 제가 화를 냈습니다.

"야 인마. 내가 너랑 무슨 대단한 대화를 하자는 것도 아니고, 인사를 하는데 눈이라도 쳐다보면서 받아주는 게 최소한의 예의 아니냐?"

아이는 뭔가 울분에 찬 표정으로 저를 보더니 미안하다고 하곤 다시 대화 단절이었습니다.

나중에 알고 보니 시험을 완전히 망쳐버린 직후였더라고요.

이럴 때는 어떻게 해야 할까요? 대화를 시도한 타이밍은 잘못 잡았지만 사과마저 타이밍을 놓칠 순 없지요. 너무 늦기 전에 아이한테 말해주었습니다.

"아빠도 그날 너무 힘들었는데 네가 시험을 망친 줄도 모르고 화부터 냈다. 잠도 잘 못 자서 요즘 더 예민할 텐데, 미안해."

그리고 머리 쓱쓱. 키도 덩치도 저보다 훌쩍 커진 지금도 아이는 제 스킨십을 못 이기는 척 받아줍니다. 가끔 얼굴에 뽀뽀도 해주고 헤드록도 걸어줍니다. 저는 부모자식 간의 가장 좋은 대화는 스킨십이라고 믿습니다. 어릴 때 엄마 아빠가 물고 빨고 어루만져주던 그 기억 말이에요. 그 좋은 기억을 오래도록 잊지 않게 해주세요.

놀이를 통한
대화의 중요성

저녁 식사자리에서조차 신문을 펼쳐들고 있는 아버지. 뭔가 대화를 나누고 싶어 입을 움직여보려 하지만 대꾸하지 않는 식구들. 결국 아이는 가출을 합니다. 지하철 승강장에 서 있는 아이의 슬픈 등짝 위로 '무관심, 대화 없는 가정, 지금 당신의 자녀는 따뜻한 대화를 원하고 있습니다!'라는 카피가 흐릅니다. 30년 전 유행하던 공익광고의 한 장면이죠. 제 학창 시절만 해도 식사 중에 대화를 나누는 게 마치 큰 잘못이나 되는 것처럼 근엄한 분위기를 연출하는 집들이 있었습니다. 개그콘서트의 〈대화가 필요해〉 코너에 등장하는 유행어 "밥 먹자!"는 결코 과장된 말이 아니었습니다.

하지만 요즘 아빠들이 어디 그런가요. 기본적으로 대화를 하려는 의지도 강하고, 아이에게 투자하는 시간도 훨씬 늘어났습니다. 다만 '의지와 시간 투자만으로는 제대로 된 대화가 이루어지지 않는다'는 점이 함정입니다. 이미 사춘기에 접어든 자녀를 둔 독자들에게 이 함정은 꽤나 두려운 복병이지요. 아직 자녀의 사춘기를 겪지 않은 학부모 독자들도, 이미 '중2병'이라는 그 무시무시한 바이러스를 잘 알고 있을 겁니다.

사춘기에 접어든 10대 자녀들과 대화하다 막히면, 부모들은 으레 '중2병'이려니 생각하며 답답한 상황을 무마하려 합니다. '아이와의 대화가 단절되는 상황에서 나는 아무 잘못이 없어. 이게 다 중2병 때문이야'라고 자위하면서 말이지요. 하지만 중2병은 콜레라나 장티푸스 같은 병이 아닙니다. 엄밀히 말하자면 10대의 뇌 발달 과정에 대한 이해 부족으로 생긴 조어일 뿐입니다.

저마다의 가정에는 저마다의 '홀든 콜필드(《호밀밭의 파수꾼》의 답 없는 10대 주인공이죠)'가 있습니다. '우리 집엔 없는데…'라고 말씀하신다면, 주저 없이 저는 '거짓말!'이라고 쏘아붙일 겁니다. 물론 정도의 차이는 있겠지요. 우리는 가가호호 보유하고 있는 콜필드가 일으키는 문제들을 호르몬 탓으로 치부해왔습니다. 하지만 의학의 발달 덕분에 이제는 '이 모든 게 결국 전두엽 때문이다'란 진실을 알게 되었습니다.

이게 다 전두엽 때문

누군가 난동을 피우거나 말썽을 부리고 있는 상황입니다. 그런데 뇌에 문제가 있다는 진단을 받았답니다. 그럼 자신 있게 나서서 "이게 다 전두엽 때문이야!"라고 소리치세요. 아마 열에 아홉은 들어맞을 겁니다. 문제적 상황을 야기하는 뇌의 문제는 대개 전두엽 손상이 원인으로 작용합니다.

평소 성인군자 같은 모습을 보이다가도 운전대만 잡으면 쌍욕 날리는 분들, 본 적 많으시지요? 역시나 전두엽 때문입니다. 평소 전두엽이 온 힘을 다해 튀어나오려는 욕을 억제하고 있었기에, '저 사람 법 없이도 살 사람이야, 참 무던해' 내지는 '부처님 가운데 토막 같은 양반이야' 따위의 칭송을 받았던 겁니다. 그런데 운전을 하게 되면 앞차와의 거리, 브레이크 제동, 신호등의 점멸, 길 찾기 등에 온 신경을 곤두세우게 됩니다. 바로 이때 전두엽이 온통 운전에 몰두하기 때문에, 욕이 튀어나오는 걸 자제할 여력이 사라지는 것이죠. 그래서 갑자기 차선을 바꿔 끼어드는 차를 보면 자연스럽게 쌍욕이 입에서 튀어나오게 됩니다. 미처 저지할 틈도 없이 말이지요.

자, 지금부터 머리가 조금 아플지 모릅니다. 하지만 뇌 구조에 대해 잠시만 귀를 기울여보기 바랍니다. 그래도 집안의 콜필드 때문에 골치 아픈 것보다는 낫지 않을까요? 공부해두면 사춘기 아이와 조금은 가까워질 수 있을 테니까요. 인간의 뇌는 크게 전

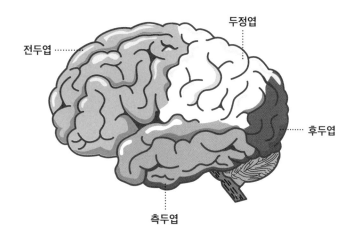

두엽, 두정엽, 측두엽, 후두엽으로 나뉩니다. 전두엽은 통찰, 판단, 충동 조절을 담당하고, 두정엽은 운동 및 감각을 제어합니다. 측두엽은 성욕, 언어, 감정을 담당하고, 후두엽은 시각을 맡고 있습니다.

뇌의 발달 과정은 뒤에서부터 앞으로 진행됩니다. 시각을 먼저 숙달하고(후두엽) 운동이나 감각의 능력을 키우면서(두정엽) 감정과 언어 능력(측두엽)을 배양하게 됩니다. 그리고 마지막으로 충동 조절(전두엽)을 배우게 되는 거죠. 우리의 뇌는 스무 살이 되어도 완전하게 성장하지 못합니다. 따라서 청소년기의 전두엽은 다른 엽에 비해 발달이 덜 된 상태일 수밖에 없습니다. 청소년기의 자녀들이 걸핏하면 문을 쾅 닫고 들어가고, 이유 없이 화를 버럭 내고, 충동적이고, 집중을 잘 하지 못하고, 부모 말에 귀를 기울이지 않고, 감정 기복이 널을 뛰어 하루에도 조증과 울증을 넘나드는 이유는 자명합니다. 이게 다 '전두엽' 때문입니다.

청소년기의 뇌가 더욱 무시무시한 이유는 그 출중한 능력 때문입니다. 〈어벤져스〉에 등장하는 헐크 아시죠? 헐크는 〈어벤져스〉의 다른 캐릭터에 비해 월등한 파괴력을 가지고 있습니다. 하지만 안타깝게도 자신의 힘을 통제하지 못합니다. 힘을 줘야 할 때와 빼야 할 때조차 구분을 못 하죠. 아이의 대뇌피질 안에는, 언제든 옷을 찢고 발을 구르며 포효할 수 있는 녹색 괴물이 살고 있다는 사실을 기억하세요. 사춘기 아이와의 관계가 한결 수월해질 겁니다.

머리가 지끈거리겠지만, 조금만 더 깊숙이 들어가 보죠. 뇌는 기본적으로 회백질과 백질로 나뉩니다. 회백질은 뇌의 기본 구성 요소로서 신경세포를 의미합니다. 백질은 뇌의 한 영역이 다른 영역과 연결될 수 있게 돕는 배선이라고 이해하면 됩니다. 우리가 흔히 뉴런이라 부르는 신경세포는 회백질 안에 자리 잡고 있습니다. 뉴런은 백질을 통해 다른 뉴런과 연결되어 제 기능을 다합니다. '구슬이 서 말이라도 꿰어야 보배다'라는 속담 아시죠? MRI도 없던 그 옛날에 뇌 구조를 어찌 알았는지, 마치 딱 그것을 설명하기 위해 만든 말 같습니다. 회백질은 구슬이고 백질이 꿰는 실이라고 생각하면 정확히 들어맞습니다.

청소년기에는 회백질은 흘러넘치지만 백질은 부족합니다. 그러니 뒤에서부터 배선이 순차적으로 이루어진다는 점을 고려한다면 후두엽, 두정엽, 측두엽은 활발히 연결되어 능력을 발휘하게 됩니다. 반면 전두엽은 아직 연결이 제대로 이루어지지 않았기 때문에 제 구실을 못합니다. 그러니 충동 조절이 안 되고 판단력과 통찰력이 떨어지는 것은 당연한 결과입니다.

아이와의 대화를 위한 장기 전략

문을 쾅쾅 닫고 제 방으로 들어가서는, 자기 방을 알람브라 궁전의 알카사바 성채처럼 난공불락의 요새로 만드는 청소년들의 행동이 당연하다는 것, 이제 충분히 이해하시죠? 이게 다 전두엽 때문이에요. 그럼 전두엽 탓만 하며, 아이들과의 대화 단절을 그대로 받아들여야 할까요? 청소년기 자녀와의 대화를 위해서는 조금 장기적인 전략이 필요합니다. 오디세우스의 지혜를 빌려볼까요. 트로이 목마를 만들어 성안에 들여보내야 하는데요, 무려 10년 전부터 목마를 만들어놔야 합니다.

밥 먹는 식탁에서도, 잠시 이동하는 차 안에서도, 외식을 나가서도, 함께 TV를 보는 거실에서도 핸드폰만 들여다보느라 대꾸도 않는 자식들 때문에 복장이 터지시나요? 그렇다면 조용히 10년 전 자신의 모습을 되돌아보세요. "아빠, 방구는 왜 나와?" "엄마, 하늘은 왜 파란색이야?" "아빠, 우리나라에서 제일 높은 빌딩은 뭐야? 그럼 전 세계에서는?" 밑도 끝도 없는 질문 공세에 시달려 본 경험, 다들 있으실 겁니다. 대답하기도 어렵거니와 질문은 꼬리를 물고 다음 질문을 낳습니다. 그러나 트로이 목마는 엄마, 아빠의 성실한 답변을 통해 만들어진다는 사실을 기억하세요. 중2병 아들이 서운하다고 투덜대기만 할 게 아니라, 나는 성실히 트로이 목마를 만들어왔는지 되돌아보길 바랍니다. 빵꾸똥꾸 시절부터 꾸준히 질문을 받아주고 대화를 이어가는 것이야말로 트로이 목마를 만드는 첫 번째 단계입니다. 부모와의 따뜻한 대화는 심리적 성벽을 허무는 과정입니다.

저는 어느 모로 보나 부족한 아빠였습니다. 그런데 여전히 저는 중학생 아들과 스스럼없이 대화하고, 놀고, 먹고, 여행하고 있습니다. 심지어 스킨십도 나눕니다. 어찌나 저 스스로 대견한지 모르겠어요. '많이 부족한 애비였지만 그래도 트로이 목마를 열심히 만들어두었구나.' 그 시절 아이의 질문에 인터넷 백과사전을 뒤져가며 정성껏 대답했고, 땀을 흘리며 격정적으로 함께 놀았습니다. 여기서 '땀을 흘리며 격정적으로'는 수사적 표현이 아닙니다. 아들은 매일 같이 침대 위에서 아빠와 레슬링을 했습니다. 적어도 30분은 해야, 잠이 들었습니다.

대화의 기본은 놀이

아들과 대화를 나누려면 함께 놀아야 합니다. 아이들에겐 재미난 놀이가 유일한 관심사이기 때문입니다. 아이와 대화를 한

답시고 포스트 코로나19 사회에 대한 전망이나 위안화와 연동하는 원화 환율의 문제점을 얘깃거리로 삼을 수는 없지요. 놀아야 합니다. 저는 축구, 농구, 야구, 자전거, 프리스비(원반) 등등 몸으로 해줄 수 있는 놀이를 위해, 온갖 장비를 다 구비했습니다.

집 안에서는 주로 보드게임을 많이 했습니다. 아들 친구들이 놀러 와서 보드게임을 보고는 입이 떡 벌어지게 놀라더군요. '웬만한 보드게임방보다 종류가 많다'라고 하면서요. 장기, 바둑은 기본이고 퀵소, 도미니언, 딕싯, 카르카손, 아그리콜라 등 각종 보드게임 수상작은 다 구비해 놓았습니다. 특히 아이의 상상력과 언어 능력 발달에 관심 있는 분이라면 '딕싯'이란 보드게임을 추천합니다. 카드 속 그림을 언어로 표현하는 게임인데, 너무 쉽

상위 1% 아이가 하고 있는 **서울대 아빠식 문해력 독서법**

게 설명해도 안 되고 그렇다고 아무도 알아듣지 못하게 말해도 이길 수 없습니다. 묘한 줄타기를 하면서 묘사해야 하는데, 아이의 언어 능력 발달에 큰 도움이 되는 게임입니다.

땀 흘리며 몸으로 부딪히는 운동과 보드게임 외에 음악 감상도 꽤 중요한 놀이 가운데 하나입니다. 제 경우엔 음악을 통해 많은 대화를 나눌 수 있었습니다. 아이가 대중가요를 꽤 좋아하는데요. 운 좋게도 저는 라디오 PD라는 직업 특성상 누구보다 빨리 새로운 노래를 접하고 즐깁니다. 마흔 줄 나이에도 아이돌 멤버 이름은 물론이요, 저 멀리 9번 트랙 노래까지 훤히 꿰고 있지요. 그러다 보니 음악 얘기를 하며 자연스럽게 아이와 대화를 이어갈 수 있었습니다.

특히나 가사 내용을 곱씹어 가며 이러쿵저러쿵 얘기를 나눌 수 있는 게, 음악으로 소통하는 또 하나의 장점입니다. "아이유의 〈삐삐〉는 자신만의 공간을 침범당하지 않고 지키려는 현대인의 심리를 노래하는 거야?" "응. 지하철 '쩍벌남'처럼 주변 사람 배려하지 않고 무례한 인간들에게 던지는 경고 같아. 요즘 같은 시절엔 사회적 거리두기를 얘기하는 노래로 들리기도 하겠네."

노래 하나만으로도 아이와 한참 떠들 수 있습니다. 일단 공통의 놀이가 있으면 공통의 관심사가 생기는 것이고, 여기서부터 대화는 자연스럽게 이어집니다. 독자 여러분! 여러분의 자녀가 아직 중2병에 걸리지 않았다면, 미래의 콜필드를 위해 트로이의 목마를 만드세요. 아무리 힘들어도, 바로 지금부터 시작하시길.

우리가
글공부를
하는 이유

경험과 지식이라는
두 마리 토끼를 잡기 위하여

아이에게 글공부를 가르치는 일은 어찌 보면 조선시대 이전부터 내려온, 아니 대부분의 문명국가에서 부모들이 했던 가장 기본적인 교육이 아닐까 싶습니다. 저는 한 사람의 부모로서 제 경험을 다른 부모님들과 나누고 있는 중이고요. 그렇다면 부모는 아이에게 글공부를 가르치기 위해 어디까지 공부를 해야 할까요?

부모가 책도 많이 읽고, 지식도 풍부하고, 글도 잘 쓴다면 그렇지 않은 경우보다는 더 좋겠죠. 그러나 부모의 지적 능력보다는 자녀와의 정서적 관계가 훨씬 더 중요합니다. 자녀와의 관계가 원만하다면 상관없지만, 그렇지 못하다면 아이를 가르치기 위해 부모가 일부러 공부를 더 해 봤자 소용이 없습니다. 차라리

그 시간과 노력으로 아이와의 관계 회복에 힘쓰시길 바랍니다.

아이와의 관계가 원만해서 충분히 독서나 글쓰기 지도가 가능하다 싶은 분들도 본인이 엄청난 독서가가 되거나 글쓰기를 배울 필요는 없습니다. 배워서 나쁠 거야 없지만 아이 교육 때문에 일부러 그럴 필요는 없다는 뜻입니다. 이 책 말고 다른 책 한두 권 정도만 더 참고하면서, 서로 다른 주장들 사이에서 길을 잘 찾으시기를 바랍니다.

간혹 아이가 읽을 책을 미리 읽어보는 열성 부모들도 있는데, 함께 책에 대해 토론하는 일은 너무나 좋지만 부모의 주장이나 시선을 아이에게 주입하려고 해서는 안 됩니다. '흥부와 놀부' 이야기를 읽고 무조건 놀부가 나쁘다고 가르쳐서는 안 된다는 말입니다. 눈높이를 맞추고 다양한 해석에 대해 마음을 여는 것이 중요합니다. 어쩌면 부모가 해야 할 공부는 글공부가 아니라 마음 공부일지도 모르겠습니다.

독서 습관을 갑자기 들이기 쉽지 않은 부모님들께는 시사와 상식에 눈을 돌려보라고 권합니다. 그것도 공부입니다. 요즘은 뭔가를 배울 수 있는 환경이 너무나도 잘 구축되어 있습니다. 교양 프로그램만 줄창 방송하는 TV 채널도 다양하고, 포털 사이트에는 거의 모든 뉴스가 망라됩니다. 가짜뉴스가 많다곤 하지만 유튜브도 뉴스와 상식의 집합체지요. 숨어 있는 작가님들이 블로그와 브런치를 통해 연재하는 주옥같은 글도 넘쳐납니다. 공부하는 부모의 모습이 아이에게 나쁜 영향을 줄 리 없습니다. 본인이 좋은 학교를 나오지 않았다고 해서, 공부를 잘 못했다고 해서 주눅 들 필요 없습니다. 아이를 키우면서 세상에 관심을 갖고 지식도 쌓아간다면 일석이조 아닐까요?

똑똑한 아이는 똑똑한 부모 밑에서?

똑똑하다는 표현을 두 가지로 나눠서 설명해보죠. 먼저 지능의 문제입니다. 부모의 지능이 아이에게 어느 정도로 유전되느냐는 질문은 아주 오래된, 또 뜨거운 관심사였습니다. 이 책을 준비하면서 저도 여러 실험 결과를 찾아봤는데, 각기 다른 가정에 입양된 일란성 쌍둥이를 비교한 실험이 흥미롭더군요. 여러 케이스를 여러 시기에 조사한 결과를 요약하면, 지능은 신장만큼이나 상당한 유전성을 보였습니다.

쉽게 짐작할 수 있다시피 이런 식의 추적 조사는 결과에 영향을 주는 변수가 워낙 많습니다. 입양된 가정의 교육 환경이 천차만별이니까요. 그런데도 지능에서만큼은 친부모와 자식의 유전성이 거의 모든 케이스에서 유의미한 연관성을 보였다는 점은 주목할 만합니다. 다만 한때 아이 지능은 전적으로 엄마로부터 물려받는다는 이론이 꽤나 인기를 얻었는데, 그 이론은 허점이 많은 것으로 결론 났습니다. 실험 결과도 너무나 많고 상당히 복잡한 내용이니 관심이 가는 분은 따로 찾아보시기 바랍니다. 저는 뭐 이 책만 아니었다면 찾아볼 일도 없었을 겁니다. 이미 알고 있었거든요. 저는 고등학교 때 했던 아이큐 테스트에서 평범한 수준으로 나왔던 걸로 기억합니다. 그런데 같은 엄마에게서 태어난 몇 살 어린 제 남동생은 전교에서 아이큐가 제일 높았습니다. 저와 20점 넘게 차이가 났으니까요….

그렇다면 지능과 학력의 연관성은 어떨까요? 지능지수가 높은 아이들이 공부하는 데 유리하리라는 건 쉽게 짐작이 가지만, 여러 실험에서 지능지수와 학업 성취도가 꽤나 차이가 난다는 결과를 주목해볼 필요가 있습니다. 저와 제 동생만 해도 지능지수는 무려 20점 넘게 차이가 났지만 학교 성적은 엇비슷했습니다.

요약하면 이렇습니다. 학업 성취도와 지능은 어느 정도 연관성이 있지만 그 연관성을 무시해도 될 정도로 후천적인 환경에 따라 차이가 많이 난다는 겁니다. 성격, 체력, 생활 습관, 가치관, 교우 관계 등등 수많은 요인들이 성적에 영향을 주죠.

소득에 따른 진학 불평등이라는 현실

안타깝게도 우리나라에서는 거주지와 가구 소득이 가장 큰 비중을 차지합니다. 서울대 입학생을 배출한 고등학교 통계를 보면 이 사실이 단박에, 너무나도 확연히 드러납니다. 국회 교육위원회 박경미 더불어민주당 의원이 서울대로부터 제출받은 '2017~2019학년도 서울대학교 최종 등록자 현황' 자료에 따르면, 최근 3년 동안 서울대에 입학생을 낸 학교의 10퍼센트 이상이 강남구와 서초구에 있습니다. 우리나라 전체로 보면 손톱만 한 크기의 지역인데요. 더 충격적인 건 이 통계에는 사회적 배려 대상자를 포함해 수시와 정시가 섞여 있다는 거고, 학업 성적으로만 겨루는 정시만 놓고 보면 편중 현상이 더욱 심해집니다. 전국 230개 시군구 중에서 상위 20개 시군구가 무려 63.2퍼센트를 차지합니다!

너무 심하다 싶지만, 더욱 충격적인 사실이 있습니다. 학교 소재지가 아닌 학생의 거주지로 조사하면 이 비율이 더 올라간다는 거죠. 부의 집중화보다 더 심하죠? 도저히 더 이상 쏠릴 수 없을 것 같지만, 특목고가 폐지되고 정시 비율이 확대됨에 따라 상위권 대학의 강남 출신 편중 현상은 극에 달할 게 뻔합니다.

거주지가 아닌 가구 소득을 기준으로 해도 마찬가지입니다. 국회 교육위원회 김해영 더불어민주당 의원이 한국장학재단으로부터 제출받은 '2018년 1학기 서울대·고려대·연세대 재학생 소득 분위 산출 현황'을 봅시다. 아이들이 '국장'이라고 줄여 부르는 국가장학금을 신청한 학생들 중에서 이른바 소득 최상위 9, 10분위 가구 출신이 40퍼센트 이상으로 집계됐습니다. 소위 SKY라고 불리는 대학에서 장학금을 신청하는 아이들 절반이 부잣집 아이들이란 얘깁니다.

요즘 인기 좋은 의대의 경우는 어떨까요? 가구 소득 최상위 9, 10분위 출신 학생 비율이 무려 50퍼센트에 육박합니다. 대체 가구 소득 최상위 9, 10분위의 기준이 얼마냐고요? 월 소득 인정액 1,384만 원입니다.

불편한, 너무나도 불편한 진실이 아닐 수 없습니다. 대학 입시 결과에 영향을 주는 수많은 요소 중 가장 밀접한 연관성을 보이는 요소가 거주지와 가구 소득이라는 겁니다. 외면하고 싶지만 이런 상황을 직시하지 않고서는 교육-입시 시스템을 개선할 수 없습니다. 소득에 따른 진학 불평등 현상이 너무도 심한 것이죠. 이건 가히 '망국병'이라 칭할 수준인데요, 더 심한 표현이 있다면 알고 싶습니다.

자본주의 사회에서 부모 재력에 따른 어느 정도의 진학 불평등은 감수할 수밖에 없는 부분일지도 모릅니다. 지금 우리나라는 봐줄 수 없을 정도로 심각한 것이 문제지요. 용기 내어 들여다보고 법과 제도를 뜯어고쳐야 하지만, 어쨌든 지금은 이러합니다.

다행히 성공은 성적순이 아니다

〈행복은 성적순이 아니잖아요〉는 관객 수에 비해 가장 많이, 가장 오래 회자되는 영화 제목이 아닐까 합니다. 정말 맞는 말입니다. 물론 성적이 나쁜 순대로 행복한 건 더욱 아니겠지만, 성적

상위 1% 아이가 하고 있는 **서울대 아빠식 문해력 독서법**

과 행복이 정비례하지 않는 것만은 분명합니다. 돈도 그렇지요. 돈과 행복이 꽤나 연관성은 있지만, 부자일수록 반드시 행복해지지는 않는다는 걸 우리는 재벌가에서 벌어지는 수많은 비극적 사건들을 통해 보고 듣습니다. 같은 맥락에서, 부자 부모를 두고 좋은 학교에 진학한 아이들이 그렇지 못한 아이들보다 행복할 거라고 생각하지 않습니다. 그러나 이런 의문은 남습니다.

"행복은 성적순이 아닐지 몰라도, 성공은 성적순이지 않을까?"

실제로 이런 의문을 학문적으로 파고든 학자가 있습니다. 미국의 저명한 심리학자 로버트 스턴버그Robert Sternberg는 1997년에 《성공 지능》이라는 제목의 책을 출판합니다. 그는 지능지수와 학교 성적만으로는 개인의 능력을 충분히 설명할 수 없다고 생각했고, 성공 지능이라는 개념을 만들었습니다. 성공 지능은 분석적, 창의적(창조적), 실용적(실천적) 지능을 모두 포함하고 있는데 흔히 말하는 지능지수는 분석적 지능의 일부일 뿐이라는 겁니다. 다음에 소개하는 《성공 지능》 속의 에피소드는 분석적 지능과 창의적-실용적 지능의 차이를 잘 보여줍니다.

두 소년이 있었습니다. 한 소년은 학교 선생님이나 부모님에게 똑똑하다는 말을 듣고, 심지어 자신도 스스로를 똑똑하다고 생각했습니다. 학교생활에서 성적은 말할 것도 없고 모든 면에서 뛰어난 학생이었죠. 반면 다른 한 소년은 학교 성적도 별 볼일 없고 특출하게 잘하는 것도 없었습니다. 그저 눈치가 빠르다거나 분위기 파악을 잘한다 소리를 듣는 정도였죠.

두 소년이 숲 속을 걷고 있는데, 큰 문제가 발생합니다. 언뜻 봐도 굶주린 게 틀림없는 커다란 곰이 두 소년을 향해 곧장 달려오고 있었던 거예요. 첫 번째 소년은 열심히 머리를 굴려, 17.3초 안에 곰이 그들을 따라잡을 것이란 사실을 계산하고는 겁에 질려 어쩔 줄 몰라 했습니다. 그런데 옆에 친구를 보니, 이 상황에서 태연하게 등산화를 벗고 운동화로 갈아 신는 게 아니겠어요. 첫 번째 소년이 물었어요. "너 제정신이야? 우리가 곰보다 빨리 달릴 방법은 없어!"

다른 소년이 대답했어요. "맞아. 난 무조건 너보다 빨리 달리기만 하면 돼."

두 소년 모두 똑똑하다고 할 수 있지만, 그 방식은 다릅니다. 첫 번째 소년은 재빨리 문제를 분석했지만 그게 다였습니다. 반면 두 번째 소년은 문제점을 파악한데다 창의적이고 실용적인 해결책을 생각해냈습니다. 이것이 바로 '성공 지능'인 것이죠.

성공 지능을 기르려면 어떻게 해야 할까요? 다양한 경험, 폭넓은 지식 외에 다른 방법은 없습니다. 경험과 지식이라는 두 마리 토끼를 잡게 해주는 독서의 효용은 그래서 또 중요합니다.

뭔가에 너무 몰입하다 보면 인생에서 가장 중요한 질문을 잊곤 합니다. 바로 '우리는 왜 사는가?'라는 물음입니다. 대학 입학이 인생의 마지막 목표인 사람은 아무도 없을 겁니다. 대학 진학은 목표이면서 동시에 새로운 과정의 시작입니다. 결국 행복하게 사는 것, 혹은 선한 영향력을 갖는 것이 궁극적인 인생 목표라고 말할 수도 있지만, 그건 너무 모호하죠. 아무래도 보통 사람들의 보편적 목표는 물질적 풍요, 사회적 성공이겠죠. 그렇다면 너무 학교 성적에만 집착하지 않아도 진짜 목적지로 가는 길은 또 있습니다. 어쩌면 제가 이 책에서 가장 하고 싶었던 말, 저희 아이에게도 제일 많이 했던 말은 바로 이 말인지도 모르겠습니다. 공부는 중요하지만 전부는 아니다. 독서도 마찬가지.

세상살이의
기본을 배우는 과정

지금 이 책을 읽고 있는 많은 학부모들께 단도직입적으로, 묻고 싶습니다. 왜 아이가 공부를 잘했으면 좋은지, 대답할 수 있나요? 아이가 공부를 잘했으면 좋겠고, 좋은 대학에 진학했으면 좋겠다는 생각에 이 글을 열심히 읽고 있을 독자 여러분께 먼저 묻고 싶습니다. '왜 아이가 공부를 해야 하는가?'라는 질문에 명확한 답을 갖고 있나요? 정교한 공부법이나 학습 방법도 물론 중요하지만, 장기적인 관점에서는 동기 부여가 먼저입니다. 동기 부여가 안 되면 세세한 스킬이나 비법도 종국엔 무용지물로 전락하게 되지요.

한일 양국에서 영화로 제작된 베스트셀러 소설《링》의 작가 스즈키 코지는《공부는 왜 하는가》라는 책을 썼습니다.《나선》

《루프》《링》등의 소설을 800만 부 이상 팔아치운 호러 소설계의 최고 인기 작가가 공부와 관련한 책을 냈다는 사실이 흥미롭기도 했지만, 한편으론 생경한 이물감이 들더군요. 무라카미 하루키가 느닷없이 화제의 신간으로 '부자 아빠가 되는 47가지 비법'이란 책을 들고 나온 듯한 느낌이랄까요. 하지만 자세히 알아보니, 저의 선입견이었습니다. '문단 최강의 육아 아빠'라는 별명을 지닌 저자는 두 딸을 키운 경험을 바탕으로 '저출산에 대응하기 위한 국민회의'와 '도쿄 청소년 문제 협의회'에서 위원으로 활동했습니다. 심지어 작가로 데뷔하기 전, 학원 강사로 생계를 꾸린 경력이 있기도 합니다.

스즈키 코지는 '우리는 왜 공부하는가?'라는 원초적인 질문에 프랑스혁명을 예로 들며 답합니다. 루이 16세를 형장의 이슬로 사라지게 한 프랑스혁명은 1789년 발생했습니다. 이후 자코뱅당의 공포정치, 나폴레옹의 등장을 야기하기도 했지요. 하지만 1789년이란 숫자나 자코뱅당, 공화제, 인권선언 등 프랑스혁명을 둘러싼 각종 지식을 외우는 것이 무슨 소용이냐고 반문들 할 겁니다. 프랑스혁명에 대한 공부가 세계사 지식의 단순한 암기에 그친다면 혹은 그저 대학입시를 위한 외우기에 그친다면 '무슨 소용이냐?'는 주장에 수긍할 수밖에 없습니다. 그러나 스즈키 코지는 세계사를 통해 어떠한 능력의 배양이 가능하다고 힘주어 말합니다. 그 능력이란 이해력, 상상력, 표현력입니다. 이해력은 '독해력' 혹은 '문해력'으로 치환해도 좋을 겁니다. 요컨대, 공부라는 것은 이해라는 인풋, 표현이라는 아웃풋 그리고 그 사이를 이어주는 상상력, 이 세 가지를 함양하는 훈련이라는 말이지요.

인풋, 상상력, 아웃풋

사춘기 호르몬이 온몸을 지배하는 성마른 아이의 좌반구 전방 언어피질이 반항하는 어조로 '왜 공부해야 하냐?'고 따질 때, 저는 스즈키 코지의 대답이야말로 가장 유용한 응대라고 생각합니다. 《공부는 왜 하는가》를 읽으며 다짐했습니다. 아이가 대체 이깟 공부는 해서 뭐하냐며 교과서와 문제집을 내동댕이치면 이렇게 답하리라! 시뮬레이션을 하며 열심히 프랑스혁명 문단을 외워뒀습니다만, 하느님이 보우하사! 다행스럽게도 아직은 써먹을 일이 없었네요. 그럼에도 만국의 부모들에게 공유하고 싶은 논리입니다.

맥락의 힘은 중요합니다. 그리고 강합니다. 왜 공부하는지 납득하기 어려운 아이는 스트레스에 무너지기 십상입니다. 아이들은 '내 꿈은 자동차 영업 사원인데, 내가 왜 미적분을 알아야 해?' '제과점에서 빵을 굽는 파티셰가 되고 싶은데, 내가 굳이 관계대명사나 가정법을 알아야 할까?' '내 장래희망은 태권도 사범인데, 왜 피보나치수열을 공부해야 해?'라고 묻습니다. 그런 아이들에게 맥락을 일깨워줘야 합니다. 자동차를 팔려면 적어도 설명서는 제대로 '읽어내야' 하고, 맛있는 빵을 굽기 위해서는 기존의 레시피를 이해한 바탕 위에 '상상력'이 더해져야 하며, 태권도 지도를 하려면 열심히 배운 품새를 나만의 방식으로 '표현해낼' 줄 알아야 한다는 맥락 말이지요. 인풋, 상상력, 아웃풋. 세상살이 모두 하나의 원리로 흘러갑니다. 인풋과 상상력과 아웃풋으로 이루어진 일들이 결국 우리의 '지겹지만 소중한 밥벌이'가 되는 과정입니다. 이 규칙에 해당하지 않는 직업이 과연 지구상에 존재할까요? 단순히 대학 입시를 위해서라기보다는, 세상살이에 필요한 기본을 배우는 과정이 바로 공부입니다.

마지막으로, 빅터 프랭클의 조언에 귀를 기울이고 싶습니다.

"호모 파티엔스(고민하는 인간)가 호모 파베르(도구를 사용하는 인간)보다 낫다." '대학 입시에 성공하려면 어떻게 해야 하는가?'에 대한 답변으로 이 책의 쓰임이 국한되지 않았으면 좋겠습니다. 그보다는 '왜 공부를 해야 하는가?' 혹은 '어떻게 살아가야 하는가?'에 대해 함께 고민하는 글로 소비되기를 조심스레 바라봅니다.

어떻게 하면
책과 친해질까?

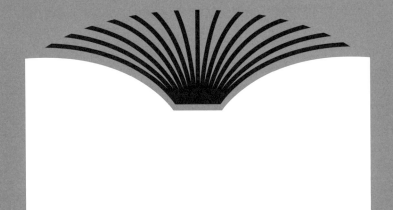

멋진 글귀로
아이를 자극하라

아포리즘이란 '깊은 체험적 진리를 간결하고 압축된 형식으로 나타낸 짧은 글'이라고 두산 지식백과사전에 정의되어 있습니다. 금언, 격언, 경구, 잠언 따위를 가리키는 말이죠. 아포리즘의 유래, 그러니까 역사상 가장 오래된 아포리즘은 히포크라테스의《아포리즘》첫머리에 나오는 문장입니다.

"예술은 길고, 인생은 짧다Ars longa, vita brevis."

그런데 참 웃기지요. 역사상 가장 오래된 아포리즘이 우리나라에 들어오면서 하필 잘못된 번역으로 전해졌다는 사실 말입니다. 이 말의 원래 뜻은 예술의 긴 생명력을 찬양하는 것이 아닙니다. 히포크라테스가 누굽니까? 예술가가 아니라 의사 아닙니까. 의대생들은 히포크라테스 선서를 함으로써 비로소 진짜 의사가 되지요. 그러니까 이 말의 진짜 뜻은 '익혀야 할 의술은 아직도 많은데 내 삶은 유한하여 안타깝다' 정도로 풀이할 수 있습니다. 뭐 어떻습니까, 오역조차 멋진 아포리즘인데요.

어쨌든 히포크라테스의 아포리즘 이후 무수히 많은 아포리즘이 등장했습니다. 영화나 드라마의 명대사, 혹은 책 속의 한 구절도 넓게는 현대의 아포리즘이라고 할 만합니다. 아이들이 아포리즘을 참 좋아합니다. 독자들도 기억할 겁니다. 어린 시절, 멋진 글귀를 적어두거나 외우고 다니던 일들 말입니다. 저는 중학교 때 카사노바의 명언을 필통 안쪽에 적어두곤 했던 기억이 납니다.

"거절을 두려워 마라. 99명에게 거절당해도 1명이 승낙한다면 그것은 승낙이다."

이 문장은 아직도 제 마음속 필통에 적혀 있습니다.

시대가 바뀌었지만 멋진 경구에 대한 아이들의 끌림은 여전합니다. 가끔 자기가 만든 말을 적어두기도 하죠. 저도 아이 방에서 몇 개 사진으로 찍어둔 게 있는데 사생활 보호 차원에서 공개하지는 않겠습니다. 아포리즘의 또 한 가지 좋은 점은 아주 매력적이고 단단한 문장이라는 겁니다. 아포리즘을 자꾸 보다 보면 자연스럽게 이런 생각을 하게 됩니다.

'나도 이런 멋진 문장을 써보고 싶다.'

저는 이 방법이 꽤 효과가 있었습니다. 다음은 제가 아이에게 슬쩍 건네준 글귀들 중 몇 가지를 모아본 것입니다.

내가 건넨 글귀들

"매일 밤 내리쬐는 밤하늘의 별빛이 실상 수천, 수만 년 전의 것이라는 사실을 떠올려보자. 우리는 기껏 도시 따위가 아니라 무한한 시공 속에 살고 있다. 그 사실을 자각하는 순간 우리는 위대한 존재가 된다."

누가 이런 멋진 말을 했냐고요? 제가 쓴 글입니다. 순전히 아이에게 건네주기 위해 쓴 글귀죠. 지금은 기억도 나지 않는, 너무나도 사소한 일 때문에 지나치게 고민하는 아이를 보고 툭 던져줬던 것 같습니다. 뭐 그 또래에는 다들 그러지만요. 글이 효과가 있었냐고요? 무반응.

"어디서 동정질이야? 한 가정의 가장에게."

웹툰 〈미생〉에 나오는 대사입니다. 이 웹툰을 정말 좋아했던 저는 종이책으로 나온 박스세트를 갖고 있는데, 이 장면을 아이에게 찍어서 보내줬죠. 이게 뭐냐고 묻길래 자연스럽게 이야기를 꺼냈습니다.

신입사원으로 종합상사에서 일하던 주인공 장그래는 하청업체에서 온 사람이 정신없이 뛰어다니는 모습을 보고 불쌍하게 생각합니다. 그러자 팀장인 오차장이 장그래에게 따끔하게 한마디 하죠. "어디서 동정질이야? 한 가정의 가장에게."

사람들이 착각하기 쉬운데, 동정심이라는 감정은 내가 상대보다 우월하다는 오만함을 바탕으로 하는 경우가 많습니다. 약자에게 갖는 감정인 거죠. 언뜻 따뜻한 휴머니티의 일부처럼 보일 수 있지만 실상 동정은 무척 조심해서 베풀어야 합니다. 오만함이 없는 순수한 배려로서 베풀 때 동정은 비로소 온전해지죠. 오차장이 장그래를 혼낸 일도 동정심의 기저에 음험하게 깔려 있는 오만함을 경계하라는 의도에서였을 겁니다.

특히 갑을이 분명한 관계에서 '을'에 대한 동정은 상황만 달라지면 을에 대한 횡포로 바뀌기 쉽습니다. 나보다 약한 사람이니 불쌍하게 여겨야 한다는 '갑'의 착한 마음은 여유가 있을 때 이야기니까요. 내가 급하면 언제든지 나보다 약한 사람이니 밟고 가자는 마음으로 바뀔 수 있죠.

여기서 조심해야 할 부분이 있습니다. 동정은 삼가되 존중은 잃지 말아야 한다는 겁니다. 존중이 무엇일까요? 사람과 사람과의 관계에서 상대를 있는 그대로 인정해주는 마음입니다. 〈미생〉에서는 비록 한 가정의 가장을 동정하지 말라는 조건을 붙였지만, 저는 어떤 입장의 을도 동정해서는 안 된다고 생각합니다. 감히. 그러나 존중만큼은 그들의 당연한 몫이죠. 뭐 이런 식의 대화를 아이와 나눴더랬습니다.

"장벽에는 다 이유가 있다. 장벽은 우리가 뭔가를 얼마나 절실하게 원하는지 깨닫게 해주기 위해 우리 앞에 나타난다."

미국 카네기멜론대학교 컴퓨터공학과 교수인 랜디 포시의 책

《마지막 강의》에서 뽑은 문장입니다. 저는 이 책을 동남아 리조트에 가족 여행을 갔을 때 들고 갔습니다. 수영장 의자에서 그만 펑펑 울면서 다 읽어버린, 그런 책입니다.

저자에 대해 간단히 소개할 필요가 있겠네요. 랜디 포시는 1960년 출생이고 학자로서 탁월한 업적을 쌓았으며, 어도비Adobe, 구글, 디즈니 등등 여러 곳의 세계 최고 기업에서 일했습니다. 그런데 겨우 40대에 암 선고를 받고 세 자녀에게 이 책《마지막 강의》를 선물로 남긴 후 세상을 떠납니다.

그때 한참 컴퓨터공학에 관심이 많던 제 아이는 저자의 인생에 강한 흥미를 느꼈는지, 한 줄 아포리즘에 낚여 결국 책을 집어들었습니다. 이런 식으로 책 한 권을 읽히는 방법도 있다는 말입니다. 물론 책 자체가 워낙 감동적입니다. 여러분에게도 널리 널리 추천합니다. 당연히 아이와 같이 읽으면 더 좋고요. 안 울고 완독을 마칠 재간이 없을걸요? 아… 다시 읽고 싶네요.

"개츠비는 그 초록색 불빛을 믿었다. 해가 갈수록 우리 앞에서 멀어지는, 환희에 찬 미래의 존재를 믿었던 것이다. 그때는 그 빛을 잡을 수 없었지만, 무슨 상관인가. 내일 좀 더 빨리 달리고, 좀 더 멀리 팔을 뻗으면 된다. 그러다 보면 어느 맑게 갠 아침에 그곳에 닿을 수 있으리라 믿으며. 그래서 우리는 계속 앞으로 나아가는 것이다. 조류와 맞서는 조각배처럼, 끊임없이 과거로 떠밀려가면서도."

스콧 피츠제럴드의 그 유명한 소설 《위대한 개츠비》의 마지막 구절입니다. 아이의 독서록 작성을 도와주다가 이 구절을 적어준 걸로 기억합니다. 셰익스피어부터 시작해 얼마 전에 읽은 소설까지 합쳐, 제가 가장 멋지다고 생각하는 문장이기도 합니다. 번역자마다 조금씩 다른 번역본을 내놓았기에, 약간 다르게 기억하는 분들도 있을 겁니다. 위의 문장 역시 제 나름으로 원서를 번역한 저만의 문장이고요. 그럴 수밖에 없는 것이 원문 자체에 말줄임표, 쉼표, 마침표가 여럿 있고, 워낙 상징적이고 감상적인 내용인데다가, 심지어 작품 전체를 응축하는 제일 끝부분이라 더욱 이견이 많을 수밖에 없어요. 영어를 잘하는, 아주 잘하는 아이라면 직접 번역을 시켜봐도 좋을 듯합니다. 정말 신기하게 매번 제 번역도 달라집니다. 이 책을 쓰면서 또 조금 바꾸어보았습니다. 그러나 뭉클한 감동은 변하지 않습니다.

아이의 반응은 어땠냐고요? 그냥저냥. 아이 표현으로는 '엔간하다'고 했던 것 같습니다. 저는 믿습니다. 제가 그랬던 것처럼, 어른이 되면 이 구절이 아이의 마음을 치는 날이 반드시 있을 거라고요. 마치 무지개 아치가 떡하니 눈앞에 나타난 것 같았던 그 감동의 순간을 아이도 언젠가 느낄 수 있기를 바랄 뿐입니다.

"최고의 시절인 동시에 최악의 시절이었다. 지혜의 시대였지만 무지의 시대이기도 했다. 신념과 회의가 교차하는 시대였고, 빛의 계절이자 어둠의 계절이었다. 희망의 봄이기도 했고 절망의 겨울이기도 했다. 우리 앞에는 모든 것이 있는 동시에 아무것도 없었다. 우리는 모두 천국으로 직행하고 있었지만 지옥으로도 향했다. 간단히 말하자면 그 시대는 지금과 무척 비슷했다. 떠들기 좋아하는 전문가라는 작자들은 좋은 쪽이든 나쁜 쪽이든 과장된 비교를 통해서만 그 시대를 정의하려고 했다."

우리에게는 뮤지컬로도 잘 알려진 찰스 디킨스의 소설《두 도시 이야기》의 일부입니다. 위 문장도 제 나름으로 원서를 번역한 것이고요. 바로 앞의《위대한 개츠비》에서는 제일 마지막 문단을 따왔는데, 이건 반대로 첫 문단입니다. 문학사상 가장 강렬한 도입부로 꼽히기도 하는 명문장이죠. 아이가 열광했던 영화 〈다크 나이트〉에 등장하길래 적어주었죠. 고담시의 경찰청장 제임스 고든이 이 부분을 비장하게 읽어 내려가는 장면이 나옵니다.

아이의 무반응을 두려워하지 마라

제가 보내준 글귀들 중에 제대로 미끼 역할을 한 건, 그러니까 이른바 의미 있는 독서 활동으로 이어진 케이스는 3분의 1도 안 되는 것 같습니다. 대부분은 그냥 읽힘. 그래도 3분의 1이 어딥니까? 카사노바의 아포리즘, 앞에서 말씀드렸죠?

"거절을 두려워 마라. 99명에게 거절당해도 1명이 승낙한다면 그것은 승낙이다."

아이에게 거절당하는 일을 두려워 마세요. 그냥 습관적으로 툭툭 날려보세요. 다만 부모가 생각했을 때 멋진 글귀가, 아이 눈에는 극혐 꼰대 소리로 들릴 가능성이 농후합니다. 아포리즘 미끼 전술은 지나치게 의도적이어서는 안 됩니다. 웹툰, 애니메이션 짤, 영화 화면의 자막 등등으로 가볍게 시작하는 게 좋아요. 제 경우에는 이 문장이 제일 큰 웃음을 줬습니다.

"누구에게나 그럴싸한 계획이 있다. 처맞기 전까지는Everyone has a plan 'till they get punched in the mouth."

핵주먹, 아니 핵이빨로 유명한 권투선수 마이크 타이슨이 한 말입니다. 덕분에 아이는 마이크 타이슨이라는 인물의 파란만장한 인생에 대해서도 알게 되었어요.

서점에 가면 아포리즘만 모아놓은 책들도 꽤나 많습니다. 그중 마음에 드는 책을 사서 페이지를 찍어 보내는 것도 방법입니다. 미끼를 떠나, 단단한 문장 하나가 책 한 권보다 더 나을 때도 있죠.

기적을 만드는
동기의 중요성

지금부터 제 인생만화 〈슬램덩크〉 얘기를 들려드릴게요. 〈슬램덩크〉의 주인공 강백호는 농구를 해본 적이 없습니다. 워킹 바이얼레이션 같은 기본적인 규칙조차 모르던 강백호는 오직 사랑의 힘으로 농구를 배워나갑니다. 그리고 폭발적인 성장을 이뤄내며 팀을 이끌어가기 시작하죠. 농구의 '농'자도 모르던 강백호는 어떻게 급성장할 수 있었을까요? 비록 농구는 못 하지만, 강백호는 탁월한 운동 능력과 피지컬을 지니고 있습니다. 코트를 종횡무진 누비는 심폐지구력, 평생 농구만 한 학생들보다 뛰어난 점프력, 그 어떤 선수라도 방어할 수 있는 몸집과 근력을 가지고 있지요. 그러니 농구 벼락치기가 가능했던 것이죠.

〈SBS스페셜〉'성적 급상승! 커브의 비밀' 편을 보면 강백호 같은 학생이 한 명 등장합니다. 수능 수학 점수 8점, 전교 꼴찌였던 이 학생은 모든 대학에 떨어지고 자의 반 타의 반 재수에 돌입합니다. 고교 시절 공부와 담을 쌓고 지내던 그는 어느 순간 공부에 전념하기로 결심합니다. 그리고 놀랍게도, 270일의 재수 기간 동안 단 1분 1초도 허투루 쓰지 않고, 공부에 매진합니다. 그 결과 의대에 입학하는 기적을 보여주었습니다. 마치 강백호처럼 말이지요. 수능 수학 8점의 강백호는 대체 어떤 방법으로 기적 같은 역전을 이뤄낸 것일까요?

우리의 궁금증에 강백호는 이렇게 설명합니다.

"상상할 수 있는 시간은 다 공부에 투자했다고 보시면 됩니다. 쉬는 시간만 다 모아도 야간자율학습이 한 번 더 나오고요. 점심시간, 저녁시간만 모아도 한 번 더 나옵니다. 그러니 저는 재수 270일 기간을, 540일처럼 활용한 겁니다."*

분명 다른 이유도 있었겠죠. 저만의 관심법을 동원해, 감히 이 '수능 수학 8점짜리 강백호'의 학습 능력을 들여다보도록 하겠습니다. 이 강백호에게는 분명 기본적인 문해력이 갖춰져 있었을 겁니다. 비록 진득하니 앉아 있지 못해서 "문제집 한 권을 처음부터 끝까지 제대로 풀지 못했다"고 고백했지만, 초등학교, 중학교 시절 나름 독서를 열심히 했을 겁니다. 그랬기에 270일이라는 짧은 기간 동안, 비약적인 도약을 이뤄낸 겁니다. 강백호에게

---

* '성적 급상승! 커브의 비밀', 〈SBS스페셜〉, 2020년 2월 16일 방송

기본 체력과 점프력이 있었듯, 이 학생에게도 문해력이라는 강력한 무기가 있었기에 엄청난 집중력을 발휘해낸 겁니다. 문해력이 없다면 270일의 기적은 불가능합니다(문해력에 대해서는 3부에서 자세히 설명하겠습니다).

왜 공부하는지 답을 가진 아이는 다르다

또 하나, 강백호에게 중요했던 요소는 동기 부여입니다. 전교 꼴찌라는 성적표를 받아들였지만, 절실한 꿈이 있었기에 9개월 긴 시간 동안 온전히 집중할 수 있었던 겁니다. 9개월이 언뜻 짧아 보입니다만, 절대 아닙니다. 예전부터 아이가 100일을 버티면 백일잔치를 해주었죠? 곰이 마늘과 쑥만 먹으며 버티던 시간 역시 100일입니다. 다이어트 책들마다 공히 떠드는 얘기가 뭔지 아세요? "제가 권하는 식단을 딱 100일만 따라해보세요. 당신도 살 뺄 수 있어요." 석 달도 긴 시간인데 석 달을 세 번 반복하는 동안 강백호는 나태해지지 않았습니다.

'왜 공부하는가?'에 대한 답을 갖고 시작하는 수험생과 그렇지 않은 수험생의 격차는 어마어마합니다. '총알이 가득 장전된 총을 들고 돌격하는 병사와 빈총을 어깨에 둘러매고 전장으로 터덜터덜 걸어가는 병사의 차이'만큼, 아니 그 이상 벌어져 있다고 봐야 합니다. 공부의 동기를 설명한 다음 글을 읽어볼까요.

서울대 의학과에 재학 중인 황희범 마스터는 공부하는 이유의 중요성에 대해 이렇게 말한다. "공부를 할 때 가장 대답하기 어려운 질문 중 하나가 '공부를 왜 하냐?'입니다. 아마 많은 학생이 이러한 질문에 스스로 답을 찾지 못한 채 그저 남들이 하니까, 부모님이 시키니까 마지못해 공부하는 경우가 많습니다. 사실 공부를 하는 이유는 사람마다 천차만별이고, 그것이 굳이 거창할 필요도 없습니다. '돈을 많이 벌고 싶어서'와 같은 추상적이고 현실적인 이유도 좋고, 불치병 환자를 위한 약을 만들겠다는 방대한 목표도 상관없습니다. 어차피 사람의 꿈이라는 건 계속 바뀌게 마련이니까요. 다만 중요한 것은 내가 왜 공부하는지 스스로가 안다는 사실인 것 같습니다. 그 자체가 공부를 하는 가장 큰 원동력이 될 테니까요."[*]

맞춤형 목표 설정이 중요한 이유

세상만사가 그러하듯 명확한 목표만큼 훌륭한 스승은 없습니다. 하지만 목표 설정만이 능사는 아닙니다. 아이의 성향을 제대로 파악한 후, 맞춤형 목표 설정이 뒤따라야 합니다. 아이의 성향은 크게 둘로 나뉩니다. 단기적 목표 설정이 맞는 아이와 장기적 목표 설정이 맞는 아이.

[*] 조승우, 《공부 마스터 플랜》, 포레스트북스, 2019, 66쪽

시험 성적표를 대하는 자세가 시금석입니다. 구체적으로 말하자면, 시험을 잘 봤을 경우와 망쳤을 경우에 어떤 행동을 취하는지에 따라 장단기 목표 설정을 달리하면 됩니다. 100점 맞은 성적표를 가지고 와서 부모에게 자랑을 하거나, 부모의 강한 리액션을 요구하는 아이! 이런 아이에겐 단기 목표 설정이 어울립니다.

'화학 모의고사 10점 올리기' '한 주 동안 영어 단어 100개 외우기' '중간고사에서 전교 석차 20등 올리기' 등 세밀한 단기 목표를 세우고 실천하는 것이 효율적입니다. 짧게는 한 주, 길게는 두 달을 기간으로 잡고 목표 설정과 달성을 주기적으로 반복하면 됩니다. 이런 아이들의 특성은 시험을 망쳤을 때, 역시 크게 실망한다는 점입니다. 한마디로 일희일비하는 스타일입니다.

단기 목표 설정에 적합한 아이들은 외적 동기에 민감하게 반응한다고 볼 수 있습니다. "이번 시험 1등 하면 방탄소년단 콘서트 티켓 구해줄게!"라는 아빠의 말에 쌍수 들고 좋아라 하며 문제집을 푼다면, 외적 동기에 반응하는 성향입니다. 부모 입장에서는 작은 칭찬, 아이돌 콘서트 티켓, 최신 스마트폰 등 다양한 단기 인센티브를 준비해야 합니다.

단기 목표 설정형 아이들이나 이에 적극 반응하는 부모를 무조건 폄훼할 필요는 없습니다. 얼핏 수가 얕아 보이기는 하지만, 나름 이런 인센티브를 통해 최상위권 성적을 유지하는 경우를 왕왕 보았습니다. '공부 열심히 해서 대학에 꼭 붙어요!'라는 아이돌 가수의 한마디, 혹은 사인 CD에 적은 작은 문구 하나가 수능 성적을 수직 상승시키는 케이스도 목격했습니다. 하긴, 강백호도 결국 채소연의 마음을 훔치기 위해 농구를 시작했지요.

반면 100점짜리 성적표가 나와도 자랑하지 않고 진득하니 절제하고, 때론 시험을 망쳐도 그저 묵묵히 다음 시험을 대비하는 돌부처 스타일의 아이라면, 장기 목표를 심어주는 것이 훨씬 효과적입니다. 장기 목표를 세우려면 장래 희망이 무엇인지 명확해야 합니다. 자신이 원하는 학과 혹은 직업을 공책에 적고, 그 학과에 입학하거나 직업을 얻게 되면 어떤 삶을 살게 될지 예상해볼 필요가 있습니다. 그 꿈과 미래는 선명하고 구체적일수록 좋습니다. 공책 위에 적힌 삶의 모습은 장기 목표 설정형 아이의 마음을 두근거리게 만듭니다. 이런 돌부처형 아이들에게는 내적 동기가 주도적으로 작용합니다.

와타나베 준이치 작가의 표현을 빌리자면, 이런 아이들은 '둔감력'이 높은 유형입니다(둔감력에 대해서는 3부에서 더 자세히 설명하겠습니다). 외부의 영향에 비교적 둔감한 이들에게는 내적 동기를 심어주는 게 중요합니다. 스마트폰, 아이돌 사인 CD, 닌텐도 스위치, 값비싼 운동화가 외적 동기라면, 내적 동기는 조금은 차원이 다릅니다. 내적 동기의 유발에는 자존감을 높이는 일이 선행되어야 합니다. 흔히 주변에서 '공부가 정말 재밌다'라고 말하는 친구들, 보신 적 있나요? 많지는 않지만 가물에 콩 나듯 있기는 합니다. 그래요. '재수 없다'는 반응이 먼저 툭 튀어나오는 그런 외계인 같은 친구들, 그들의 심리 상태를 분석해보겠습니다.

그들의 말은 100퍼센트 진실은 아닙니다. 왜냐면 공부가 진정 재미있을 수는 없기 때문입니다. 정확히 말하자면, 노는 게 훨씬 재밌습니다. 그렇다고 그 친구들이 거짓부렁을 지껄이는 것도 아닙니다. 동기가 완벽하게 내면화되어 있기 때문에, '공부가 재밌다'는 표현을 스스럼없이 하는 것입니다.

그들의 뇌에서는 마틴 셀리그만의 '학습된 무기력 이론'*과 정반대의 메커니즘이 작동합니다. 명확한 장기 목표와 선명한 꿈, 거기에 무엇이든 할 수 있다는 자신감이 있기에 계속해서 허들을 뛰어넘는 겁니다. 그리고 이 선순환은 건강한 습관을 만들고, 이 건강한 습관이 체화되면서 허들을 뛰어넘는 게 '정말 재미있다'고 느끼는 겁니다. 그러므로 내적 동기가 체화된 아이들에게 '공부가 재밌다'는 말은 절대 거짓부렁이나 잘난 체가 아닙니다.

다만, 장기 목표형 아이들에게도 가끔씩은 윤활유 역할을 하는 단기 보상이 필요합니다. 단기 목표 달성과 그것을 통해 획득하는 인센티브는 마라톤에서 주어지는 시원한 생수가 될 수 있습니다. 학부모 입장에서 장기 목표와 단기 목표를 이분법적으로 가를 게 아니라, 어디다 힘을 주어야 할지 결정하면 됩니다. '단기 20퍼센트에 장기 80퍼센트'라면 거의 완벽한 황금비율입

---

* 1960년대 미국의 심리학자 마틴 셀리그만이 실험을 통해 명명한 현상. 스스로 통제할 수 없는 외상적 경험을 겪으면 그 후에 같은 경험에 처했을 경우 능동적으로 대처하려는 동기가 감소하여 자극을 회피하는 방법이 있다 해도, 그것을 학습하는 데 어려움을 겪는 것을 말한다. 새로운 상황에 대한 학습 능력이 떨어지며, 우울 등으로 인해 결과적으로 정서장애가 발생하는 경우가 많다.

니다. 아이의 성향을 면밀히 관찰하면서 '3대 7' '5대 5' '6대 4' 등 세밀하게 장단기 목표 비율을 조정하면서 실천하세요. 강백호는 긴 잠에서 깨어날 겁니다.

아이 성향
파악하기

내 아이 독서교육도
지피지기면 백전백승

아이의 학창 시절, 특히 성적은 크게 세 가지 힘에 의해 좌우됩니다.

1. 부모가 아이를 키우는 방식 혹은 방향

2. 선생님과 친구 집단을 포함한 학교의 분위기

3. 아이의 재능과 기질

세 번째는 가장 중요하면서도 바꾸기 힘들죠. 사람들이 제게 재능과 노력 둘 중 어느 것이 더 중요하다고 생각하는지 물으면, 저는 우사인 볼트나 모차르트의 예를 듭니다. 특정 분야에서 월등한 재능을 타고난 사람들이 분명히 있습니다. 독서와 글쓰기도 마찬가지입니다. 다른 친구들보다 더 빨리 읽고 잘 이해하고, 글쓰기를 좋아하고 멋진 글을 쉽게 쓰는 아이들이 분명히 있어요. 그중 몇몇은 천재적이기도 하죠. 아마 그런 아이들은 그런 재능을 십분 발휘해 평생의 업을 찾을 겁니다. 그러나 이 책은 작가 지망생 아이들을 위한 책이 아니지 않습니까?

우사인 볼트에게 절대음감은 아무 필요가 없어요. 모차르트에게 빨리 달리는 능력은 쓸모가 없죠. 평범한 회사원에게는 천재성보다는 성실함이 더 긴요할 겁니다. 이 책은 작가 지망생도 특정 분야의 천재도 아닌 '보통의 아이들'을 위한 책이라는 점을 명심하고, 안심하고 읽어주길 바랍니다.

독서와 글쓰기에서도 재능과 기질의 영향이 절대적인데, 그걸 바꾸기란 불가능에 가깝습니다. 그런데도 자꾸 바꾸려고 해서 많은 문제가 생기기도 하고요. 하지만 앞의 1, 2번은 선택과 변경이 가능합니다.

몇 가지 조합을 가정해보죠. 단, 아이의 재능은 평균 정도로 일정하다고 가정하고요.

A. 아이 성적에 욕심 많은 부모 + 성적에 욕심 많은 아이

B. 아이 성적에 욕심 많은 부모 + 성적에 욕심 없는 아이

C. 아이 성적에 욕심 없는 부모 + 성적에 욕심 많은 아이

D. 아이 성적에 욕심 없는 부모 + 성적에 욕심 없는 아이

어떤 조합이 가장 좋은 성적을 낼까요? A와 C 중에서 하나가 될 확률이 높죠. 그렇다면 그 반대는 어떨까요? D가 확실합니다. B의 경우에는 부모에게 미안해서라도 공부하는 아이들이 일부 있거든요. 반발심 때문에 오히려 성적을 망치는 경우도 있지만 말이죠.

여기서 쉽게 알 수 있는 사실이 뭘까요? 부모의 바람은 부차적인 요인이라는 겁니다. 부모 입장에서는 자기 마음이 절실하다 보니 이 점을 자꾸 간과합니다. 재능을 고정변수로 놓는다면, 성적에는 아이의 성향 혹은 의지가 절대적이에요.

게다가 어릴 때는 부모의 입김이 더 클 수 있기에 착각은 더 심해지죠. 아이마다 약간씩 다른데, 대략 중학교 1학년 정도까지는 어떻게든 부모가 밀어 올릴 수 있습니다. 그런데 그 이후로는 어림없어요. 결국 모래성처럼 무너지기 마련이죠. 부모는 탄식합니다. 우리 애가 갑자기 무너졌다고요. 아니요. 거기까지 효심으로 잘 버틴 겁니다!

부모-아이 성향에 따른 4가지 전략

읽고 쓰는 영역 역시 마찬가지입니다. 똑같아요. 그래서 이번 챕터에서는 부모와 아이의 조합을 네 가지로 나누어서 독서와 글쓰기 전략을 짜볼까 합니다. 제 아이를 키울 때의 경험도 있지만, 5년 넘게 쉬지 않고 국어와 논술 과외 수업을 했던 경험도 곁들여보겠습니다.

첫째, 부모와 아이 모두 독서와 글쓰기에 관심이 많은 조합입니다. 이런 분들은 이 책을 읽을 필요도 없습니다. 혹시 이 책을 구매하셨다면 얼른 중고서적으로 내놓으십시오!

둘째, 부모는 관심이 많은데 애는 영 읽고 쓰기를 싫어하는 조합입니다. 이럴 때는 아이를 영리하게 꼬드겨야 합니다. 숙제를 내듯 강제로 독서를 시켜 봤자 흡수가 안 됩니다. 보상을 해주면 그때뿐이죠. 이럴 때 서점 쇼핑을 권해드립니다. 제 경우에는 아이가 웹툰-웹소설에만 너무 탐닉하는 것 같아 종이책의 재미를 알게 해주려고 썼던 방법입니다.

일단 시작부터 조심해야 합니다. 절대로 서점을 가려고 작정하고 집을 나서면 안 됩니다. 서점 쇼핑인데 서점을 가지 말라고요? 일단은 아이가 좋아하는 영화를 보러 간다거나, 맛있는 걸 먹으러 가는 식으로 시작하세요. 대신 대형 서점을 낀 쇼핑몰에 있는 극장이나 식당으로 장소를 정하는 겁니다. 뭐든 아이가 좋아하는 걸 하게 해준 다음 이렇게 경로를 바꾸세요.

"아빠가 책 사야 할 게 있는데 잠깐만 서점에 들르자."

그런 다음 서점에 가서 무심하게 툭 던져보세요.

"아빠 책 고르는 데 시간이 좀 걸릴 것 같으니까, 너도 사고 싶은 책 있으면 골라봐. 만화책이든 잡지책이든 게임 관련한 책이든 뭐든 사줄게."

아이가 안 믿는 눈치라고요? 그러면 미끼를 한 번 더 던져보세요.

"진짜야. 뭐든 골라봐."

그리고 시간을 주세요. 대략 30분이 지났는데도 아이가 아빠를 찾지 않으면 대성공입니다. 아이가 책 보는 재미에 빠졌다는 뜻이거든요. 물론 책은 볼 생각도 안 하고 구석에서 스마트폰에 코를 박고 있거나, 10분도 안 되어 빈손으로 와서 보고 싶은 책이 없다며 집에 가자고 조를 수도 있습니다. 울고 싶은 심정이라고요? 아직 낙담하긴 이릅니다. 어찌 첫술에 배부르겠습니까. 이런 나들이를 몇 번 더 되풀이해보세요. 최소한 한 권은 골라올 겁니다.

옆 사진은 얼마 전에 저희 아이가 직접 서점에서 고른 책들입니다. 그림 그리기를 좋아하니까 기법서 두 권을 골랐고, 과학고 진학을 앞두고 있어서 인공지능 관련 도서를 집어온 것까진 수긍할 수 있었습니다. 그런데 응?《성인들을 위한 잔혹동화》는 왜? 심지어 성인도 아닌데?! 슬쩍 보니 제목에만 성인이 들어가 있고 19세 제한이 걸려 있는 도서는 아니어서 그냥 사줬습니다.

아이가 고른 책에 대해 이러쿵저러쿵 하고 싶은 말이 참 많죠? 이런 건 안 읽었으면 좋겠다 싶은 것도 있고, 더 좋은 책으로 바꿔주고 싶기도 하고, 집에 비슷한 책이 있는데 왜 또 사냐고 타박하고 싶은 마음도 있겠지요. 꾹 참고 쿨하게 계산만 해주세요. 서점에 가는 것이 기껏해야 한 달에 한 번도 안 될 테니까요.

　여기서 다음 스텝이 아주 중요합니다. 아이가 고른 책을 아빠도 읽는 겁니다. 얼마나 좋은 기회입니까? 요즘 이 정도로 자녀와 알맹이 있는 대화를 나눌 기회가 어디 흔한가요? 대신 몰래 읽으세요. 그리고 나중에 슬쩍 얘기를 꺼내는 겁니다.

　"아빠도 그 책 읽어봤는데 재밌더라. 그런데 그건 이해가 안 가던데 말이야…"

　그러면서 아이에게 설명을 부탁해보세요. 책에 따라 다르겠지만 너무 많이 물으면 안 되고, 아주 핵심적인 질문 두세 개만 해야 합니다. 이 부분에서 아빠의 노력이 필요합니다.

　교육학 이론에 따르면 뭔가를 습득할 때, 방법에 따라 효율이 달라진다고 합니다. 단순히 눈으로 익히는 지식은 흡수율이 낮고, 읽은 다음 필기 행위를 통해 되새기면 흡수율이 더 높아집니다. 가장 흡수율이 높은 방법은 뭘까요? 남에게 가르쳐주는 방법입니다. 내가 공부한 내용을 남에게 가르쳐주는 행위는, 동시에 내 머리에 그 지식을 새겨 넣는 행위나 마찬가지입니다. 심지어 내가 가르쳐주는 대상이 나의 보호자인 꼰대, 아니 아빠라면? 그렇게 습득한 지식은 쉽게 안 잊어버릴 겁니다.

아빠에게 설명을 하면서 아이는 읽은 내용을 더 깊이 새기게 됩니다. 만약 아빠가 간간이 교묘한 질문을 던진다면 거기서 더 나아갈 수 있죠. 아이가 제대로, 혹은 시험을 잘 보는 방식으로 글을 읽도록 유도해나갈 수 있습니다. 이것이 서점 쇼핑의 궁극적인 목표이자 핵심입니다.

세 번째 조합을 봅시다. 부모는 독서나 글쓰기에 별 관심이 없는데 아이는 관심이 많은 경우도 있죠. 생각보다 꽤 많습니다. 이럴 때 부모는 그저 방치하기 십상입니다. 제가 뭐든 아이가 좋아하는 걸 읽게 해주라고 누누이 강조하는 이유는 '독서 버릇'을 들이기 위해서입니다. 그런데 고3이 끝날 때까지 그렇게 자기 좋아하는 것만 읽으면, 독서 버릇은 들겠지만 학교 성적에 도움이 될 리는 없을 겁니다. 그럼에도 두 번째 조합보다는 더 희망적입니다. 이미 책 읽는 습관이 배어 있기 때문에 방향만 살짝 틀어주면 됩니다. 어떻게 하냐고요?

가장 좋은 방법은 부모가 노력하는 겁니다. 물론 쉽지 않은 일입니다. 하지만 부모는 위대하죠. 온갖 방법을 써도 담배를 못 끊던 애연가들이 아이가 태어나면 담배를 끊는 경우를 자주 볼 겁니다. 담배도 끊는데, 하물며 귀한 자식을 위해 무슨 일인들 못 하겠습니까? 아이의 독서 습관을 성적 향상에 도움이 되는 쪽('올바른 독서법'이라는 표현은 쓰지 않겠습니다. 솔직히 올바른 방법이라고 할 수는 없으니까요)으로 인도하기 위해 부모가 먼저 공부하고 고민해야 합니다. 이 책의 다른 챕터들을 꼼꼼하게 읽어보는 것도 그 노력의 일부가 될 것입니다.

마지막으로 네 번째 조합은 부모와 아이 모두 독서나 글쓰기에 별 관심이 없는 경우입니다. 뭐 답이 없습니다. 그러나 여러분은 다행히 이 책을 읽고 있으니, 일단 그것만으로도 이 조합에는 포함되지 않습니다. 걱정하지 마세요.

이쯤에서 이런 질문이 나올 법도 하네요.

"독서와 글쓰기는 반드시 성적 향상을 위해서만 필요한가요?"

이 책은 다분히 그런 목적으로 쓰였습니다. 단도직입적으로 말하면 성적 향상에 도움이 되는 독서와 글쓰기 조언을 담고 있습니다. 그럼에도 저는 위의 질문에 대해 단호히 '아니요'라고 말하겠습니다. 독서와 글쓰기는 학교 공부만이 아니라, 인생 전반에 걸쳐 반드시 필요한 능력이니까요.

언젠가부터 이공계열은 취업이 쉽고 문과계열은 백수가 되기 십상이라는 인식이 널리 퍼지게 되었습니다. 그러나 현실은 많이 다릅니다. 잘 읽고 잘 쓰는 능력만큼 돈 되는 능력도 흔치 않습니다. 일반 기업에서 하는 일의 대부분이 읽고 쓰는 능력을 바탕으로 할뿐더러, 업무 능력이 비슷한 수준이라도 잘 읽고 잘 쓰는 사람은 실제 자기 능력보다 더 뛰어난 인상을 줍니다.

다만 학창 시절에는 독서-독해 능력이 작문 능력보다 훨씬 더 중요하지만, 사회에 나오면 글쓰기 비중이 더 커지긴 합니다. 그러므로 책 읽기 습관이 정착된 다음에는 글을 쓰는 습관을 들이면 더욱 좋겠지요. 그에 관해서는 뒤에서 이야기하도록 하겠습니다.

"아는데, 다 아는데 시간이 없어요."

네, 맞는 말입니다. 결국 문제는 하나로 귀결되죠. 시간이 없어요. 학과 공부에 학원까지 돌고 나면 책 읽을 시간이 따로 날 리가 만무합니다. 이때 필요한 것이 바로 당근이죠.

자유 시간에 아이들이 주로 뭘 하나요? 집집마다, 아이들 성향에 따라 다르겠지만 게임, 웹툰-웹소설 읽기, 유튜브 보기, SNS 하기 정도가 보편적일 듯싶습니다. 부모는 어떻게든 그 시간을 줄이려고 하고, 아이들은 어떻게든 핸드폰을 사수하려는 치열한 기싸움이 펼쳐질 겁니다. 여기서 아이들의 욕망을 이용하세요. 책을 읽은 시간만큼 핸드폰을 사용할 수 있게 해주겠다고 하는 겁니다. 아니면 데이터를 충전해주거나, 인터넷 이용 시간 제한 프로그램인 '엑스키퍼(아마 많은 부모님들이 벌써 이용하고 있을 겁니다)'로 딜을 하는 방법도 있습니다.

물론 포털 사이트에 '엑스키퍼'를 검색하면 이미 연관 검색어로 '무력화' '뚫는 법' 등등이 주르륵 달리긴 합니다만, 큭큭. 공신폰 역시 마찬가지지요. 검색창에 공신폰을 검색하면 '뚫는 법'이 제일 먼저 연관 검색어로 뜹니다. 이건 무슨 뜻이겠어요? 그만큼 아이들에게 핸드폰은 절실한 당근이란 얘깁니다. 없는 독서 시간을 짜내는 데 활용하기 딱 좋죠. 책을 읽은 시간만큼 핸드폰 사용 시간을 늘려준다고 해보세요. 어떤 일이 벌어지는지.

잔인하다고요? "라떼는 말이야. 전교 10등 안에 못 들면 엄마가 기타랑 워크맨을 뺏어가서 어떻게든 전교 10등 안에 들려고…."

지피지기면 글에
발목 잡히지 않는다

'적을 알고 나를 알면 백전백승이다!'《손자병법》에 나오는 유명한 말입니다. 하지만 원문은 조금 다릅니다. 지피지기 백전불태知彼知己 百戰不殆. '적을 알고 나를 알면 백번을 싸워도 위태롭지 않다'는 의미입니다. 손무는 백번 싸워 백번 이기는 신묘한 비법을 알려주었지만, 저는 '이렇게 하면 아이 성적이 쭉쭉 오릅니다!'라고 장담은 못 합니다. 다만 이재익 PD와 제 충고를 따르면 '적어도 아이가 대학 갈 때 수능 국어영역이나 글쓰기에 발목 잡힐 일은 없다'고 단언할 수 있습니다.

지금 이 순간 이 책을 읽는 부모님이라면 아이 교육에 관심이 많거나, 최소한 없는 관심을 영혼까지 쥐어짤 열의는 품고 있을 거라 믿습니다. 부모와 아이의 조합에서 부모 쪽은 해결되었으니, 관건은 다른 한쪽, 즉 아이의 태도입니다. 지금부터 제가 하려는 이야기는 어쩌면 유아기에 기본적으로 독서 습관이 자리 잡은 아이들에게 유용한 방법일 수 있겠습니다. 그러나 책을 싫어하는 아이라도, 이런 방식으로 접근하면 책에 대한 거부감이 자연스럽게 사라질 것입니다.

독서 몰입 상황 어떻게 만들까

일단 아이가 책 읽기에 어느 정도 관심이 있다면, 다음 단계로 '독서 몰입 상황'을 자주 만들어주면 좋습니다. 소설가 김연수를 아시나요? 《7번 국도》《나는 유령작가입니다》《파도가 바다의 일이라면》등 소설 대표작도 훌륭하지만, 저는 유독 그의 산문을 좋아합니다. 여행기가 특히 좋은데, 한 기행문에서 김연수 작가는 "최고의 집필 장소로 국제선 비행기 좌석만 한 곳이 없다"고 고백했습니다. 대한민국 최고의 작가조차 결국 인터넷도 안 되고, 소파에 누워 감자칩을 씹어가며 TV를 볼 수도 없는 극한 집필 상황을 만들어줘야 글이 술술 써진다고 고백한 것이죠. 그러니 한창 놀기 좋아하는 우리 아이들에게 독서를 강권하는 건, 아무리 생각해도 무작스런 일입니다.

이재익 PD가 서점을 유혹의 장소로 추천했다면, 저는 공공 도서관을 권하고 싶습니다. 운 좋게도 저희 집 근처에는 공공 도서관이 있습니다. 종종 들러 책이나 잡지를 읽곤 하지요. 〈씨네 21〉같이 제가 열독하는 잡지를 한 아름 쌓아 놓고 읽으면, 입가에 미소가 번집니다. 8명씩 함께 앉는 책상에서 책을 읽고 있노라면, 묘한 오기가 뭉글뭉글 올라옵니다. 한증막에서 모래시계를 뒤집어가며 참는 상황과 비슷하죠. '내가 아무리 힘들어도, 저 아저씨보다는 1초라도 더 참았다 나가야지!'라는 쓸데없는 승부욕이 마음속에서 덩실덩실 춤을 춥니다. 그렇게 '오기 반 재미반'으로 읽다 보면 어느덧 책에 빠져들어, 결국 대출까지 하게 됩니다. 대출의 장점은 짐작보다 어마어마합니다. 14일이라는 정해진 기간이, 마치 수능이나 국가고시를 앞둔 수험생에게 주어지는 'D-14'처럼 강력하게 작동합니다. 고백건대, 서점에서 구입한 책의 완독률이 30퍼센트에도 미치지 못하는 반면, 도서관 대출 도서의 완독률은 두 배 가까이 됩니다.

도서관의 재미를 맛보게 하기

'저는 이런 제 독서 체험을 공유하고자, 아이를 데리고 틈만나면 공공 도서관에 들러 날이 저무는 줄 모르고 책을 읽다 집으로 돌아왔습니다!' 이렇게 말씀 드리고 싶지만, 실상은 그렇지 않았습니다. 처음에 아이에게 공공 도서관에 가자고 했더니, 질색을 하더군요. "아빠, 차라리 한라산이나 북한산을 갈게." 집에는 오버워치가 설치된 데스크톱 컴퓨터도 있고, 유튜브가 빵빵하게 나오는 태블릿 PC도 있고, 소파에 편안히 누워 볼 수 있는 IPTV도 있습니다. 그러니 아이 입장에서는 일요일에 공공 도서관에 가자는 아빠의 제안이 탐탁지 않았겠지요. 당연합니다. 이런 상황에서 부모님이 인내심의 바닥을 보이며 윽박지르면 '절대' 안 됩니다.

저라고 뭐 뾰족한 수가 있었겠습니까. 고육지책으로 당의정을 제조할 수밖에 없었습니다. 우선 도서관에 놀러가자고 한 뒤 매점에서 아이스크림을 하나 사 먹습니다. 더운 여름 날, 하드를 하나 쭉쭉 빨면서 도서관 마당에 나가 시답잖은 잡담을 한참 주워섬기다가, "출출하지 않니?"라고 묻고는 도서관 구내식당에서 라면 정식을 시켜줍니다. 라면을 후루룩 한 사발 먹고는 "잡지나 보러 갈까?"라고 과자 부스러기를 뿌려대며 아이를 일반 열람실로 안내합니다. 사진이 잔뜩 들어간 잡지를 보다가, 자연스럽게 책을 한 권 서가에서 가져와 읽습니다. 물론 제가 관심 있는 책이 아니라, 아이가 흥미로워할 만한 책이지요. 아이들은 부모가 뭘 먹으면 맛을 보려고 하고, 뭔가를 읽고 있으면 궁금해서 기웃거리거든요. '애 앞에서는 냉수도 함부로 못 마신다'는 속담이 괜히 있는 게 아닙니다.

'헨젤과 그레텔' 이야기 속 마녀가 된 것 같은 죄책감이 들지만 않는다면, 부모님께서 아이에게 충분히 써볼 만한 방법입니다. 공공 도서관을 활용하는 독서 지도법에서 화룡점정은 단연코 '도서 대출' 단계입니다. 일반 열람실에서 독서를 하다가, 아이가 보던 책을 자연스레 대출하겠다고 한다면 '아싸라비야!' 완벽한 성공입니다. 물론 아이에게 공공 도서관의 재미를 맛보게 하려면 아빠의 희생이 필요합니다. 일요일 조기축구회, 낚시, 골프, 등산은 물론이요 '배틀그라운드'도 포기해야 합니다. 그야말로 뼈를 깎는 인고의 시간이 필요합니다.

아이의 승부욕을 독서로 연결시키기

공공 도서관 도서 대출의 장점은 아이에게도 그대로 적용됩니다. 승부욕이 있는 아이라면 효과는 극대화됩니다. 뇌 발달 구조상 아이들은 게임에 열광할 수밖에 없습니다. 온갖 협박과 위협으로 게임을 금지하고 아무리 오금을 박아놔도 아이들은 게임을 놓지 못합니다. 우리의 뇌 구조 때문입니다.

기본적으로 우리 뇌는 뒤에서 앞쪽으로 시간을 두고 순차적으로 발달합니다. 시각 정보를 담당하는 후두엽이 먼저 깨어나고, 두정엽과 측두엽을 거쳐 최종적으로 전두엽이 활성화됩니다. 전두엽은 인간 뇌의 총 부피에서 무려 40퍼센트를 차지합니다. 양적으로만 중요한 게 아니고, 질적으로도 가장 중추적인 역할을 합니다.

전두엽은 통찰, 판단, 제어, 절제, 추상적 사고를 담당합니다.

그러니 전두엽이 아직 발달하지 못한 채 후두엽만 잔뜩 성이 오른 아이들에게, 화려한 그래픽을 자랑하는 컴퓨터 게임은 저항할 수 없는 치명적 유혹입니다. 쏘고 베고 찌르고 부수고 폭발시키는 스마트폰 게임에 아이들은 환장할 수밖에 없다는 겁니다.

영어 단어 '게임game'에는 '사냥감'이란 뜻이 있습니다. 인류가 수렵 생활을 하던 시절의 사냥 본능이 오늘날 컴퓨터 게임으로 전이되어 있는 셈이지요. 도서 대출 이후 반납할 때까지 책을 다 읽는 것도 승부욕이 있는 아이들에겐 하나의 게임이 됩니다. 사냥을 하면 멧돼지나 꿩 같은 결과물을 얻을 수 있듯이, '책 읽기'라는 게임을 하고 나면 그에 따른 적절한 보상이 따라야 합니다. 다만 이 보상의 내용과 양을 결정하는 것은 온전히 부모의 몫입니다. 이때 아이의 상황을 다각도로 검토해야 합니다. 이재익 PD처럼 스마트폰 사용 시간을 늘려주는 것도 하나의 보상이 될 수 있습니다. 하지만 아이가 스마트폰 게임에 중독되는 모습을 보인다면, 물론 다른 보상을 생각해야겠죠.

거실을 포기할 수 있는 용기

휴일에 공공 도서관에서 노는 습관이 들었다면, 다음 단계는 거실을 공공 도서관의 일반 열람실로 만드는 겁니다. 소파와 TV라는 '꿀조합'을 과감하게 내동댕이쳐야 합니다. 물론 어려운 일입니다. 〈슬기로운 의사생활〉이나 〈삼시세끼〉를 못 보는 생활이 함함하지는 않겠지요. 하지만 1년 시집살이 못 하는 사람 없고, 벼 한 섬 못 베는 사람 없다고 하지 않습니까. 잠시만 참으면 됩니다. 아이가 독서에 취미를 붙일 수 있는 서너 해만 꾹 참아보세요. TV를 아예 집에서 없애버리면 최고겠지만, 골방으로 치워버리고 거실에서 내쫓는 것만으로도 성공입니다. 거실 가운데에는 최대한 큰 식탁을 구해서 놓습니다. 벽 한쪽에는 책장을 놓고, 도서관 열람실마냥 잡지도 몇 권 꽂아놓습니다. 식탁 위에는 할리우드 영화에서 자주 보던 녹색 스탠드를 올려놓고, 독서대도 두어 개 비치합니다. 그럴듯한 도서관 분위기를 내보는 거죠.

자, 소파와 TV를 치워버리고 큰돈을 들여 도서관 분위기를 자아냈다면 지금부터는 또 다른 단계의 인내가 필요합니다. 처음부터 아이가 식탁에 앉아 《정의란 무엇인가》나 《군주론》을 읽을 거라고 기대하면 안 됩니다. 처음에는 그저 TV 없는 거실에 적응하고, 무료하고 심심하니까 잡지라도 뒤적거리면 일단 성공입니다. 잡지가 손에 익을 즈음, 아이는 책장이나 식탁에 놓인 책에 자연스레 손이 갑니다. 그게 만화책이든 이야기책이든 아무 상관없습니다. 여기서 주의사항! 부모님 성에 차지 않는 책이라고 해서, 억지로 다른 책을 권하면 안 됩니다. 그렇게 거실이 도서관 열람실인 듯 느끼는 첫 단추가 중요하기 때문입니다.

그럼에도 만약 자녀와 함께 굳이 TV를 봐야 한다면 tvN 〈책 읽어드립니다〉 같은 부류의 프로그램을 추천합니다. 저는 얼마

전 〈책 읽어드립니다〉를 시청하며 슬며시 과자 조각을 뿌려놓았습니다. 역시나 걸려들더라고요! 올더스 헉슬리의 《멋진 신세계》편이었습니다. 1932년에 출간된 이 소설은 런던을 배경으로 디스토피아적인 암울한 미래를 그리고 있습니다. 여기서 '멋진 신세계'란 태어날 때부터 계급이 정해진 세상을 의미합니다. 모든 인간은 인공부화실에서 태어나고 양육됩니다. 결혼과 출산이라는 제도는 미개한 생활방식으로 치부되고, '소마'라는 마약과 유희로서의 성관계에만 온통 집중하는 사회의 모습이 적나라하게 그려집니다.

프로그램 구성이 알차고 좋아서 그랬을까요? 아니면 내용이 워낙 충격적이어서 그랬을까요? 아무튼 아이는 넋을 잃고 시청하더니, 프로그램이 끝나자마자 책을 사달라고 하더군요. "아빠! 저 책 읽어보고 싶어요.""그래, 사줄게." 저는 짐짓 태연한 척 답했지만 속으로는 '올레!!!!!!!!'를 외치며 두 손을 번쩍 치켜올렸습니다.

태어나자마자 스마트폰과 유튜브의 세례를 받고 자란 아이들에게 때론 영상을 통해 지적 호기심을 자극하는 것도 좋은 방법입니다. 〈책 읽어드립니다〉처럼 노골적으로 유혹하는 방법도 있습니다만, 유튜브의 세계에는 '최초의 바이러스는 어디에서 왔을까?' '양자역학 한 방 정리!', '장내 미생물, 마이크로바이옴, 대변 이식에 관한 강의!' '단 10분 만에 정리하는 서양 철학사' '톨스토이의 전쟁과 평화 특강' 등 다양한 분야에 걸친 양질의 시청각 자료가 널려 있습니다. 유튜브의 특성상 강사들이 지루하지 않게 설명하는 점도 훌륭하고, 연계된 책을 추천하는 경우도 종종 있어서 동영상 시청이 책 읽기로 자연스레 이어진다는 점도 좋습니다.

모든 것을 함께하라, 코호트 독서법

'코호트'라는 말을 아십니까. 아마도 코로나19 관련 뉴스를 접하면서 '코호트 격리'라는 표현을 들어봤을 겁니다. 코호트 격리란 전염 가능성이 있는 의료진과 환자를 하나의 집단으로 묶어격리하는 조치를 의미합니다. 원래 '코호트cohort'는 고대 로마 군사 조직의 세부 단위를 의미했습니다. 같은 코호트에 묶인 사람들은 함께 훈련하고 생활하고, 전쟁을 치르는 과정에서 강력한내부적 동질성과 결속력을 지니게 됩니다. 훗날 사회학에서는코호트를 '동시대를 살아가며 특정 사건을 함께 겪은 사람들의집단'으로 정의하게 되었습니다.

자녀가 책 읽기에 몰입하기를 바란다면, 부모 역시 독서를 삶의 일부로 받아들여야 합니다. 내 옆의 동지가 적군을 향해 창을날리는데, 나만 방패 뒤에 숨는다면 진정한 전우라고 할 수 있을까요. 저는 학부모가 아이와 함께 '독서의 전장戰場'에 과감하게뛰어드는 이 독서법을 '코호트 독서법'이라고 명명하겠습니다.

지피지기 백전불태. 적을 알고 나를 알면 백번을 싸워도 위태롭지 않다. 이 책을 읽고 있는 학부모 독자들께 이렇게 말씀 드리고 싶습니다. '아이를 알고 나를 알면 백번 입시를 치러도 위태롭지 아니하다!' 무조건 우격다짐으로 밀어붙일 게 아니라, 아이의 성격과 관심 분야를 세밀하게 살펴 독서의 세계로 유혹할 줄 알아야 합니다. 거기에 더해 학부모의 희생 아닌 희생도 필요합니다. 본인은 독서와 담쌓고 지내며 아이에게만 강요했다가는 단언컨대, 완벽한 패배가 기다리고 있을 겁니다.

2부

기본기
다지기

우리 아이
상상력 키우기

동화책으로
상상력 키우는 법

제 아내는 지금은 다른 일을 하고 있지만, 꽤 오랜 기간 대기업을 다녔습니다. 수출입 사업을 하는 국내 굴지의 무역회사였죠. 15년 가까이 이 회사에 몸담고 있으면서 얼마나 출장을 많이 다녔는지, 세계지도에 출장지를 표시하면 온갖 나라에 점이 찍히는 수준이랄까요. 특히 러시아와 중동, 아프리카 지역을 주 무대로 다녔고, 그러다 보니 출장 기간도 참 길었습니다. 아내가 아프리카의 이름 모를 나라로 날아가 열흘씩 집을 비울 때면, 어쩔 수 없이 저는 독박육아 신세였죠.

지금 돌이켜보니 덕분에 참 행복한 기억도 많이 쌓았습니다. 특히 아이가 초등학교에 들어가기 전에는 거의 제가 품고 잠들곤 했으니까요. 마법의 수면제처럼 사르르 눈이 감기게 하는 아기 머리 냄새는 아직도 코끝을 간질이듯 기억에 선합니다. 그 냄새와 싸워가며 동화책을 읽어주던 이야기를 잠시 할까 합니다.

아이들마다 꽂히는 영역이 다 다릅니다. 어떤 아이는 공룡, 어떤 아이는 로봇, 어떤 아이는 예쁜 인형에 빠집니다. 제 아이가 취학 전에 빠진 두 가지는 트레일러트럭과 토마스 기차였습니다. 저는 그래서 아이가 나중에 기관사나 트럭 운전사가 되려나 싶었는데, 시간이 지나면서 취향이 바뀌긴 하더군요.

읽어주기를 잠시 멈추고 질문하라

트레일러트럭에 관한 동화책은 찾기가 쉽지 않아, '토마스와 친구들' 기차 책을 수없이 읽어주었습니다. 다만 제가 책을 읽어주는 방식은 다른 아빠와 조금 달랐습니다. 첫 페이지부터 시작해 끝까지 읽어주는 게 아니라 중간쯤에 이야기를 멈추고 아이에게 질문을 던지는 겁니다.

"희건아, 토마스가 터널에 갇혔는데 왜 제임스가 구해주러 오지 않을까?"

원래 책에는 심술궂은 다른 기차들이 제임스를 막고 있어서 오지 못한 것으로 되어 있습니다. 그러나 아이의 답은 다를 수 있습니다.

"제임스가 열심히 오고 있는데 중간에 기찻길이 끊어져버린

게 아닐까?"

그럼 아빠는 거기서부터 이야기의 흐름을 바꾸기 시작합니다.

"맞아. 제임스가 열심히 오고 있는데 그만 기찻길이 끊겨버렸어. 그래서 제임스는 어떻게 했을까?"

아이는 잠시, 혹은 한참 생각하다가 자기 나름의 이야기를 만들어냅니다. 가끔 생각이 안 나거나 귀찮을 때면(다행히 아이들은 자기가 좋아하는 것에 대해선 귀찮아할 때가 거의 없습니다) 아빠한테 되물을 때도 있지만요. 그런 식으로 아빠와 아이만의 이야기를 만들어나가는 겁니다.

종종 토마스 기차는 끝내 역에 도착하지 못하곤 했습니다. 이야기가 계속 길어져서 결론이 안 난 채로 아이가 잠드는 밤도 있었지요. 아, 물론 아빠가 먼저 잠든 경우도 적지 않았어요.

매일 사사건건 이런 식으로 아이에게 물어볼 필요는 없습니다. 동화책을 읽어줄 때 묻는 정도면 족합니다. 그러다 보면 아이는 자연스럽게 다른 상황에서도 상상력을 발휘합니다. 다들 아이를 키울 때 들어본 엉뚱한 질문들을 기억하실 겁니다. 저는 오래전에 아이와 실내 파도풀에서 놀 때 들었던 질문을 아직도 잊지 못합니다.

"아빠, 여기에서 물고기들도 같이 헤엄치면 어떨까?"

제가 뭐라고 대답했는지는 기억나지 않습니다. 다만 논리적인 대답을 하지 않았던 건 확실합니다. 아이와의 대화가 한참 계속되었거든요.

꼭 책에 있는 대로 읽을 필요는 없습니다. 아이의 질문에 정답을 말하려고 애쓸 필요도 없습니다. 책에 나와 있는 대로 읽으면 기차는 늘 역에 도착하는 것으로 이야기가 끝납니다. 아빠가 정답을 말해버리면 아이와의 대화는 쉽게 끊기고 맙니다. 게다가 정답을 말해주는 사람, 옳은 소리를 해주는 사람은 아빠 말고도 아이 주변에 많습니다. 엄마도 할머니도 할아버지도 선생님도 늘 그러시죠. 그러니 아빠 한 사람 정도는 엉뚱한 이야기를 해줘도 괜찮습니다. '가르쳐줘야 한다, 올바른 길로 인도해야 한다'는 강박을 버리면 어떨까요?

상상력은 읽기와 쓰기의 가장 큰 자산

아이와의 대화에서 최악의 태도는 이겁니다.

"아우, 애가 또 쓸데없는 소리 하네. 자꾸 황당한 생각하지 말고 공부나 해."

아이들의 쓸데없는 소리, 황당한 생각은 다름 아닌 상상력의 부산물입니다. 상상력이란 공부에서, 특히 독해와 글쓰기에서 가장 중요한 기초 자산입니다. 상상의 나래를 펼치다가 부모에게 혼이 난 아이는 날개를 접어버리고, 피터팬은 더 이상 날 수 없게 됩니다. 어차피 학교에서, 사회에서, 친구 집단에서 접히고 꺾일 날개인데 왜 부모가 앞장서서 꺾어버리나요? 조금이라도 더 오래 상상의 날갯짓을 할 수 있도록 지켜주세요. 그것이 훗날 잘 읽고 잘 쓰고 말 잘하는 학생으로 자라는 데 가장 큰 힘이 될 테니까요.

이렇게 물어보는 분들도 계실 겁니다.

"우리 아이는 이과 기질인데, 상상력이 필요할까요?"

원시시대, 그리고 산업화 이전의 상상력은 간단했습니다. 전에 없는 물건을 만들어내고 전에 없던 아이디어를 생각해내는 것, 그것이 근대까지 상상력의 본질이었습니다. 하지만 현대사회는 그런 위대한 상상력의 산물로 가득합니다.

그렇다면 대체 우리 시대의 상상력이란 무엇일까요? 저는 '전혀 상관없는 것들을 연결하는 능력'이라고 생각합니다. '통화를 하기 위해 만든 핸드폰과 인터넷 서비스를 결합한다면?' 이 상상력의 결과가 스마트폰이며, 스티브 잡스가 아이폰을 출시한 2007년 이후 우리가 살고 있는 새로운 세상입니다.

이런 예는 너무 많아서 일일이 열거하기도 어려우며, 대부분의 경우 이런 사례의 주인공은 공학자들이었습니다. 상상력이 풍부한데다가 글도 잘 쓰고 말까지 잘하는 공학자라면? 거의 대부분 엄청난 거부가 됩니다. 스티브 잡스처럼요.

그가 최초로 아이폰을 공개한 프레젠테이션 영상은 유튜브에서 쉽게 찾아볼 수 있습니다. '전설의 스티브 잡스 프레젠테이션'이라고 찾아보세요. 제가 생각할 때 '인류 역사의 흐름을 바꿔놓은 10대 사건' 중에서 유일하게 영상으로 생생하게 남아 있는 사건이니, 꼭 한번 찾아보길 권합니다. 프레젠테이션에서 잡스는 그 유명한 검은색 터틀넥 셔츠와 청바지 차림으로 단상에 올라 이렇게 말합니다.

"저는 오늘 세 가지 제품을 소개할까 합니다. 터치로 조작할 수 있는 대화면의 아이팟iPod, 혁신적인 휴대폰, 그리고 획기적인 인터넷 통신 기기입니다."

그리고 잡스는 세 가지 제품의 이름을 반복해서 중얼거리죠. "아이팟, 휴대폰, 그리고 인터넷 통신 기기, 아이팟, 휴대폰, 그리고 인터넷 통신 기기, 아이팟, 휴대폰, 그리고 인터넷 통신 기기…." 그러다 결론을 말합니다.

"여러분, 뭔지 감이 오세요? 이것들은 서로 다른 세 개의 제품이 아닙니다. 단 하나의 제품입니다. 우리는 이 새로운 제품을 '아이폰iPhone'이라고 부릅니다. 오늘, 저희 애플은 전화기를 다시 발명하려고 합니다Today, Apple is going to reinvent the phone!"

이과 기질이 있는 아이에게 상상력이 왜 필요한지, 글 잘 쓰고 말 잘하는 능력이 얼마나 매력적인지를 여실히 보여주는 영상이죠. 또 이렇게 물어보는 분들도 있겠네요.

"작가 양반, 아이와 상상력 넘치는 대화 좀 해보고 싶은데 제 상상력이 달려서요."

당연히, 그럴 때 있습니다. 작가 양반인 저 역시 마찬가지입니다. 아이들이 아무리 궁리해도 대답하기 어려운 기상천외한 질문을 던질 때는, 되물어보면 됩니다.

"아빠는 그건 정말 모르겠다. 너는 어떨 것 같아?"

아이들은 때론 답을 알면서 물어보는 경우도 있습니다. 다만 아빠가 관심을 가져주기를 바라는 거죠. 부모와의 대화는 독서와 글쓰기, 말하기의 시작입니다.

늘 정답을 말해야 하고 엉뚱한 생각은 무시당하다 보면 책 읽기도 공부도 재미없어집니다. 초등학교 때는 성적도 좋고 공부에 관심이 많았는데, 중학교에 올라가면서 급격히 성적이 떨어지는 아이들 중에 이런 경우가 많다고 들었습니다. 토마스가 늘 역에 도착하는 이야기는, 안도감은 줄지언정 상상력은 선사하지 못합니다. 심지어 자꾸 듣다 보면 재미도 별로 없습니다.

전화기로는 통화만 해야 하고 인터넷은 컴퓨터로만 해야 하는 세상, 자동차에는 기름만 넣어야 하는 세상, 엄마와 아빠와 아이들이 한집에 사는 모습이 보편적인 세상은 이미 오래전에 끝났습니다.

여담인데, 사실 애초부터 토마스가 꼭 그 역에 도착할 필요는 없었는지도 모르겠어요. 우리의 인생도 마찬가지입니다. 우리 주변에는 어떤 목표를 갖고 노력했지만 이루지 못한 사람들이 수두룩해요. 우리도 그렇고요. 다만 계속 가다 보면, 원래 목표했던 곳에는 못 가더라도 다른 곳에 도착할 수는 있습니다. 그곳은 원래 가려고 했던 곳보다 더 멋진 경우도 많습니다.

몇 년 전, 제가 경험한 일들을 예로 들어볼까요? 너도나도 유튜버가 되려는 시류에 편승해 마흔을 훌쩍 넘긴 저도 유튜브 채널을 연 적이 있었습니다. 채널 이름이 무려 '꿀방망이 TV', 제 이름은 '디제이 꿀방망이'였습니다. 몇 달 동안 제법 열심히 스트리밍도 하고 동영상도 만들었지만 성과가 시원찮았습니다. 몇 달 만에 구독자 5,000명을 모았으니 성공이라고 볼 수도 있겠지만, 기존에 진행하던 팟캐스트 고정 청취자가 수만 명이라는 점을 생각하면 민망한 수준이었습니다. 그럼에도 계속 스트리밍을 하고 틈나는 대로 편집한 영상도 올렸죠. 그 모습을 본 후배 PD 하나가 저를 라디오 프로그램 진행자로 적극 추천했습니다. '저 정도 꾸준한 관종력이면 충분하겠다!' 이렇게 판단한 거죠. 결국 저는 유튜버가 되는 데는 실패했지만 제 이름을 걸고 라디오 프로그램을 진행하는 영광을 누리고 있습니다. 지금은 그저 행복하고 감사할 따름이죠.

아이들에게 목표 의식을 심어줄 때도 그래야 합니다. 목표를 정해놓고 열심히 가다 보면 거기 닿지는 못하더라도 어딘가에는 도착해 있을 거라고. 그건 실패가 아니라고. 진짜 실패는 겁이 나서 출발조차 못 하는 거라고.

대화식 독서의
놀라운 힘

'토마스와 친구들.' 이 이야기는 영유아들의 전폭적 지지를 받으며 한 시대를 풍미했고, 지금도 꾸준히 사랑받는 캐릭터입니다. 철도 덕후인 윌버트 오드리Wilbert Awdry와 그의 아들 크리스토퍼 오드리Christopher Awdry가 함께 지은 동화를 원작으로 하고 있어요. '토마스와 친구들'은 '뽀로로'와 더불어 아이들의 마음을 양분했고, 동시에 부모들의 애꿎은 지갑을 헐벗게 만들었습니다. 이 캐릭터로 출시된 장난감이 워낙 고가였거든요. 돌이켜보건대, 지금의 '펭수'와 겨뤄봄직한 폭발적인 인기를 누렸습니다.

저는 대학생 그것도 의대 본과생과 결혼한 덕분에(?) 여느 아빠들보다는 아이와 많은 시간을 함께할 수 있었습니다. 저 역시 방송국 PD로서 꽤나 바쁜 편이었지만, 인턴과 레지던트라는 혹독한 수련 과정을 견뎌야 했던 엄마보다는 한가한 아빠였습니다.

여느 가정과 마찬가지로 토마스는 우리 집에서도 슈퍼스타였습니다. 토마스와 친구들이 차례차례 대형 마트 완구점에서 우리 집으로 이사하기 시작했고, 급기야 제 어릴 적 단골 가게였던 둘리슈퍼 앞 평상만 한 철로 세트가 집으로 들어왔습니다. 애니메이션을 보고 동화책을 읽고 장난감 기차놀이를 하며, 어느덧 저와 아이는 오드리 부자처럼 기차와 사랑에 빠지는 놀라운 경험을 공유했습니다.

결핍이 준 선물

남들이 보면 조금 과하다 싶게 토마스 장난감을 사준 이유에는, 어린 시절 제가 경험한 결핍이 작용했음을 고백합니다. 서너 살쯤 되었을까요. 그 시절 추석 선물로 외삼촌이 사준 엑스칼리버는 몇 시간 뒤 24색 크레파스로 바뀌어 돌아왔고, 설 선물인 탱크와 전투기는 공책과 연필로 둔갑해 제 손에 쥐어졌습니다. 원탁의 기사가 되어 아서왕을 지키고자 했던 소년의 창대한 꿈은 해마다 물거품이 되곤 했죠. 하는 수 없어진 저는 가위, 스카치테이프, 도장, 스테이플러 등등 눈에 보이는 걸 쥐고 놀 수밖에 없었답니다. 가위는 전투기가 되었고, 스테이플러는 악어 로봇으로 변신했으며, 스카치테이프는 원형 우주선처럼 제 방을 날아다녔습니다.

눈물 없인 못 들을 사연입니다만, 그 결핍이 오히려 제 창의력에는 도움이 되었습니다. 장난감의 부재로 인해, 주어진 물건에 최대한의 상상력을 접합해 놀아야 했던 경험이 도리어 약이 된 겁니다. 이재익 PD가 동화책을 읽어주다가 중간에 끊고 아이와 대화를 나눈 방법은, 그래서 더할 나위 없이 효율적인 독서 방법입니다.

이 독서 방법에서는 함함하게 떠먹여주던 이야기가 어느 순간 툭! 끊깁니다. 그리고 이내 궁금증이 일게 되지요. 이 결핍은 결국 상상력으로 이어지고, 이야기는 아이의 머릿속에서 나름대로 완성됩니다. 심지어 수십 가지 버전으로 갈래를 뻗어나가지요. 때로는 동화 작가가 상상하지 못한 기발한 아이디어로 이야기를 전개하기도 합니다. 독서법을 특별히 공부하지는 않았지만, 이재익 PD는 이른바 '대화식 독서'를 자연스레 터득해 실천한 겁니다.

대화식 독서의 장점과 그 방법

대화식 독서란 무엇일까요?

뉴욕주립대학교 그로버 화이트허스트Grover Whitehurst 박사의 연구를 좇아가 보겠습니다. 아동 심리 전문가인 그는 '그림책을 이용한 대화식 독서법'을 창안했습니다. 그리고 이 방법을 통해 미취학 아동들의 어휘력과 문장 구성력이 탁월하게 증진되었다는 사례를 제시했습니다.

대화식 독서란 한마디로 성인과 아동이 그림책을 함께 보는 상황에서 끊임없이 질문을 던져, 아이를 단순한 청자가 아닌 능동적인 스토리텔러로 유도하는 독서 지도법입니다. 그래요, 맞습니다. 여러분이 잠자리에 들기 전 아이들에게 해주던 그림책 읽기와 크게 다르지 않습니다. 다만 일방적 읽어주기가 아닌 쌍방향 소통이라는 점이 다르겠지요.

유아에게는 단순히 이야기책을 읽어주는 것만으로도 어휘 및 언어 발달에 큰 도움이 됩니다. 하지만 연구에 따르면 단순하게 이야기를 읽어주는 것을 넘어서 대화식 독서를 실천한다면, 유아는 더 많은 어휘를 습득하고 더욱 바람직한 읽기 태도를 갖추게 될 것입니다.[*]

대화식 독서의 주요한 방법론으로 'PEER 기법'이 있습니다. PEER는 'Prompt, Evaluate, Expand, Repeat'의 약자입니다. 간단히 요약하자면 유아를 자극 및 격려하고, 평가하고, 유아의 어휘를 확장시키고, 반복하게 하는 것을 뜻합니다.

먼저 'Prompt'를 알아보겠습니다. 보통 '신속한'이란 형용사

---

[*] 박혜정, 〈표적단어 중심 대화식 읽기가 유아의 어휘학습 및 읽기태도의 개선에 미치는 효과〉, 경상대학교대학원, 2014

로 쓰이는 단어이지만, 여기서는 '사람에게 어떤 결정을 내리도록 촉발하다'라는 의미입니다. 이야기책을 보는 유아에게 책에 표현된 '어떤 것'에 대해, 그것이 인물이든 사건이든 배경이든 이야기하도록 권유하고 격려하는 것입니다.

얼핏 그저 계통 없이 주절대는 것에 불과해 보일지도 모릅니다. 하지만 행동의 미묘한 차이 하나가 아이의 주의를 집중시키고, 줄거리를 온전히 이해하게 만듭니다. 이를 통해 결국 독자인 미취학 아동은 이야기에 능동적으로 참여하게 되고, 동시에 이야기를 수월하게 평가하는 능력을 얻게 됩니다.

영화 〈캡틴 판타스틱〉을 보면, 자식들을 숲으로 데려가 살면서 홈스쿨링을 하는 괴짜 아버지가 등장합니다. 하루는 아버지가 딸아이에게 소설 《롤리타》를 읽히고 감상을 이야기하라고 하자 아이는 '무척 흥미로웠다'고 말합니다. 그러자 아버지는 이렇게 대꾸합니다. "소설이나 책을 읽고 그저 '흥미로웠다'라고 말하는 것만큼 나태한 평가는 없어! 네 진짜 생각을 말해봐." 그제야 딸아이는 "그 놈이 미워 죽겠어요"라고 솔직한 감상을 털어놓습니다. 그제야 아버지는 잘했다고 칭찬을 하지요.

우리네 가정 대부분에서도 이런 일이 벌어집니다. 부모가 아이와 책을 함께 읽고 토론이라도 할라치면, 아이의 입에서는 '흥미로웠다' 혹은 '재밌었다' 같은 뻔한 대답이 나옵니다. 그도 아니면 아이들은 어떻게든 교훈적인 결론을 제시하려고 합니다. 이 모든 폐단은 어릴 때부터 Prompt를 통한 독서교육이 이루어지지 않았기 때문입니다.

윌리엄 골딩의 《파리대왕》을 예로 들어볼까요. 책장을 이제 막 덮은 아이가 느끼는 감정은 '잭 일당이 얼굴에 색칠을 해대고 날뛰는 모습이 두려웠다'가 보통입니다. 혹시 책을 다 읽은 아이가 씩씩한 목소리로 "이 소설은 랠프 일당과 잭 일당을 통해 이성과 광기, 문명과 야만, 민주주의와 전체주의 등의 이분법적 세계관을 보여주고 있습니다. 얼핏 소년들의 성장기를 그린 모험담으로 보이지만, 실상 인간 본성의 민낯을 여실히 보여주는 디스토피아 소설입니다"라고 웅변하기를 기대하십니까? 이런 지나친 기대는 그저 '흥미로웠다'라는 단답식 반응을 초래할 뿐입니다. 그보다는, 앞서 거칠지만 솔직하게 '두렵다'고 표현한 것처럼 아이의 자연스런 독서 감상을 받아들이고, 여기서 한 계단씩 차근차근 올라가야 합니다. 첫술에 배부를 수는 없습니다. 과욕을 버려야 합니다.

두 번째 단계는 'Evaluate'입니다. 말뜻 그대로 유아가 말하는 내용을 평가하는 것입니다. 부모가 아이의 대답이 맞는지 틀리는지 알려주고 거기에 더할 만한 정보가 있으면 보충해주는 단계입니다. 다만 평가 단계에서는 지나치게 엄격한 독서 지도를 지양해야 합니다. 맞다, 틀리다라는 피드백을 주는 것도 물론 중요합니다. 하지만 혹독한 평가는 유아에게 독서에 대한 두려움을 심어줄 수 있습니다. 대화식 독서가 부모의 인내심 부족으로 자칫 약에서 독으로 변모할 수 있음을 잊지 마십시오.

미국 영화나 드라마를 보면 종종 등장하는 표현이 있습니다. "Don't judge me." 극중 인물이 주로 분기탱천해서 이런 말을 내뱉지요. 'judge'는 우리가 흔히 '판사' 혹은 '판단하다'라는 뜻으로 알고 있는 단어입니다. 하지만 이 말에는 '비난, 비판, 폄하'의 의미가 내포되어 있습니다. 'Don't judge me'는 한마디로 '나를 당신의 잣대로 비판하지 마라'는 뜻입니다.

이 두 번째 단계에서 부모로서 가장 경계해야 할 지점이 바로 여기에 있습니다. 'evaluate'는 하되 절대 'judge'의 영역에 발을 들여놓으면 안 된다는 것입니다. 그 순간 빠져나올 수도 없고 끝나지도 않는 무간지옥이 펼쳐집니다. 부모의 말을 따뜻한 평가가 아닌 차가운 비판으로 느끼는 순간 아이는 책을 두려워하게 됩니다.

세 번째로 'Expand'를 설명하겠습니다. 이는 책을 읽으면서 유아가 보이는 반응에 몇 가지 단어를 추가해 어휘 체계를 '확장'시키는 과정입니다. 위기에 처한 토마스를 구하러 오지 못한 제임스. 그 이유는 여러 가지겠지요. 유아가 "기찻길이 끊어진 게 아닐까?"라고 반응했을 때, 부모가 "그럼 난관에 봉착한 제임스는 과연 어떻게 했을까? 어떤 방식으로 위기를 탈출했을까?"라고 지도해주는 것이 바로 확장입니다. 기찻길이 끊어진 상황에 덧붙여, 그렇다면 그 후 어떤 일이 일어날지에 대해 유아에게 추가적인 반응을 요구하는 것이라 할 수 있습니다.

부모는 이런 상황에서 자연스레 '눈높이 지도'에 실패합니다. 하지만 여기서의 실패는 약이 됩니다. "제임스는 토마스를 구하려는 마음에 너무 조급해져서 속도를 올리다가 탈선한 게 아닐까?" 이처럼 대부분의 부모들은 아이에게 설명할 때 성인 수준의 어휘를 구사하게 됩니다. 당연합니다. 아이의 눈높이에 맞추는 특수 교육을 받지 못했으니까요. 하지만 이렇게 던져진 어휘는 아이의 호기심을 자극합니다. "조급해지는 게 뭐야?" 혹은 "아빠! 탈선이 뭐예요?"라는 질문이 자연스레 아이 입에서 나오게 됩니다. 대화식 독서를 통해 아이는 '조급_{焦急}'과 '탈선_{脱線}'이란 어휘를 확장시킨 겁니다. 그것도 아주 자연스럽게 말이죠.

마지막으로 'Repeat'입니다. 잘 알다시피 '반복'이라는 뜻이죠. 올바른 반응(첫 번째 Prompt 과정)과 그로 인한 확장 반응(세 번째 Expand 과정)을 유아가 반복하도록 유도하는 단계입니다. 이야기책 속에 적극적으로 참여한 유아의 상상력과 확장된 어휘력은 반복을 통해 다져집니다. 상상력과 어휘력을 통해 늘어난 독해력이 사상누각이 되지 않으려면, 꾸준한 반복이 필요합니다.

'세 살 버릇 여든 간다'고 하지요. 이 말을 우리가 생활에서 흔히 접하는 속담에 불과하다고 치부하기에는 그 과학적 근거가 속속 드러나고 있습니다. 잘 알려져 있다시피 이 시기에 두뇌 발달의 80퍼센트가 이루어집니다. 대화식 독서를 반복적으로 수행해 습관으로 길들인다면 이보다 더 좋은 독서법은 없습니다.

다만 여기서 함정은 부모입니다. 독서 습관이 체화되지 않은 부모라면 대화식 독서를 반복하다 먼저 나가떨어질지도 모릅니다. 대화식 독서의 반복이 성공하려면 부모의 뼈를 깎는 노력이 필요합니다. 어쩌다 한 번 좋은 엄마, 좋은 아빠 노릇하기는 쉬워요. 하지만 꾸준히 대화식 독서를 성취해나가려면 먼저 부모 본인부터 독서 습관을 들여야 합니다.

한번 체계가 잡힌 유아기 독서의 힘

대화식 읽기를 연구한 박혜정 박사의 논문에 따르면, 대화식 읽기를 실시한 실험 집단이 실시하지 않은 통제 집단보다 어휘를 수용해 학습 능력이 향상되는 점수가 탁월하게 높았습니다. 게다가 독자적인 읽기 태도의 개선 점수 역시 높게 측정되었습니다.[*] 여기서 더욱 중요한 점은 유아기에 개선된 어휘력과 읽기 태도의 신장이 결국 초·중·고등학교의 독서 능력으로 그대로 연결된다는 점입니다. 눈덩이 구르듯 한 번 체계가 잡힌 독서 능력은 점점 선순환의 길을 가게 되고, 잘못된 읽기 태도나 부족한 어휘력은 악순환의 구렁텅이에 빠지게 됩니다. 참 무시무시한 결론이죠?

'토마스와 친구들'에 나오는 에피소드를 보면 유독 사고가 많습니다. 탈선, 선로 붕괴, 열차 충돌 등 다양한 이유로 사건이 넘쳐납니다. 안전의 대명사로 알려진 철도인데도 말이죠. 이와 같

---

[*]　박혜정, 앞의 논문

이 여러 상황을 재현하는 이야기의 세계처럼, 독서 지도에도 정답은 없습니다. 그러니까 《사회계약론》《유토피아》《프린키피아》《군주론》같이 검증된 고전만 읽히려고 집착할 필요는 없다는 말입니다. 때론 이야기책이 필요할 때도 있고, 만화책이나 그림책이 필요한 타이밍도 많습니다. 아니, 상황에 따라서는 이야기책이 검증된 고전보다 더욱 중요한 역할을 합니다. 그 이야기책조차 주어진 그대로, 다시 말해 선로가 놓인 그대로 달릴 필요는 없습니다. 이야기책 중간에 멈추고, 어떻게 이야기가 전개될지 토론하는 과정이야말로 능동적인 독서 태도입니다. 기차도 선로를 벗어나는 마당에, 검증된 고전에 집착할 필요는 없겠죠.

덧. 아이 방에서 나뒹굴던, 그 많던 토마스 기차는 어디로 사라졌을까요?

짐작도 가지 않습니다. 하지만 변화무쌍한 선로 위에서 토마스와 퍼시, 고든, 에밀리가 우정을 나누던 그 장난감 놀이는 여전히 아빠의 추억 속에 아름답게 남아 있습니다. 그보다 더 중요한 건, 아이의 머릿속에 남겨진 어휘력과 상상력이겠지요.

우리 아이
어휘력 키우기

어휘력
어떻게 강화시킬까

독해력을 구축하는 세 가지 힘이 뭘까요? 저는 어휘력, 사고력, 배경지식을 꼽습니다. 이 챕터에서는 사고력과 배경지식을 보다 풍부하게 만들어줄 어휘력에 대한 이야기를 해볼까 합니다.

사실 결과적으로 보면, 사고력과 배경지식이 충분한데 어휘력이 달리는 아이는 찾아보기 힘듭니다. 이 세 요소는 분명히 다른 영역에 속하면서도 밀접하게 결합되어 있어서 어느 한쪽만 뒤처지기도 쉽지 않기 때문이죠. 가슴 운동을 하면 팔의 삼두박근이 자연스럽게 발달하고, 등 운동을 열심히 하다 보면 이두박근이 탄탄해지는 것과 똑같은 이치입니다.

어휘력을 늘리는 가장 좋은 방법은 역시 독서입니다. 많은 독서 전문가들은 건성으로 책을 읽으면 어휘가 늘지 않는다고 말하지만 제 생각은 다릅니다. 공들여 읽는 것만큼은 아니겠지만 분명히 도움이 됩니다. 많은 책을 읽다 보면, 혹은 어떤 책을 완전히 자기 것으로 만들다 보면 자연스럽게 어휘력이 늘고 배경지식도 생기고 사고력도 증진되죠. 이 챕터에서는 독서 행위 외에 어휘력을 늘리는 몇 가지 팁을 소개할까 합니다.

일상에서 아이의 호기심을 인정하라

우리가 일상생활에서 사용하는 단어는 극히 적습니다. 어떤 책에서 보면 일상의 단어를 고급스럽게 사용하는 습관을 들이라고 하는데, 그것보다는 매일 아침 조깅하는 습관을 들이는 편이 쉬울 거예요. 비현실적입니다. 특히 아이가 중학교에 들어가면 대화 시간 자체가 확 줄어들죠. 아이와 함께 대화하는 시간이 얼마나 되나요? 가정에서 쓰는 언어 습관을 바꾸는 것만으로 어휘력을 늘릴 수 있다는 건 이론서에서나 가능할 뿐입니다.

그래서 저는 앞의 '멋진 글귀로 아이를 자극하라'에서 설명한 방법을 썼습니다. 뒤에 나오는 '아빠의 링크 I'에서 더 자세히 설명하겠지만, 신문 기사나 칼럼, 또는 정리된 포스트 글의 경우에는 일상 언어와 차원이 다른 다양한 단어와 표현이 등장합니다. 이때 아이가 흥미를 갖는 분야를 활용하면 어휘력을 늘리는 데 도움이 됩니다. 모르는 단어가 나오면 뜻을 찾아보고 유의어나 관련어를 함께 알아보라는 식의 훈장질은 절대 아이에게 통하지 않아요. 대신 아이가 관심을 갖는 분야의 글을 읽다 보면 자기가 알아서 모르는 단어는 찾아봅니다.

이런 푸념이 벌써 들리는 것 같습니다.

"그건 호기심이 많은 아이들 얘기죠."

"우리 아이는 당최 게임 외에는 관심이 없어요."

"우리 아이는 SNS에만 몰두해요."

네, 많은 아이들이 그렇죠. 그게 바로 아이들의 호기심인데 부모는 그 호기심을 호기심으로 인정조차 하지 않아요. 그래서인지 베스트셀러로 불리는 독서 지도법 책을 보면 종종 스마트폰을 죄악시하는 내용을 볼 수 있습니다. 저는 완전히 입장이 달라요. 어차피 아이가 살 세상은 종이와 학벌, 권위로 이루어진 20세기가 아니에요.

독서형 인재 vs. 스마트폰형 인재

많은 독서 지도서들이 아이를 '독서형 인재'로 키우는 일을 절대 선인 양 찬양하면서 스마트폰을 죄악시합니다. 다른 내용에서는 약간씩의 이견들이 있는데 적어도 아이를 독서형 인재로 키워야 한다는 주장만큼은 거의 종교 교리 수준으로 신봉하고 있더라고요. 글쎄요, 제가 최초로 반기를 들어볼게요. 저는 우리 아이가 독서형 인재가 되기보다는 스마트폰에 최적화된 스마트폰 인재가 되는 편이 더 낫다고 생각하는 쪽입니다.

게임과 SNS는 지금 아이들 세대의 언어이자 세상이자 시장입니다. 인류가 전기가 없던 시절로 돌아갈 수 없듯이 스마트폰이 없는 세상으로도 돌아갈 수 없어요. 그런 흐름은 더 가속화될 거고, 더 나중에는 스마트폰을 뛰어넘는 새로운 플랫폼이 미래의 삶과 경제를 지배할 거예요. 차라리 능동적인 소비자가 될 수 있도록 방향을 잘 잡아주는 게 낫습니다.

리니지를 좋아하는 아이에게는 김택진 대표의 성공 스토리를 담은 글을 보내주면 어떨까요? 스티브 잡스의 삶의 이면을 소개해주는 글은요? 수많은 게임 리뷰에도 일상의 언어보다는 훨씬 다채롭고 고급스러운 표현들이 등장합니다. SNS에 열중하는 아이라면 셀럽에 관한 뉴스를 보내주세요. 아이돌에 흠뻑 빠져 있는 아이에게는 BTS의 철학에 대해 쓴 칼럼을 보내주세요. 어차피 아이들 눈에 잘 들어오지 않는 '더 좋은 글'보다는 아이들 눈에 불이 들어오는 '덜 좋은 글'이 훨씬 더 낫습니다. 물론 뭐가 더 좋고 덜 좋은 글인지의 판단 역시 부모의 편견일 뿐이지만요. 저역시 팝음악을 통해 영어를 배웠습니다. 만날 시끄러운 음악을 그렇게 듣냐고 엄마한테 혼이 나면서도 꿋꿋이 영어 실력을 쌓아갔죠.

나무위키를 활용하라

제가 어릴 때 백과사전은 세상을 보는 창과도 같았습니다. 하드커버를 장착한 거대한 브리태니커 백과사전은 수십 권에 달해서 한쪽 벽을 독차지하고 있었죠. 그 앞에 앉아서 닥치는 대로 읽어 내려가던 어린 시절의 기억이 아직도 생생합니다. 지금은 그럴 필요가 없습니다. 우리에겐 나무위키가 있으니까요!

아이가 관심을 갖는 주제에 대해 나무위키 링크를 보내주세요. 어른의 눈으로 읽으면 어딘가 신빙성도 떨어지고 저속한 표현들이 등장하는 것 같기도 하지만 안 읽는 것보다는 훨씬 낫습니다. 게다가 오타쿠적인 지식도 꽤나 많이 등장하는데 이 지점에서도 아이들의 흥미를 자극하죠. 또 관련한 지식을 광범위하게 습득할 수 있다는 장점도 있습니다. '캡틴 아메리카'에 대한 나무위키를 읽다 보면 자기도 모르게 연관된 주제들까지 보게 되는데, 이런 식으로 방대한 마블 세계관을 훑어보게 됩니다.

바로 앞에서도 말했지만 또 한 번 강조할게요. 우리 아이는 별로 호기심이 없다고 불평하는 부모들은 일종의 업무 태만을 저지르고 있는 겁니다. 아이들이 호기심을 갖는 분야가 부모가 보기에 무가치해 보이거나 공부에 방해가 될까 봐 무의식중에 배제할 뿐이죠. 외국어를 꼭 책으로 배울 필요는 없습니다. 일본 애니메이션을 좋아하는 아이는 자기가 알아서 일본어를 습득하고, 아이돌을 좋아하는 아이들은 엔터테인먼트 업계에 대해 PD 뺨

치게 잘 알게 됩니다.

다시 한 번 강조합니다. 어휘력을 늘리기 위해서는 무슨 글이든 안 읽는 것보다는 읽는 편이 훨씬 더 낫습니다. 지금은 어릴 때 브리태니커 백과사전에서 본 수많은 조류의 이름을 다 잊어버렸지만, 그 새를 설명하는 단어들은 알게 모르게 제 머릿속에 남았으니까요. 지식도 얻고 어휘도 익히고 덕력도 쌓고! 아이들에게 나무위키를 선물해주세요.

한자의 힘을 간과하지 마라

고백하건대 저는 한자 문맹입니다. 제가 쓸 수 있는 한자는 100자도 안 될 겁니다. 그렇지만 한글로 적힌 한자의 뜻은 또 다른 문제죠. '미필적 고의'를 한자로 쓸 수는 없습니다. 지금 써보니 '의'자만 쓸 수 있겠다…고 생각했으나 써보니까 틀렸네요. 저는 '미필적 고의'라는 다섯 글자 중 단 한 글자도 한자로 못 쓰지만 그 뜻은 정확히 알고 있습니다. 한자의 뜻도요.

한자를 쓰지 못하는 것과 아예 알지 못하는 것은 천지 차이입니다. 국어 단어 중 한자 표현이 너무나도 많으니까요. '미'라는 한자에 '아니다, 아름답다, 맛, 작다' 등등의 뜻이 있다는 정도는 알아야 합니다. 반드시! 그렇지 않으면 어휘력을 늘리는 데 너무 힘이 들어요. 어근에 대한 최소한의 이해 없이 무턱대고 영어 단어를 외우는 일과 마찬가지죠. 아이들의 한자 공부도 한자를 정확하게 쓰는 것이 목표가 되어서는 안 되고 우리말을 더 효과적으로 익히기 위한 쪽으로 목표를 수정해야 한다고 봅니다. 서예가를 꿈꾸는 아이라면 예외겠지만요.

가벼운 퀴즈도 도움이 된다

어휘력 비법서들이 많이 나와 있는데, 무척 도움이 된다고 봅니다. 저도 아이에게 몇 권을 사주었고요. 어렴풋이 알고 있는 단어의 뜻을 정확히 잡아주는 데도 도움이 되고, 학교 시험을 더 잘볼 수 있게 해주는 기능도 있어요. 다만 아이의 성격과 어휘 수준에 맞는 책을 잘 골라야겠죠?

학창 시절 영어 단어를 외울 때 많이 써먹은 방법인데, 우리말도 마찬가지예요. 바로 아이와 단어 퀴즈나 사자성어 퀴즈를 짬짬이 하는 방법입니다. 가볍게 내기를 거는 것도 좋지요. 단어 퀴즈를 10번 연속 맞히면 한 시간 동안 게임을 하게 해준다거나, 데이터 선물을 해준다거나 하는 식이에요. 어휘력 관련 책을 놓고 퀴즈를 풀면 더 공정해질 수 있죠. 책 한 권을 완벽하게 마스터하면 게임기를 사준다거나, 아니면 핸드폰을 바꿔준다거나! 아, 아이를 독서형 인재로 키우려는 분들은 좋은 책을 선물해줘도 좋겠군요.

한자 교육의 중요성

얼마 전 영화 〈죽은 시인의 사회〉를 우연찮게 다시 보게 되었습니다. 역시 클래스는 영원하더군요. 30년 만에 다시 봐도 재밌었습니다. "오! 캡틴! 마이 캡틴!" 키팅 선생님의 나지막한 읊조림은 불혹의 아재에게 또다시 감동을 안겨주었습니다. '카르페 디엠Carpe diem.' 과거에 얽매이지도 말고, 미래에 저당 잡히지도 말고 '그저 현재를 살아라!'라는 명료한 주문입니다.

영화의 무대는 미국 최고의 명문 사립고입니다. 과학고, 외고, 영재고, 자사고, 국제고 등 우리나라에도 다양한 고등학교가 존재합니다(물론 2025년부터는 외고, 자사고, 국제고는 폐지되어 일반고로 전환됩니다). 이런 형태의 학교들은 경기, 서울, 경복, 용산 등 이른바 고교 서열화 제도를 없애고자 등장한 교육지책입니다. 그런데 '널널하다'고 소문난 미국 교육계에도 '스카이 캐슬 고등학교'가 존재합니다. 사실상 고교 서열화가 존재한다는 얘기지요. 역사와 전통을 자랑할 만큼 그 뿌리도 깊습니다. 이런 학교를 일컬어 '프렙Prep'이라 하며, 여기에 다니는 부잣집 도련님들을 조롱조로 '프레피Preppie'라고 부릅니다. 아이비리그 등 명문 대학교 진학을 목표로 기숙학교에 아이들을 몰아넣고, 최고의 교수진을 붙여 강도 높은 수업을 진행합니다. 물론 수업료는 상상을 초월할 정도로 높고, 대개 부모들도 같은 학교를 졸업한 선배입니다. 상위 5퍼센트의 교육열만 비교하자면, 미국 역시 '입시공화국 대한민국'과 비교해 결코 뒤지지 않습니다.

영미권에서 라틴어를 배우는 이유

사실상 입시 기계 양성소 같은 이 학교에, 갑자기 모교 출신 선생님이 학생들 앞에 등장합니다. 키팅 선생님은 수업 첫날부터 문학개론 교과서를 찢어버리라면서 파격적인 수업을 진행하고, 아이들에게 진정한 배움이 무엇인지 생각해보도록 유도합니다. 그러면서 던진 메시지가 바로 라틴어로 된 '카르페 디엠'입니다. 우리 식으로 각색하자면, 국어 선생님이 교실에 들어오자마자 칠판에 '색즉시공 공즉시색色卽是空 空卽是色'이라고 쓰고는 아이들에게 세상을 보는 색다른 시선을 제시하는 겁니다.

우리에게 한문 수업이 있듯이 미국에도 라틴어 수업이 있습니다. 4차 산업혁명의 바람이 불고 있는 요즘 같은 시대에 2,000년 전의 죽은 문자를 대체 왜 배우는 걸까요? 제 학창 시절만 해도, 어휘집으로 무식하게 영단어를 외우곤 했습니다. 'Voca 22000'이나 'Voca 33000' 같은 무지막지한 참고서가 많은 학생들의 사랑을 받았지요. 어휘집으로 단어를 외우다 보면, 실로 다양한 방법이 등장합니다. 유의어 및 반의어 외우기는 물론이요, '다의어를 정복하라' 따위의 공부법이 등장합니다. 그중 제 눈길을 사로잡은 것은 라틴어 어근을 활용한 어휘 신장 방법이었습니다. 어근을 하나 알게 되면 많은 단어를 쉽사리 정복할 수 있습니다. 예컨대, cede 혹은 ceed라는 라틴어 어근은 go라는 의미입니다. 자연스럽게 precede는 '선행하다'가 되고, recede는 '물러나다'가 되며, exceed는 '초과하다'란 뜻이 됩니다. 참 쉽죠? '야! 너도 할 수 있어! 어휘 공부'란 말이 무심코 튀어나옵니다. 조정석처럼 말이지요.

라틴어와 영어의 관계보다 국어와 한자의 관계는 훨씬 더 드라마틱합니다. 한자를 알면 국어가 수월해지는 것은 물론이고 과학, 사회, 수학 등 주요 과목이 한결 함함해집니다. 국어와 한자가 관련 있는 것은 이해가 가는데, 어떻게 수학, 사회, 과학 같은 과목에까지 영향을 미치는지는 의문일 겁니다. 지금부터 그 이유를 샅샅이 알아보겠습니다.

한자를 알면 모든 주요 과목이 쉬워진다

초등학교 시절 제가 받은 유일한 사교육은 서예 학원을 두 해 남짓 다닌 겁니다. 하루에 한자를 넉 자 외우는 게 전부였지만 제 학창 시절을 돌이켜보자면, '그보다 효과적인 선행 학습은 없었 노라!'고 감히 단언할 수 있습니다. 한자를 알게 되니 당시 국한 문 혼용이던 신문을 읽을 수 있게 되었고, 신문을 읽다가 모르는 한자가 나오면 옥편을 찾아보았습니다. 그렇게 초등학교 4학년, 5학년을 보내고 나니, 어느덧 저는 한자 영재가 되어 있었습니 다. 열 살 아이가 신문을 술술 읽고 있노라면, '고놈 참 여간 엽렵 하지 않네!'라는 칭찬을 종종 들었습니다.

초등학교 5학년 중간고사 때로 기억합니다. 국어 시험에 살짝 까다로운 문제가 출제되었습니다. '어떤 인물에 대해 세상에 널 리 알려지지 않은 흥미로운 이야기를 무엇이라고 하나?' 대부분 의 아이들은 전기傳記라고 답을 썼지만, 정답은 일화逸話였습니 다. '숨다'라는 뜻의 '일逸'을 배웠던 기억에, 저는 전기보다는 '알 려지지 않은 이야기'에 초점을 맞춰 일화라는 답을 적었고 전교 에서 유일하게 정답을 맞혀버린 학생이 되었습니다.

이 놀라운 한자의 힘은 비단 국어에만 소용이 닿지 않았습니 다. 사회 시간에 '관개灌漑 시설'이란 개념을 배우면서 다른 친구 들이 '많은 수확을 위해 논이나 밭에 물을 대는 시설'이라는 정 의를 외워야 할 때, '관개'의 한자어 뜻을 정확하게 알고 있던 저는 굳이 어렵게 개념을 외울 필요가 없었습니다. 타 과목에서 개념을 정립할 때 한자 실력은 빛을 발휘했고, 저는 같은 시간에 더 많은 내용을 머릿속에 담을 수 있었습니다.

한자와 전혀 관계가 없을 것 같은 수학 과목에서조차, 한자 능력은 빛을 발합니다. 예를 들면 등차수열과 등비수열 같은 것이죠. 굳이 개념을 외우지 않아도 등차等差와 등비等比를 한자로 읽게 되면, 자연스럽게 개념이 머릿속에 콱! 하고 박혀버립니다. 외우다가 헷갈릴 일도 없고, 외우느라 시간을 소비할 필요도 없지요.

한자와 문해력의 상관관계

한 논문에 따르면 한자가 병기된 글을 읽게 한 후, '한자 때문에 글을 읽고 이해하는 데 어려움이 있었는가?'라고 묻자, 72퍼센트가 '그렇다'고 답했습니다.* 다른 논문은 한자 습득이 문해력과 얼마나 긴밀한 관계를 갖는지 보여줍니다. 이 논문의 실험은 다음과 같이 설계되었습니다.**

* 김대희, '한자 교육의 필요성에 대한 논의 재고', 〈한국한자교육〉 24집, 한국한자한문교육학회, 2010년 5월
** 진철용, 〈한자 습득이 한자어의 의미 파악에 미치는 영향 연구〉, 한국교원대학교 교육대학원, 2005

실험반 : 학습할 한자어 제시 → 한자어에 쓰인 한자의 뜻, 음 알기 → 한자의 뜻을 바탕으로 한자어의 의미 유추하기 → 사전에서 한자어 찾기 → 한자어의 뜻에 대한 설명 → 한자어를 활용해 짧은 글 짓기

비교반 : 학습할 한자어 제시 → 사전에서 한자어 찾기 → 한자어의 뜻에 대한 설명 → 한자어를 활용해 짧은 글 짓기

도덕, 국어, 사회, 과학 네 과목을 대상으로 실험반과 비교반 모두 사전 테스트와 사후 테스트를 실시했습니다. 사후 테스트와 사전 테스트의 차이를 평균 점수로 낸 결과, 도덕은 실험반이 7.33점(16.3점-8.97점) 오른 반면, 비교반은 2.89점(12.1점-9.21점) 오르는 데 그쳤습니다. 국어는 9.19점(22.7점-13.51점) 대 2.85점(15.41점-12.56점)이고, 사회는 6.54점(21.95점-15.41점) 대 1.54점(15.87점-14.33점)이며, 과학은 4.46점(8.46점-4점) 대 1.56점(5.69점-4.13점)이었습니다. [*]

실로 놀랍지 않습니까. 두 집단 모두 점수가 향상되었지만, 실험반의 평균 점수 향상 폭이 훨씬 크다는 것을 알 수 있습니다. 실험 결과를 요약하자면, 한자어의 의미를 이해시키는 데 '한자를 통한 지도 방법'이 '별도의 한자 지도 없이 국어사전을 통한

---

[*] 진철용, 앞의 논문

지도 방법'보다 효과적입니다. 우리말의 70퍼센트는 한자어입니다. 따라서 한자어를 이해하는 건 문장을 이해하는 데 큰 도움이 됩니다. 결국 한자 습득은 문해력 향상에 지대하게 기여한다고 볼 수 있습니다.

한자 교육 시 잊지 말아야 할 점

지금 이 책을 읽고 있는 초등학교 저학년 학부모님께, 특히 강조하고 싶습니다. 이 한 줄의 충고가 어쩌면 이 책을 통틀어 가장 확실하고 효과적인 조언이 될 겁니다. 책값을 뽑는 한 줄이랄까요.

"아이에게 한자를 가르치세요."

서예학원이나 한자 전문학원을 보내는 것도 좋고, 하루에 그저 넉 자 정도만 집에서 외우게 하는 것도 방법입니다. 제 어린 시절에는 천자문으로 시작했지만, 사실 천자문에는 요즘 학습과 연계성이 없는 한자가 너무 많습니다. 서점에 나가 보니 '하루 한 장 한자' 같은 다양한 한자 학습서들이 차고 넘치더군요. 아이들의 흥미를 위해 삽화를 적절히 활용한 한자 학습서를 하나 골라, 한자를 가르쳐보세요. 때론 고리타분하고, 때론 당장 도움도 안 되는 답답한 길로 보일지 모릅니다. 하지만 저를 믿고, 딱

두 해만 한자 공부를 시켜보세요. 그 놀라운 효과에, 깜짝 놀랄 겁니다.

덧. 한자 공부를 비롯해 암기를 요하는 공부에는 에빙하우스 망각곡선에 대한 지식이 필요합니다. 모두가 아는 공식입니다만, 그렇다고 모두가 활용해 공부하지는 않더군요. 우리가 흔히 저지르는 실수 가운데, '싼 게 비지떡'의 오류가 있습니다. 우리가 얻는 재화나 정보는 대부분 가치에 비례해 대가를 치러야 합니다. 하지만 가끔은 소중하고 값비싼 정보를 헐값에 얻는 경우도 있지요. 에빙하우스 망각곡선은 입시를 앞둔 수험생에게 더 없이 귀중한 보물이지만, 누구나 알고 있다는 점 때문에 철저히 평가절하 당하는 공식입니다. 국어 어휘력을 위해 한자 공부를 할 때, 영어 단어를 외우거나 수학, 과학 공식 등을 암기할 때, 반드시 활용해야 합니다.

에빙하우스 망각곡선을 활용해 학습하면, 나도 모르는 사이 자연스럽게 '몰입 학습'을 실천하게 됩니다. 학습한 부분을 망각하지 않게 다시 자극을 줘야 하는 타임 라인을 살펴보세요. 10분, 하루, 일주일입니다. 10분에서 탁 쳐주려면, 수업 이후 쉬는 시간도 허투루 쓰지 않고 바로 복습해줘야 합니다. 24시간이 지나 기억이 소멸하려 할 때 소생시키려면 그날 배운 것은 그날 밤 바로 복습해야 합니다. 그리고 일주일이 지나 다시 기억이 50퍼센트 이하로 줄어들려는 위기의 순간에, 한 번 더 복습을 해주면

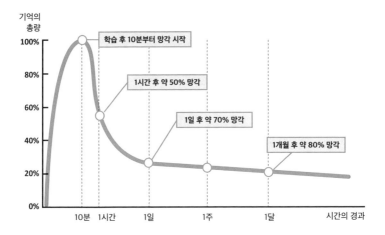

됩니다. 그리고 한 달 후 복습까지 마무리하면, 학습된 내용은 장
기증강 상태로 완벽하게 전환됩니다.

우리 아이
사고력 키우기

사고력은 충분히
향상시킬 수 있다

먼저 읽고 쓰는 능력에 대한 오해를 하나 짚고 넘어 가겠습니다. 많은 사람들이 이 능력을 선천적인 능력이라고 생각해요. 반은 맞고 반은 틀렸습니다. 지능은 다분히 선천적이지만 지식은 완벽히 후천적이죠. 읽고 쓰는 능력은 이 사이 어디쯤에 있습니다. 좀 더 범위를 좁혀보자면 사고력의 산물이죠. 앞에서 상상력을 키우는 방법을 알아보면서 느꼈다시피, 사고력은 상상력보다 더 후천적인 능력에 가깝습니다. 그러니 충분히 향상시킬 수 있다는 뜻이죠.

사고력과 읽고 쓰는 능력의 관계에 대해 말하자면, 닭이 먼저냐 계란이 먼저냐 하는 논란과 비슷합니다. 사고력이 뛰어난 아이는 읽고 쓰는 능력을 기르는 데 유리한데, 사고력을 기르는 가장 좋은 방법이 읽고 쓰는 일이니까요.

이 챕터에서는 사고력을 길러주는 몇 가지 소소한 방법을 소개하도록 하겠습니다.

다방면에 걸친 다양한 독서?

물음표를 붙인 이유가 있습니다. 사고력 증진을 위해 대부분의 전문가들이 제시하는 방법이 '다양한 독서'이긴 합니다. 그러나 공허하죠. '국영수 중심으로 열심히 공부하면 서울대 간다'는 말처럼 들려요. 맞는 말이긴 한데 실현 가능성이 매우 낮죠. 다방면에 걸쳐 다양한 독서를 할 아이라면, 그 아이의 학부형이 이 책을 읽고 있을 리도 없고요.

처음에는 다방면일 필요가 없다는 말씀을 감히 드립니다. 아이마다 관심 있는 분야가 다른데, 어른들은 아이가 어릴 때부터 독서에 균형이 잡혀 있어야 한다는 미신에 사로잡혀 있습니다. 저는 그렇게 생각하지 않습니다. 공룡은 좋아하지만 로봇에 대해서는 심드렁한 아이가 있을 수 있고, 그 반대의 경우도 많죠. 그런 아이들에게 '넌 왜 공룡만 갖고 노니? 로봇도 갖고 놀아야지' 이렇게 얘기하면 어떻게 되겠어요? 즐거워야 할 놀이가 부담이 됩니다. 우리 아이는 공룡에는 눈도 안 돌렸습니다. 장난감 총도 한 자루 사본 적 없고요. 로봇과 팽이, 기차에 열광했고 자동차 중에서도 커다란 트럭만 좋아했죠.

사고력을 키우기 위한 독서도 같은 맥락에서 출발해야 합니다. 일단은 균형은 생각하지 말고 좋아하는 장르의 책을 실컷 읽게 해주세요. 이 부분에 대해서는 아무리 강조해도 지나치지 않지만 한 가지 걱정을 덧붙입니다. 부모의 가장 큰 착각 중 하나가 이겁니다.

"난 우리 아이를 잘 알고 있어."

뭐 그럴 수도 있습니다. 아이를 가장 가까이서 많이 보는 사람이 관심도 많으니까요. 그런데 결정적인 장애물이 있어요. 바로 기대감입니다. 부모는 어쩔 수 없이 아이에게 특정한 모습을 기대합니다. 우리 아이가 이렇게 자라주기를 바라는 어떤 틀이 있다는 거예요.

아이를 제대로 봐야 교육도 제대로 할 수 있다

아무리 좋은 총을 갖고 있어도, 아무리 뛰어난 군인이라도, 엉뚱한 과녁을 보고 총을 쏴 봐야 맞을 리가 없습니다. 이건 독서 교육에도 그대로 적용됩니다.

'우리 아이가 어떻게 자랐으면 좋겠다' 하는 이상향은 부모마다 다릅니다. 리더십 넘치는 아이로 자라기를 원하는 사람도 있고, 예의 바르고 순종적인 아이로 자라기를 바라는 부모도 있겠죠. 창의적인 아이로 자라길 원하는 부모도 있을 거고, 전문직이나 공무원이 되길 원하는 부모도 있을 거예요. 아이가 이과 성향이길 바랄 수도 있고 문과 성향이길 바랄 수도 있고요. 쾌활한 성격이길 원할 수도 있고 진중한 성격이길 기대할 수도 있죠. 심지어 정반대 성향을 동시에 충족시키기를 원하는 부모도 본 적 있습니다. 마치 동그란 네모라는 도형을 만들고 싶어 하는 격이죠.

"우리 아이는 필요할 때는 카리스마가 넘치면서도 보통 때는 예의 바르고 착해요."

아마… 아닐 거예요. 문과와 이과의 장점을 고루 갖추고 때에 따라 쾌활하면서도 침착한 아이… 이런 아이는 세상에 존재하지 않을 겁니다. 아니, 존재한다 해도 극히 낮은 확률로 존재할 거예요. 하지만 부모 눈에 자식은 그저 잘난 점만 보이죠. 때로는 기대가 너무 커져서, 희망사항을 사실로 믿어버리는 일도 벌어집니다.

더 나아가 이런 마음은 '나는 내가 원하는 대로가 아니라 아이가 원하는 대로 해주고 있다'는 착각을 만들어냅니다. 우리 부모님도 그러셨거든요. 세상에, 로커가 되고 싶었던 아들이 고시공부를 할 거라고 철석같이 믿으셨다니….

이러한 기대가 아이를 객관적으로 보는 시선을 흐리게 만듭니다. 아들로서가 아니라 아빠로서 제 경우에도 그랬습니다. 저는 아이가 인문학적 소양을 두루 갖추고 춤과 노래를 사랑하며 예술을 마음껏 향유하는 그런 사람이 되길 바랐습니다. 아이는 누가 봐도 이과 성향이 강한데도, 애써 안 믿으려 했죠. 그림을 잘 그린다며, 한 번 들은 노래는 안 잊어버린다며, 웹소설 마니아라며, 이 아이는 나를 닮아서라며…. 결국 아이가 고등학교에 진학하고 나서야 헛된 바람을 접었습니다. 이 책을 읽고 있는 독자들 중에도 찔리는 분들이 있을 거예요. 고백하자면 저는 아직도 믿고 있습니다. 지금은 공부하느라 바빠서 그렇지 나중에는 나를 닮아서 전 분야의 예술에 심취하는… 흠흠.

제 친구 이야기를 예로 들어보겠습니다. 제 친구의 아이는 친구들과 어울리기 좋아하는 외향적 성격인데, 그 녀석은 아이가 공부에 미쳐서 전교 1등을 하고 의대에 가길 바랐습니다. 아이 성적이 제법 나쁘지 않았는데도 성에 차지 않아 했어요. 아이는 늘 학급회장에 동아리를 도맡아 이끌었는데도 아빠라는 놈은 고작 이렇게 말하더라고요.

"그런 게 다 무슨 소용 있냐? 결국 나중에는 자격증이 최고야."

중학교 졸업식에서 우연히 그 친구 가족을 만났는데 아이가 죄지은 것처럼 풀이 죽어 있더라고요. 아빠의 바람대로 과학고를 준비했는데 결국 불합격해서 일반고를 가게 되었던 거죠. 저는 그 아이를 유심히 관찰했습니다. 아이돌 센터처럼 잘생겼고 옷도 잘 입고 교우 관계도 좋아서 친구들하고 있을 때면 대장처럼 사진 찍고 웃고 떠드는데, 그런 녀석이 부모와 함께 있기만 하면 떨떠름한 표정이 되더군요. 제 친구의 표정도 꼭 그랬습니다. 남의 집안 문제에 관여하고 싶진 않았지만 친구에게 넌지시 한마디 해주었습니다.

"이야. 네 아들 엄청 멋있는데? ○○○(학교 이름) 대장이네."

아이를 객관적으로 보는 일, 정말 중요합니다. 내가 원하는 모습이 아니라 진짜 아이의 모습을 알아야 제대로 된 교육이 가능합니다.

약간 더 어려운 내용으로 머리 근육 기르기

앞서, 아이가 관심 있어 하는 분야에서 사고력 독서를 시작하라고 말씀드렸습니다. 사고력 독서는 책을 읽음으로써 머리 근육을 늘리는 과정이라고 생각하면 됩니다. 머리 근육은 아이가 이해할 수 있는 수준보다 약간 더 어려운 내용을 받아들이는 과정에서 늘어납니다. 학년이 올라감에 따라 교과서도 점점 어려워지는 이치를 생각하면 됩니다. 독서도 그런 식의 단계를 거쳐야 합니다. 너무 쉬운 책을 읽어 봤자 머리 근육이 늘지 않고, 지나치게 어려운 책은 아예 받아들이지를 못하죠. 제가 100킬로그램짜리 역기를 들어 올릴 수 없는 것처럼요. 아예 운동 자체가 불가능하죠. 그래서 더더욱 아이가 흥미 있어 하는 주제에서 독서 훈련이 시작되어야 합니다. 책을 고를 때도 신중해야 하고요.

요즘은 워낙 조언 구할 데가 많아서 편합니다. 소위 독서교육 전문가라는 분들이 친절하게도 수많은 도서 목록을 학년별로,

난이도별로 정리해놓은 자료를 조금만 검색해보면 쉽게 찾을 수 있을 겁니다. 더 좋은 방법은 아이와 함께 골라보는 건데, 그럴 시간과 마음의 여유가 있을지 모르겠네요.

또 하나 좋은 방법은 책이 아니라 이슈 토론입니다. 뉴스도 좋고, 역사적 사건도 좋고, 어떤 트렌드도 좋고, 시대적 화두도 좋습니다. 아이가 관심 있어 하는 분야라면 더 좋겠고요(이 점에 대해서는 뒤에 나오는 '아빠의 링크 I' 편을 참고하시기 바랍니다). 이런 토론이 물론 독서를 통해 이루어지면 제일 좋겠지만, 어떤 문제에 대해 진지하게 고민하고 어른과 대화하는 과정을 통해서도 머리 근육이 단단해집니다. 여기서 한 가지 사소한 문제가 발생하는데, 부모가 토론을 하고 아이의 두뇌를 자극할 만큼 공부를 해야 한다는 겁니다. 흠… 사소하지 않은 문제일까요? 그래도 겁먹지 말고 도전합시다. 최소한 노력만이라도 해봅시다. 그러니 가능한 한 어릴 때 뇌를 자극하는 대화를 많이 나누면 더 쉽고 편하겠죠?

아이와의 대화법에 대한 제 생각은 1부에서 자세히 다루었으니 참고하시기 바랍니다. 다만 이 책을 쓰면서 다수의 연구 결과를 살펴봤는데요, 이견이 없는 이론이 한 가지 있더라고요. 아빠가 아이와 대화를 많이 나눌 경우, 아이의 사고력은 비약적으로 성장한다는 겁니다. 이른바 '아빠 효과Father Effect'라는 표현도 있더군요. 이건 아빠가 엄마보다 사고력이 뛰어나서가 아니라, 남녀의 발성 구조와 화법의 차이에서 기인한다고 합니다. 그러니 우리 아빠들, 적어도 아이 앞에서는 과묵해지지 맙시다. 피곤하고 귀찮고, 어느 날은 입도 떼기 싫고… 알지요. 그럴 때는 오늘의 수다가 아이를 조금 더 똑똑하게 만들어줄 수 있다고 생각하면서 힘냅시다.

덧. '아빠 효과'에 대한 이견도 있는데요, 사회학자 오찬호가 쓴 '반사회적 육아서의 범람' 2편을 인터넷에서 검색해 읽어보면 좋을 듯해요. 길고 어려운 글이지만 끈기를 가지고 읽어보면 분명 반성할 부분이 있을 겁니다.

진짜 사고력이란
무엇인가

사고력 독서에 관한 글을 한 편 읽은 지금, 사고력 독서의 실체가 뭐라고 생각하나요? 여전히 뭔가 안개 속에 갇힌 기분인가요? 자, 사고력 독서가 뭔지 실체가 불분명하다면, 소거법을 사용하는 것도 좋은 방법이겠죠. 지금부터는 '영~ 아니다' 싶은 것부터 하나하나 지워나갈 겁니다. 마지막에 남는 핵심 개념을 주목해주세요.

일단, 제가 학창 시절을 보낸 1990년대로 떠나봅니다. 지금이야 워낙 좋은 교재가 흘러넘치고 있지만, 그 시절 영어 교재라고는《성문종합영어》《맨투맨기본영어》가 전부였습니다. 당연하게도 독해 거리로 사용할 만한 양질의 영어지문도 드물었지요. 그나마 영어 좀 한다는 부모들이 좋아하던 독해 자료로는 시사

영어사에서 나온 원어 소설이 있었습니다. 한 손에 들어올 정도로 작고 가볍던 '빨간 책'을 기억하시나요?

중학교 2학년 즈음, 오스카 와일드의 《행복한 왕자》를 처음으로 접했습니다. 그 빨간 책 표지와 깨알 같은 영어 활자가 아직도 생생하게 기억납니다. 중학교 2학년 김훈종 학생에겐 너무나 어려운 소설이었기 때문입니다. 영어 좀 한다는 아이들이 이 책을 읽고 있더군요. 그래서 저도 욕심에 한 권 사보았다가, 식겁하고 던져버린 교재입니다. '실력도 안 되는데 남들이 한다고 무조건 따라 하면 안 된다'는 소중한 교훈을 얻었습니다. 소설 초반에 나이팅게일이란 새 이름이 등장하는데, 백의의 천사 나이팅게일만 머릿속에 넣고 읽어댔으니, 제대로 된 소설 감상이 이루어졌을 리 만무합니다. 무엇보다 한글 해석이 없다 보니, 내가 제대로 읽고 있는 건지 답답하기만 했습니다.

그때 구세주같이 등장한 책이 있었으니, 〈시사영어사 영한대역본〉 시리즈였습니다. 책장을 펼치면 왼쪽엔 영어 원본이 있고, 오른쪽에는 한글 번역이 있었습니다. 책상 위에 올려놓고 보기엔 안성맞춤이었죠. 갑자기 부모님이 들어오셔도 '우리 아들 열심히 영어 공부하고 있구나!'라고 감탄하게 만들 수 있는 책이었으니까요.

제가 사랑했던 작품은 주로 애거서 크리스티의 추리소설들이었습니다. 탐정 푸아로와 마플 여사에게 푹 빠져 지냈습니다. 영어 공부한다는 완벽한 알리바이를 확보하고 말이지요. 《ABC 살

인사건》《그리고 아무도 없었다》《쥐덫》등 어느 하나 밀도가 떨어지는 작품이 없었습니다. 추리소설의 여왕이 쓴 작품답게 한번 손에 잡으면 범인이 누군지 알아야 책에서 풀려날 수 있었습니다. 여기서의 책은 물론, 오른편 한글 번역이었지만 말이지요.

사고력 독서에 이르지 못하는 이유

자, 그런데 말입니다. 당시 책상에는 붙어 있어야 했지만, 공부하기는 싫어서 넌덜머리를 내던 중학생 혹은 고등학생 김훈종은 과연 '독서'를 한 것일까요? 아니, 독서는 독서지요. 다시 질문을 바꿔보겠습니다. 당시 학생 김훈종은 사고력 독서를 했던 것일까요? 결론부터 미리 말하자면, 당시 오리엔트 특급열차 속에서 벌어진 밀실 살인 사건과 이를 멋지게 해결해낸 에르퀼 푸아로의 콧수염에 빠져 허우적대던 저는, 사고력 독서를 한 게 아닙니다. 물론, 단순히 이야기책을 읽는 것도 훌륭한 독서 활동입니다. 그럼에도 불구하고 사고력 독서는 아니라는 겁니다.

추리소설을 폄훼하는 것도 아니고, 애거서 크리스티를 평가절하 하는 것은 더더욱 아닙니다. 《오리엔트 특급살인》을 읽으며 사고력 독서를 이루어내지 못한 책임은 온전히 독자인 학생 김훈종에게 있기 때문입니다. 독자 김훈종은 왜 사고력 독서의 경지에 이르지 못한 걸까요?

이해를 돕기 위해 친근한 영화 얘기로 시작해볼게요. 칸 영화제에 이어 아카데미 영화제까지 휩쓸어 'do you know 클럽'에 가입한 봉준호 감독의 작품을 분석해봅시다. 〈기생충〉을 보며 '한 가난한 가족이 부잣집에 사기 쳐서 위장 취업하고, 들키자 급기야 살인까지 저지른 충격적인 이야기'로만 받아들인다면 '사고력 영화 감상'이 아닌 겁니다. 대저택과 반지하를 오가며 펼쳐지는 그 눅진한 이야기를 보면서, '계급의 충돌, 자본주의의 한계, 계급과 계급 사이에 만연한 혐오, 사회 양극화의 심화' 등을 읽어내야 진정한 사고력 강화 영화 감상이 완성됩니다.

다시 《오리엔트 특급살인》으로 돌아가 볼까요. '이스탄불에서 출발해 유럽을 횡단하는 특급열차, 나가지도 들어오지도 못하는 완벽한 밀실 속에서 벌어진 살인 사건, 열차 안에 타고 있는 사람 가운데 반드시 범인이 있다'라는 가정으로 이야기는 전개됩니다. 그런데 알고 보니 열차에 타고 있는 승객 모두가 공범이라는 기막힌 플롯에 마냥 감탄만 하고 있다면, 역시나 사고력 독서는 아닌 겁니다.

아동 유괴 살인이라는 천인공노할 범죄가 벌어졌지만, 범인은 사회 지도층의 비리를 약점 삼고, 금력을 동원해 처벌을 피합니다. 이 책은 정의롭지 못한 재판이 벌어졌을 때, 우리가 어떻게 해야 하는지 묻고 있습니다. '사법정의가 실현되지 못하는 경우, 자력 구제는 옳은 일인가?' 이처럼 소설 겉으로 드러난 줄거리가 아닌, 저 깊은 심연에서 메아리치는 작가의 질문을 파악할 수 있어야 비로소 사고력 독서는 완성됩니다.

'지식 자랑 독서'의 한계

스마트폰 때문에 사라진 게 한둘이 아니지만, 지하철에서 신문 읽는 모습, 고속버스에서 소설 읽는 광경은 시대극에서나 볼 수 있는 장면으로 전락해버렸습니다. 어릴 적 고속버스 터미널에서 표를 끊고 나면, 귤이나 과자를 주섬주섬 챙기고 서점으로 향했습니다. 말이 좋아 서점이지 사실상 좌판에 깔려 있는 책무더기라고 보면 됩니다. 각종 잡지와 신문, 그리고 '한 권으로 읽는 삼국지' '다이제스트 동의보감' '5분 만에 읽는 그리스 신화' 따위의 책들이 쌓여 있었습니다. 책 제목만 봐도 참 한심스럽지요? 그래도 먼 길 떠나는 여행객들에겐 아주 요긴한 벗이었습니다. 버스 창가에 앉아 심심풀이로 읽다가 슬며시 버스 좌석에 내려놓고 오게 되는 책들이었죠.

《삼국지》를 한 권으로 마스터하고, 셰익스피어의 명작 《리어왕》을 5분 만에 읽어냅니다. 역시나 사고력 독서와는 거리가 먼 '지식 자랑용' 독서일 뿐입니다. 유비, 관우, 장비가 비록 한 날 한 시에 태어나지는 않았지만 함께 죽기로 맹세한 도원결의가 뭔지는 알게 될 겁니다. 하지만 이런 종류의 독서는 결단코 사고력을 신장하거나 머리 근육을 탱탱하게 만들어주지 못합니다. 다만 삼겹살을 안주 삼아 소주를 꿀떡꿀떡 넘기는 어느 회식 자리에서, 잘난 체 정도는 할 수 있겠죠. "치세의 능신이고, 난세의 간웅인 조조가 이렇게 말했지! '내가 세상을 버릴지언정 세상이 나를 버리게 하지는 않을 것이다!'라고 말이야." "'내가 누구인지 말할 수 있는 자, 누구인가?' 리어 왕에 나오는 명대사야. 들어는 봤지? 코딜리어가 진짜 효녀인 것을! 리어 왕은 왜 그리 어리석었을까?"

피에르 제르마의 《이것이 세상이다》라는 책이 있습니다. 《백년 동안의 고독》으로 유명한 노벨상 수상 작가 가브리엘 가르시아 마르케스는 이 책을 상찬합니다. "침대 머리맡의 책이에요. 브리태니커 백과사전을 뒤적일 때 느껴지는 흥미로움과 미스터리 소설을 읽을 때 느껴지는 긴장감을 동시에 충족시켜주는 즐거운 책입니다." 극찬을 받은 이 책은 지구의 나이를 시작으로 최초의 증권 거래소, 인쇄술의 등장, 아라비아 숫자, 단두대의 역사, 피뢰침, 입체파의 활약, 스타킹의 역사, 최초의 의사, 파스퇴르 살균법, 통조림과 병조림 등을 설명하고 있습니다. 지구, 인류, 관습, 제도, 기록, 발명, 음식, 기호, 의복, 의학 등 거의 모든 분야를 망라하고 있지요.

저도 참 재미있게 읽은 책입니다. 러시아 횡단 철도를 타러 블라디보스토크에 가거나, 상파울루 항공권을 들고 인천 국제공항에 간다면 꼭 챙겨가고 싶은 책이기도 합니다. 굳이 마르케스의 칭찬이 아니더라도, 충분히 존중받을 만한 책입니다. 고증도 튼실하고 내용 전개도 흥미진진하거든요.

하지만 이 책 역시 사고력 독서와는 거리가 먼 책입니다. 이 책을 정독하고 반복해서 읽으면, 박학다식한 교양인이라고 칭찬을 들을 수는 있겠지요. 하지만 '그래서 어쩌라고?'라는 말이 튀어나옵니다. 이렇듯 기승전결이 없고, 사고력보다는 지적 수준을 단순하게 업그레이드하는 종류의 독서는 지양해야 합니다. 특히 청소년기에는 더욱 그렇습니다.

다시, 머리 근육 기르기

다시 한 번 강조하지만, 그저 이야기의 흐름만을 좇아 단물만 빠는 독서든, 지식 자랑을 위한 독서든 간에, 아예 책을 읽지 않는 것보다는 백만 배, 아니 천만 배 좋습니다. 하지만 이것은 우리 아이들에게 독서 지도를 할 때, 가장 후순위에 두어야 하는 독서 방법입니다. 아이들에게는 독서 시간도 한정되어 있으니까요.

수능 국어영역에 가장 빈번하게 나오는 비문학영역 지문은 추론적 사고를 요하는 글입니다. 또한 킬러 문항 역시 추론적 사고를 요합니다. 추론이란 결국 드러나지 않은 것을 유추해내는 힘이지요. 사고력 독서는 바로 이 힘을 길러내는 독서입니다.

단순 지식 축적용 독서 혹은 비판적 감상과 철학적 숙고가 빈곤한 채 그저 이야기 흐름을 좇는 데 그치는 독서는 유추의 힘을 기르지 못합니다. 당연히 껍데기 독서는 추론적 사고에 이르지 못하지요. 사고력 독서에는 많은 에너지가 소모됩니다. 아이가 그저 책상에 오래 앉아만 있다고 해서, 마냥 기뻐할 일이 아닙니다. 단 40분을 앉아 독서를 한다 해도 진정한 의미에서의 사고력 독서를 할 때, 추론적 사고를 요하는 수능 국어영역의 문제는 그 해답을 보여줄 겁니다.

덧. 마지막으로 사고력 하면 제일 먼저 떠오르는 H군 이야기를 해보려 합니다. H군과 저희 아이는 학원과 영재원을 함께 다니며 친구가 되었습니다. H군의 어머니는 목동에서도 꽤 유명한 수학 과외 선생님입니다. 그런데 H군에 대해 그의 어머니, 영재원 교수, 학원 선생님 모두 소름 끼치게 똑같은 평가를 내리더군요. "H는 정말 똑똑하고 잘 따라오긴 하는데, 많이 느려요. 답답할 정도로 느립니다. 문제를 풀어도 한참 걸려요."

공부할 때 느리다고 소문이 자자하던 이 아이는 남들보다 2년이나 빨리 서울과학영재고(서과영)에 합격했습니다. 제 아이가 중학교 2학년에 진학한 2020년, H는 서과영 기숙사에 들어가 선배들과 함께 고교 생활을 시작했지요. 물론 H의 특출한 능력이 뒷받침되었기에 가능했지만 느림의 미학 역시 한몫을 단단히 했을 겁니다. 제 아이에게 물었습니다. "옆에서 보기에 H는 뭐가 특별한 것 같아?" "H는 느리게 풀지만 결국 집요하게 풀어내."

그렇습니다. 느림, 그러나 집요함. 이게 정답입니다. H는 문제 하나를 풀어도 사고력을 온전히 발휘하며 노력했던 겁니다. 독서 활동을 직접 눈으로 보지는 못했지만, H는 완벽한 사고력 독서를 수행했으리라 짐작됩니다. 느리지만 저자의 의도를 파악하는 독서, 모르는 표현이나 단어가 나오면 사전을 찾아가며 배우는 독서, 저자의 생각에 동의하지 못하면 부모를 붙들고 토론하는 독서, 문장과 표현 하나하나를 음미하는 독서를 해낸 겁니다.

3부

본격!
문해력
독서법

독서의
선순환을 위하여

아이가 책을
가까이하게 하려면

아이를 키우는 부모라면 누구나 공감하는 대목이 있죠. '아이를 가르치는 가장 좋은 방법은 솔선수범이다.' 정말 그렇습니다. 부모가 아무리 각 잡고 훈장질을 해 봤자 아무 소용이 없어요. 오히려 역효과만 날 뿐이죠. 핸드폰 게임을 즐기는 아빠나 SNS에 흠뻑 빠진 엄마가 아이에게 '폰질'하지 말라고 잔소리해 봤자 아이들의 머리에는 이런 말풍선이 달려 있을 겁니다.

'웃기시네. 아빠(혹은 엄마)도 만날 게임하면서.'

아이들은 그럴듯한 가르침이 아니라, 부모의 평소 말과 행동을 보고 배우는 법입니다. 독서도 마찬가지입니다. 안타깝게도 대부분의 부모는 독서에 별 관심이 없습니다. 제 짐작이 아니라 우리나라 통계청 조사가 그렇게 말합니다. 통계청이 발표한 2019년 사회조사 결과를 볼까요? 우리나라 만 13세 이상 인구 가운데 1년 동안 책을 한 권(!)이라도 읽은 독서 인구는 50.6퍼센트입니다. 이마저도 매년 줄어들고 있는 형편이죠. 독서 인구의 비중과 독서량 모두 연령이 높을수록 낮아지므로, 성인으로 대상을 한정하자면 1년에 책을 단 한 권도 읽지 않는 경우가 성인 전체의 절반이 넘는다는 뜻입니다.

음… 이런 상황에서 부모에게 아이의 독서법을 이야기하는 이 책이 무슨 효용이 있을까 싶은 생각도 듭니다. 어차피 절반이 넘는 부모는 책을 아예 안 읽고, 책을 읽는 부모라고 해 봤자 1년에 몇 권이 고작일 텐데 말이죠. 그래 놓고 아이들에게 독서를 권한다면 비웃음만 사지 않겠습니까?

그렇다고 평소에 책이라곤 거들떠보지도 않던 부모들에게 아이 교육을 생각해서 지금부터라도 독서 습관을 기르라고 애기할 수도 없는 노릇이에요. 말은 쉽지만 허황된 제안이죠. 습관이란 나이가 들수록 고치기 힘들어지는데, 부모 10명 중 한 명이나 뒤늦게 독서에 취미를 붙일 수 있을까요? 산이라면 질색하는 저한테 갑자기 매주 주말 아침에 등산을 가는 습관을 기르라면, 아휴 생각만 해도 끔찍합니다.

매일 저녁 엄마 아빠가 책을 읽으며 행복해하는 모습을 보고 자란 아이는 필시 책을 즐겨 읽을 겁니다. 당연히 이런 책도 필요 없겠죠. 이 책은 그렇지 못한 대부분의 부모들을 위한 책입니다. 부모도 아이도 책을 꺼리는 평균적인 가정에서, 아이가 책을 가까이하도록 유도하는 가장 좋은 방법은 뭘까요? 그 이야기를 차근차근 해보죠.

부모의 기준으로 좋은 책을 정하지 마라

부모의 가장 나쁜 버릇 중 하나가 자신의 경험을 기준 삼아 아이의 미래를 재단한다는 겁니다. 직업 선택만 예로 들어봐도 그렇습니다. 이 시대에 돈 잘 버는 직업이 20년 뒤에도 전도유망할 것이라고 감히 어떻게 장담하겠습니까? 고작 10년 전만 해도 '유튜버'라는 단어는 존재하지도 않았고, 식당 전단지 모으는 일로 시작한 배달업체가 4조원짜리 기업이 될 거라고는 아무도 예상하지 못했습니다. 독서에 관해서도 우리 기성세대의 잣대는 미련하기만 합니다. 자기 시대의 고전을 강요하고 자기 시대의 파격을 여전히 파격으로 여기니까요. 퓹.

그렇다면 부모 입장에서 아이에게 어떤 책을 권하면 좋을까요? 먼저 해서는 안 될 행동부터 살펴보겠습니다.

첫째, 고전을 강요하지 마세요. 학교에서 내주는 권장도서 목록을 보면 고전들의 제목이 주르륵 등장합니다. 저 스스로가 서양고전을 꽤나 탐독했던 사람이지만 이건 너무하다는 생각이 듭니다. 대부분의 아이들이 고전을 읽는 유일한 이유는 시험에 나오기 때문입니다. (소위 책읽기를 좋아하는 아이를 만들려면) 아이들에게 권장도서 목록에 있는 고전을 다 읽히려고 애쓸 필요는 없습니다. 아니, 그래서는 안 됩니다. 그러다간 아이들이 집 나갑니다. 고전 읽기의 중요성은 강요할 일이 아니라 스스로 느껴야 할 일입니다.

영문학을 전공한 제가 셰익스피어의 4대 비극을 제대로 읽게 된 계기 역시 시험하고는 전혀 상관이 없었습니다. 대학교 영어 연극 동아리에서 《오셀로》라는 작품을 무대에 올리는 과정에서 셰익스피어의 매력에 푹 빠졌죠. 시험공부를 할 때는 쌍욕을 내뱉으며 읽었던 그 괴상한 문장들이(셰익스피어의 작품은 영국인들도 질색할 정도로 현대 영어와는 전혀 다른 영어로 적혀 있습니다) 황홀한 주문처럼 느껴졌어요.

아이들 역시 마찬가지입니다. 기꺼이 자기 손으로 찾아 읽기 전까지, 고전을 강요해서는 안 됩니다.

같은 맥락에서 이른바 권장도서 목록에 있는 책들에 너무 집착하지 않았으면 합니다. 그나마 좋은 방법은 아이가 관심 있는 종류의 책을 읽게 해주는 겁니다. 뭐든 좋습니다. 책이 아니어도 괜찮아요. 활자가 들어가 있는 뭔가에 아이가 관심을 기울인다면 일단 독서 습관의 싹은 보이는 셈입니다.

독서 편식을 장려하라

제 경험을 말씀드리자면 저는 어릴 때부터 책 읽기를 좋아하는, 아주 심하게 좋아하는 아이였습니다. 별다른 이유는 없습니다. 단지 책 외에는 놀 거리가 없었기 때문이죠. 저는 경상북도 울진에서 어린 시절을 보냈는데, 제가 초등학교에 다닐 때는 TV 채널조차 없었습니다. 서울에서 제작한 몇몇 TV 프로그램을 녹화해서 동네 전파소에서 틀어주는 식이었죠. 반공의식을 고취시키는 드라마나 사극이 주류를 이루었고, 제가 초등학교 고학년에 접어들 때쯤 KBS가 나오기 시작한 걸로 기억합니다.

TV도 이 지경인데 컴퓨터는 꿈도 못 꿀 일이었죠. 저는 6학년 때 서울에 올라와서 처음 컴퓨터라는 걸 구경했습니다. 그랬기에 산과 들, 바다에서 뛰어놀며 느낀 감정들을 빼고, 간접경험의 대부분은 책을 통해 얻었습니다. 이 지점에서 이런 질문을 하는 분들도 계실 겁니다.

"작가 양반, 그 당시 울진에 살던 아이들이 모두 당신처럼 책에 미쳐 있었던 건 아니잖소?"

맞소, 맞습니다. 당연히 타고난 성향도 영향을 미치지요. 혹자는 공부든 운동이든, 유전이 전부라고 과격하게 주장하기도 합니다. 그렇다고 해도 물려받은 유전자만 믿고 아무 노력도 하지 않는다면 비록 능력을 타고났어도 제대로 발휘할 수 없습니다. 저 역시 우리 부모님의 특별한 교육법이 아니었다면, 제가 아무리 책을 좋아하는 성향의 아이였다 해도 독서 습관이 제대로 길러지지는 못했을 겁니다. 그렇다면 특별한 교육법이란 뭐냐? 바로 '편식 장려'였습니다.

지금도 그렇지만 저는 소설을 좋아했습니다. 아마 제가 평생 읽은 책의 80퍼센트는 소설일 겁니다. 어릴 때는 더했어요. 그 흔한 그림책, 위인전기, 심지어 만화도 뒷전이었습니다. 계몽사 세계명작 시리즈에서 시작해 에이브 아동소설 전권을 몇 번씩 되풀이해서 읽는 저를 보고도 부모님은 단 한 번도 말린 적이 없었습니다.

"너는 왜 매일 소설책만 읽니? 위인전도 읽고 생물도감도 좀 보렴. 너는 왜 똑같은 책을 열 번, 스무 번 되풀이해서 읽니? 어차피 다 아는 내용이잖아?"

저는 부모님에게서 이런 핀잔을 들어본 적이 한 번도 없습니다. 도리어 중고등학교 형들이 읽는 고전문학 전집을 있는 대로 사주셨죠. 수학? 영어? 역사? 저한테는 한참 먼 미래의 얘기였어요. 어린 시절 제 방은 누울 자리조차 없이 소설책으로 가득했습니다. 결국 이문열, 최인호 작가가 쓴 어른들의 소설까지 닥치는 대로 읽다가, 성적으로도 조숙한 아이가 되어버린 지경에 이르렀습니다.

상위 1% 아이가 하고 있는 **서울대 아빠식 문해력 독서법**

편식이 준 선물

소설 읽기의 장점에 대해 따로 말하지는 않겠습니다. 이 책은 그런 책이 아니니까요. 다만 미친 듯이 소설만 읽고 난 뒤에 생긴 '초능력'에 대해서는 언급해야 할 것 같습니다. 세상은 넓고 읽을 소설은 많은데 하루해가 너무 짧았던 소년은 나쁜 습관이 생겼습니다. 급하게 책을 읽는 습관이었죠. 그 습관은 자연스럽게 속독법으로 이어졌습니다.

따로 속독법을 배운 적은 없지만 지금도 저는 눈으로 툭툭 사진을 찍듯이 책을 읽습니다. 음… 딱 그런 느낌이네요. 시간을 재보지는 않았지만, 모르긴 해도 보통 사람의 몇 배는 빠르게 읽는 듯합니다. 물론 그러다 너무나도 마음에 드는 책을 만나면 기어를 바꾸고 천천히 한 문장씩 읽기도 하죠.

책을 빨리 읽는 초능력이 생기고 나니, 세상에나! 시험 시간이 남아돌더군요. 수학 시험을 빼면 학교를 다니면서 시험 시간이 부족했던 기억은 한 번도 없습니다. 물론 자라면서 소설 외에 다른 책에도 자연스럽게 관심이 생겼다는 사실을 굳이 언급할 필요는 없을 것 같습니다.

그러니 여러분! 아이가 좋아하는 책은 그 종류가 무엇이든 마음껏 편식하게 해주세요. 심지어 똑같은 책을 보고 또 본다? 이것이 바로 속독법의 시작입니다.

아이가 책을 더
가까이하게 하려면

앞에서 지독한 독서 편식을 했던 어린 시절 제 이야기를 들려드렸습니다. 이제는 아빠로서의 경험을 말씀드리죠.

저희 부모님이 제 편식 습관에 무한한 관용을 베풀어준 것처럼, 저 역시 제 아이에게 그런 관용을 실천하려고 애썼습니다. 어쩌면 지금도 그러고 있는지 모릅니다. 어릴 때 제 아이는 저보다 편식이 더했습니다. 종이책은 거의 읽지도 않고, 네이버 웹툰과 웹소설을 탐독했지요. 그중에서도 '현판(현대 판타지)'이라고 불리는 특정 장르를 좋아했는데 그 내용이라는 것이 참… 아이에게 권장할 만한 것은 아니었습니다. 이해를 돕기 위해 인기 있는 현판 소설들 제목을 몇 개만 소개하겠습니다.

'천재의 게임방송' '대공가 망나니는 역대급 고인물' '취사병

전설이 되다' '먹을수록 강해지는 폭식투수' '재벌집 망나니' '튜토리얼이 너무 어렵다'…. 그나마 제목은 양반입니다. 도대체 무슨 내용이길래 아이가 그렇게 흠뻑 빠졌을까 궁금해서 읽어보니, 도저히 이해할 수 없는 스토리였습니다. 내용 자체도 황당무계하지만, 어떻게 그런 이야기를 재미있다고 밤새워 읽는 건지 도무지 이해할 수가 없었습니다.

이쯤에서 비밀 아닌 비밀을 하나 밝히고 가야겠습니다. 아이는 네이버로 웹툰이나 웹소설을 주로 보는데, 무료로 연재되는 부분에 이어서 다음 회차를 미리 보려면 미리 보기 결제를 해야 합니다. '쿠키'라는 이름의 쿠폰을 미리 결제하고 그걸로 지불하는 시스템인데, 아무래도 유료 결제이다 보니 아이는 제 네이버 아이디를 사용하기도 합니다. 그러니 아이가 결제한 내역은 당연히 제 이메일로 고스란히 날아들지요. 어느 날인가는 아이가 공부를 하겠다고 방에 들어갔는데, 새벽 1시가 넘어 뒷장과 같은 메일이 도착하는 불상사가 벌어졌습니다.

맙소사! 결제된 시간을 보세요. 새벽 1시를 훌쩍 넘겨 2시를 향해가는 시각입니다! 당시는 아이가 과학고 준비에 정신없이 바쁠 때였어요. 하아…

이런 상황에서 대체로 부모가 보일 반응은 다음의 서너 가지로 예상할 수 있습니다.

1. 당장 아이 방 방문을 박차고 들어가 소리친다. "너 지금 뭐하는 거야? 과학고 시험이 코앞인데, 지금 웹소설이나 읽고 있어? 이 아까운 시간에? 뭐라고? 공부했다고? 이게 어디서 거짓말이야! 아빠가 모를 줄 알아? 거짓말은 절대 안 된다고 했지? 차라리 잠을 자. 너 만날 시간 모자란다고, 잘 시간 없다고 하루 종일 꾸벅꾸벅 졸면서…."

2. 심호흡을 하고 그날 밤을 넘긴 후 다음 날 차분하게 아이와 대화를 시도한다. "허무맹랑하고! 폭력적이고! 성인지 감수성을 비롯해 온갖 종류의 감수성에 전부 어긋나는! 그런 한심한 소설 따위를 읽으면 큰일 난다!"고 윽박지른다. 그리고 "청소년 시절의 독서 경험이 가치관 형성에 얼마나 큰 영향을 미치는데!"라며 훈장질도 곁들인다.

3. 특별한 말은 하지 않고, 더 이상 네이버 쿠키를 구워주지 않는다. 전쟁으로 치면 보급을 끊어서 적을 섬멸하는 작전.

4. 아이한테는 뭐라고 말 못 하고 끙끙 앓는다.

저는 이 네 가지 반응 말고 제5의 방법을 택했습니다. 도리어 쿠키를 잔뜩 구워준다!

저는 무제한으로 웹툰과 웹소설을 허락했습니다. 몇 년 동안 그랬지요. 사실 위에 캡쳐해둔 사진을 자세히 보면 제가 택한 방법의 결과를 알 수 있습니다. 매회 결제한 시간이 몇 분 단위로 끊겨 있는지 보이나요? 웹툰은 2~3분, 웹소설은 5분 안팎입니다. 바꿔 말하면 아이가 웹툰이나 웹소설 한 회를 읽는 데 걸린 시간이 고작 그 정도밖에 안 된다는 뜻입니다.

상상을 초월하는 웹툰-웹소설의 분량 폭격

기존의 종이책에 익숙한 부모 세대는 믿을 수 없겠지만 웹소설은 깁니다. 무시무시하게 깁니다. 소설가이기도 한 저 역시 네이버에서 145회에 달하는 SF소설을 쓴 적이 있는데, 종이책으로 치면 무려 다섯 권이 훌쩍 넘어가는 분량입니다. 대하소설 수준이죠.

현판 장르로 넘어가면 더합니다. 한 작품이 수백 회는 기본이고, 심지어 1,000회차가 넘는 작품도 있습니다. 인기 소설 '닥터 최태수'는 3,000회(!)가 넘습니다. 최근에 게임으로도 제작된 '달빛조각사'는 책 권수로만 50권이 넘고, 회차로도 1,000회를 거뜬히 웃돕니다. 한 회차가 어느 정도 분량이냐고요? 연재 규정상 한 회당 최소 5,000자 이상을 채워야 하는데, 양식을 고려하면 A4 용지로 5~6장이 가득 찹니다. 100회 정도로 짧은 소설이라고 치면 A4 용지 최소 500장, 1,000회 소설의 경우는 A4 용지 5,000장을 읽어야 하는 겁니다.

어느 정도인지 가늠이 안 되신다고요? 그렇다면 비교적 친숙한 종이책과 비교해서 예를 들어보겠습니다. '닥터 최태수'라는 작품은 조정래 선생의 《태백산맥》(10권)과 박경리 선생의 《토지》(신판으로 20권), 이문열의 《삼국지》(10권)를 모두 합하고, 거기에 《코스모스》《이기적 유전자》《정의란 무엇인가》를 다 얹은 것보다도 긴 분량입니다. 하하하!

나중에 물어보니 아이는 이런 웹소설을 수십 작품(!) 읽었다고 하더군요. 자기가 재미있으니까 가능한 일이지 시켜서 하는 독서였다면 평생이 걸려도 못 읽을 양입니다. 물론 작품의 문학적 수준에 대해서는 차치하겠습니다. 독자들마다 판단이 다를 테니까요.

아이는 국어 학원을 따로 다닌 적이 없는데도, 시험 성적은 매번 만점 혹은 한두 문제 정도만 틀려왔습니다. 이유는 간단합니다. 시간이 남으니까! 5,000자에 달하는 웹소설 한 회를 몇 분 만에 후다닥 읽는 버릇이 들었으니, 그까짓 국어 시험 지문이 길어 봤자 별거겠습니까? 국어 시험을 볼 때 지문이 길어서 힘들지는 않은지, 혹시 시간이 모자라지는 않은지 물어보니 정말 이런 대답이 돌아오더군요. "지문이 뭐가 길어요. 시간이 남아도는데요." 앞서 말했듯 우리 아이도 독서 초능력이 생긴 모양입니다.

이쯤에서 이런 질문을 하시는 분들이 또 있겠네요.

"작가 양반. 당신 아들이 원래 뛰어난 독해 능력을 갖고 태어난 모양인데?"

아닙니다. 처음부터 그랬던 건 절대로 아닙니다. 제 아이도 초기에는 한 회를 보는 데 10분이 넘게 걸렸는데, 읽는 속도가 점점 빨라졌습니다. 재미있는 사실을 한 가지 더 말씀드리면, 지금도 낮에 편하게 소설을 읽을 때는 시간이 더 오래 걸린다는 것입니다. 시간이 촉박하고 마음도 급한 심야 시간에는 이른바 '속독 기어'가 들어가는 거죠.

아이가 몰입의 경지에 이를 수 있도록

앞에서 우스갯소리로 '초능력'이라는 표현을 썼지만, 이를 학문적으로 설명한 이론이 실제 존재합니다. 바로 몰입이론Flow Theory인데요. 원래 예술가나 과학자들이 자기 일에 몰입할 때 경

155

험하는 현상을 연구한 데서 비롯되었습니다. 미국 클레어몬트대학교 피터드러커대학원 교수이자 심리학 분야의 세계적 석학인 미하이 칙센트미하이 Mihaly Csikszentmihalyi 박사가 정립한 이론으로, 어떤 일이건 푹 빠져서 그 일을 해본 경험이 있으면 기준 이상의 노동 강도를 오히려 즐거움으로 인식하기도 한다는 얘깁니다. 그의 말을 그대로 옮겨보죠.

몰입의 역설적인 특징 중에서도 단연 최고는 몸과 마음의 잠재력이 거의 최대한 발휘되면서도 굉장히 즐겁다는 점이다. 몰입에서 나타나는 이 모순된 상황은 우리의 의식과 무의식 수준에서 이루어지는 복잡하고 연속적인 단계에서 비롯된다. 누구든 우연히 몰입을 경험할 수 있다. 그러나 몰입의 순간을 더 발전시키고 몰입의 장점을 누리려면 지식과 연습이 필요하다. *

아이들이 뭔가에 푹 빠져 있을 때가 바로 몰입의 경지가 아닐까요? 돌이켜보면 저도 그랬습니다. 재미있는 소설을 만나면 밤잠 안 자고 읽어 내려가던 경험, 그 짜릿함과 즐거움. 다음에는 더 길고 어려운 책을 더 빨리 읽고 더 굉장한 쾌감을 느꼈던 경험. 그런 경험이 되풀이되면 일종의 초능력이 생기는 것이죠. 몰입을 이용할 줄 아는 경지라고나 할까요? 그러니 부모 입장에서

---

* 미하이 칙센트미하이, 크리스틴 웨인코프 듀란소, 필립 래터, 제효영 역, 《달리기, 몰입의 즐거움》, 샘터사, 2019, 53쪽

는 아이가 몰입하는 분야가 무엇이든 내버려두는 편이 좋습니다. 아이가 뭔가에 한참 열중해 있는데 방해하는 행위는 몰입을 깨뜨리는 짓입니다. 독서에서도 마찬가지겠죠.

종이책을 읽지 않아도 좋습니다. 골고루 읽지 않아도 좋습니다. 물론 기꺼이 종이책도 읽고(학교 시험은 모니터가 아니라 종이로 보니까 종이책 독서가 시험에는 더 유리하긴 합니다만) 다양한 분야의 책들을 섭렵하면 더 좋겠지만, 부모의 잔소리 때문에 독서에 흥미를 잃는 것보다는 편식으로라도 독서에 몰입하는 경험을 하는 편이 훨씬 낫습니다. 글자를 막 깨치기 시작한 때부터 편식에 대한 관용을 베풀어주면 더욱 일찍 몰입의 경지를 경험하겠죠?

독서 주제의 확장은 그 다음입니다.

독서의 힘으로
이룬 만점 타이틀

2017학년도 수학능력시험을 기억하시나요?

'역대급 불수능'으로 악명 높았던 시험이었죠. 하지만 아무리 방패가 두꺼워도 그것을 뚫는 창은 어딘가에 존재합니다. 2017학년도 수능시험에서도 무려 '만점자'가 탄생했다는 사실! 불수능을 불닭소스마냥 시원하게 발라버린 이영래 군은 한 인터뷰에서 그 비결을 이렇게 설명합니다. "공부를 하다가 스트레스를 받으면 《태백산맥》《아리랑》《한강》 등 대하소설을 주로 읽었어요. 특히 대하소설 속에 등장하는 수많은 인물들의 거미줄처럼 엮인 관계와 정서를 파악하면서 유추력이 길러졌고, 문제를 푸는 능력이 향상된 것 같습니다."

우선 저 소감을 들으면 어떤 생각이 드시나요? 학력고사 이래

만점자들의 인터뷰는 추사 김정희의 〈세한도〉 속 소나무처럼 늘 한결같았습니다. 토씨 하나 다르지 않지요. "과외요? 전혀요! 받아본 적도 없어요. 국영수를 중심으로 학교 수업 시간에 충실했습니다. 교과서 위주로 공부했고 예습, 복습 철저히 했습니다." 해마다 하는 말이 어찌나 똑같은지, 공부 잘하는 비결이나 성공의 비결을 묻는 말에 자동적으로 튀어나오는 클리셰가 되어버렸습니다. 그런데 요즘 수능 만점자의 대답은 조금 달라졌습니다. 물론 이영래 군 역시 국영수를 중심으로 학교 수업 열심히 듣고 예습, 복습을 철저히 했을 겁니다. 거기에 하나 더! 독서를 추가한 것이지요.

단순 지식과 사고력의 차이

학력고사와 수능시험의 가장 큰 변별점은 '지식과 사고력의 차이'입니다.

학력고사는 '학생이 얼마나 많은 교과 내용을 이해했으며 암기하고 있느냐'를 주로 측정합니다. 이 유형에서는 특히 '암기'가 중요합니다. 배운 내용을 기억하지 못하면, 아무리 문제를 들여다보고 연구해도 풀어낼 수 없으니까요.

반면 수능시험은 '학생이 교과 내용을 이해하고 머릿속에 담아둔 상태에서 주어진 문제를 해결할 수 있느냐'를 주로 묻습니다. 여기서는 '문제 해결 능력'이 중요한 요소입니다. 특히나 국어영역은 지문 안에 답이 있습니다. 문해력만 제대로 갖추면, 밭에서 고구마 줄기 거두듯 답을 건져 올릴 수 있습니다. 학력고사 시절엔 상상조차 할 수 없던 일이지요.

학생부종합전형은 이에 더해 '학생이 교과 내용을 이해하고 문제 해결 능력을 보여주는 동시에, 자신이 어떤 인재인지를 증명하는' 입시제도입니다. 문제 해결 능력과 더불어 잠재력까지 확실하게 보여줘야 합니다. 향후 어떤 문제가 주어져도 해결할 수 있다는 미래의 능력을 가불해서 입증해야 하는 것입니다.

학력고사와 수능시험을 요리경연대회에 비유해서 설명해볼까요? 학력고사는 쌀, 고기, 채소 등 자신이 준비해간 재료를 가지고 경연장에 들어서는 제도입니다. 이때 자신이 만들려는 요리에 적합한 재료를 충실히 준비하지 않으면 제대로 된 요리를 완성해낼 수 없습니다. 제아무리 요리 실력이 뛰어난 요리사라도 재료가 없는데 어떻게 맛있는 음식을 만들어낼 수 있겠습니까? 시험도 마찬가지입니다. 아무리 아이큐가 높고 지적 능력이 탁월하다 해도, 공부한 게 없으면 망할 수밖에 없습니다.

반면 수능시험은 모든 참가자에게 공평하게 쌀, 고기, 채소를 제공합니다. 재료의 양이나 종류는 동일하기 때문에, 음식의 수준은 각 참가자가 얼마나 손놀림이 빠르고 정확한지, 불 조절 능력과 칼질 솜씨는 능숙한지, 적당한 간과 양념으로 어떻게 요리의 맛을 끌어올리는지에 따라 결정됩니다.

답을 유추하는 능력을 길러라

수능시험 국어영역은 이 비유와 적확하게 맞아떨어지는 과목입니다. 영어, 수학, 과학, 사회에 비해 국어영역은 주어진 제시문 안에 답이 다 들어 있습니다. 영어영역 지문을 읽어내려면 영단어라도 많이 알아야 하고, 수학영역이나 과학영역 역시 공식이나 개념을 머릿속에 넣고 있어야 풀 수 있습니다. 하지만 국어영역의 지문은 대부분의 수험생이 '읽어낼 수 있는 글'입니다. 물론 '읽어내는' 정도의 수준으로는 문제의 정답을 맞힐 수 없습니다. 행간의 의미를 파악해야만, 지문이 던지는 여러 질문의 답을 유추해낼 수 있습니다.

수능시험의 이런 특성 때문에, 이영래 군은 많은 시간을 독서에 할애했고 수능에서 만점이라는 성적표를 받을 수 있었습니다.《태백산맥》《한강》《아리랑》안에는 과거 대한민국의 적나라한 역사가 그대로 녹아 있습니다.《태백산맥》에는 해방 이후 한국전쟁에 이르기까지 치열했던 이념 투쟁과 민중의 고초가 선연히 살아 있지요. 김범우, 염상진, 하대치, 소화, 안창민 등 다양한 인물 군상이 얽히고설킨 대서사시 안에서 이영래 군은 인물 간의 역학 관계와 정서를 파악하며, 세상을 읽어낸 것입니다.

또한 이영래 군은《삼국지》《수호지》《초한지》를 초등학교부터 읽기 시작해 중고등학교 시절 내내 수차례 반복해서 탐독했다고 밝혔습니다.《태백산맥》《아리랑》《삼국지》《수호지》등 최소 10권짜리 소설을 마치 팝콘 먹듯 가볍게 읽어냈다는 그의 인터뷰에 놀라기도 했지만, 한편으로는 공감이 되더군요. 고백건대, 저 역시 초등학교 때부터 《삼국지》와 《수호지》를 옆구리에 끼고 살았기 때문입니다. 물론 읽을 책이 없어서 어쩔 수 없이 궁여지책으로 읽은 것이긴 하지만, 여하튼 수능 만점자가 만점의 비결로 꼽은 독서 습관을 저 역시 실천하고 있었던 셈입니다.

이영래 군은 고교 3년간 150권의 책을 읽었다고 말합니다. 세상에! 150권…이라고요? 1년에 50권의 책을 독파했다는 건, 적어도 일주일에 한 권씩 책을 읽었다는 겁니다. 고등학교 국어, 영어, 수학, 과학, 사회 교과서를 본 적이 있나요? 무척이나 두껍고 내용도 난해합니다. 그 어려운 교과 진도에 이른바 '자·동·봉·진' 즉 자율 활동, 동아리 활동, 봉사 활동, 진로 활동까지 해내며 일주일에 한 권의 책을 읽었다는 게 믿기지 않으시죠? 차라리 희대의 사기꾼 찰스 폰지의 말을 믿으시겠다고요? 당연합니다.

이영래 군은 이렇게 왕성한 독서를 할 수 있었던 원동력으로 속독 능력을 꼽았습니다. 하지만 저는 이 말을 믿지 않습니다. 명백한 거짓말이라고 생각합니다. 왜냐고요? 인과관계의 오류가 작동했기 때문에 이영래 군은 자신도 모르게 진실을 감춘 겁니다. 이영래 군에게 〈엑스맨〉의 퀵실버나 〈저스티스 리그〉의 플래시 수준의 속독 능력이 있었기 때문에, 고교 3년간 150권의 책을 독파해낸 게 아닙니다. 반대로 이영래 군이 그토록 책을 사랑하고 독서를 즐겼기 때문에 자신도 모르게 속독 능력이 생긴 겁니다. 이영래 군 정도면 거의 슈퍼 히어로급 능력을 갖춘 셈이죠.

자, 곰곰이 복기해봅시다. 피가 마르게 공부하느라 잠 잘 시간도 밥 먹을 시간도 없는 대한민국 고등학생이 앉은자리에서 대하소설을 2~3권씩 읽어댔다는 것은, 과연 무엇을 의미할까요? 비교적 시간이 넉넉했던 초등학교와 중학교 시절에 이영래 군이 얼마나 많은 책을 읽었을지, 상상이나 가십니까? 어머니 손에 이끌려 방문했던 동네 공공 도서관에서 이영래 군은 마치 보물을 발견한 《보물섬》의 존 실버처럼 기쁨의 환호성을 질러댔겠죠. 책을 사랑한 소년은 속독이라는 초능력을 얻게 되고, 그 능력으로 책을 읽어댔을 겁니다. 이른바 독서의 선순환이 시작된 겁니다. 그리고 마침내 소년은 그 독서력으로 수능 만점자라는 타이틀을 획득하게 된 것입니다.

둔감력을 길러라

이영래 군은 '독서의 힘'으로 수능 만점을 성취해냈습니다. 그런데 이에 더해 또 하나 중요한 요건이 있습니다. 바로 '둔감력'입니다. 둔감력이란 《실락원》을 쓴 일본의 유명한 소설가 와타나베 준이치가 주장한 힘입니다. 사소한 일에 동요하지 않고 자신의 생각이나 아이디어를 실제 행동으로 옮기는 '대범함'과, 소신을 굽히지 않는 '의지력'을 말합니다.

아무리 엄청난 독서량과 성실한 공부로 중무장한 이영래 군이라 하더라도, 과연 어려운 문제나 아리송한 문제가 없었을까요? 분명 '3번이 아니라 5번인 것 같은데…'라고 자꾸 머릿속에서 되새김질하게 되는 문제가 더러 있었을 겁니다. 그런데 확신이 없는 문제를 계속 붙들고 있으면 다음 문제를 풀 시간이 촉박해지고, 사람은 압박을 받게 되면 실수를 하기 마련입니다. 수능 시험처럼 많은 문제를 정해진 시간에 풀어내야 하는 시험에서는 막히는 부분을 대범하게 끊어내지 못하면 자신감이 떨어져 자칫 시험 전체를 망칠 수도 있습니다. 하지만 이영래 군은 사소한 문제들에 연연하지 않고 무소의 뿔처럼 앞으로 나아갔습니다. 다른 학생들보다 강한 둔감력을 갖고 있었기에, 만점이라는 점수를 받을 수 있었던 것입니다.

　저는 이영래 군의 독서 목록을 보면서 그의 둔감력은 독서에서 길러졌을 거라는 확신을 얻었습니다. 이영래 군의 독서 리스트는《태백산맥》《아리랑》《한강》《삼국지》《초한지》등 대하소설 혹은 역사소설로 가득 채워져 있습니다. 이 소설들에는 무엇보다 중요한 공통점이 있습니다. 등장인물이 수십 명에서 수백 명에 이를 정도로 스케일이 장대한 대하소설이란 점이죠. 대하소설의 '대하大河'는 '큰 강'을 의미합니다. 작은 충동질이나 무두질에도 굴하지 않고 도저하게 흐르는 강물처럼, 이영래 군은 대하소설 속에서 둔감력을 기른 것입니다. 이념의 대립과 전쟁이라는 극한상황에 대입해보자면, 우리가 겪는 하루하루의 다툼이나 갈등은 사소해 보였을 겁니다. 덕분에 모의고사 한 번 망쳤다고, 기말고사 한 번 삐끗했다고 낙담하는 게 아니라, 묵묵히 자신의 걸음을 이어갈 수 있었겠지요.

그 많던 종이책은 어디로 갔을까

지구를 떠난 무인 탐사선 보이저 1호는 태양계를 벗어나기 직전인 1990년 2월 14일, 뒤돌아보듯 지구를 촬영합니다. 사진 속에는 작디작은 푸른 점 하나가 보입니다. 바로 지구의 모습입니다. 《코스모스》의 저자 칼 세이건은 이 사진에서 영감을 받고 《창백한 푸른 점》을 저술합니다.

빅뱅 이론이 말해주듯, 우리가 살고 있는 이 광활한 우주는 작은 점에서 시작되었습니다. 이 광대무변한 우주에서 지구의 모습은 저리도 작은 한 점일 뿐이고, 그 지구 위의 우리는 그보다 훨씬 더 미미한 존재입니다. 스케일이 거대한 소설을 읽다 보면, 이 명백하지만 종종 간과하곤 하는 진실을 실감하게 됩니다. 아옹다옹하는 우리의 실체를 파악하는 데 장엄한 역사만큼 좋은 스승은 없습니다. 이영래 군의 방에 쌓인 그 많던 종이책들은 수능 만점이라는 자취를 남겼습니다. 오늘도 오래된 책에서 풍기는 낡은 종이 냄새가 그립습니다. 기왕이면 전자책보다 종이책으로 독서를 해야 하는 이유는 뒤에서 다시 설명하겠습니다.

웹툰을 허하라!
전집을 금하라!

　저 자신은 어느덧 책 읽기를 참 싫어하는 애비가 되어버렸지만, 나름 열정적으로 아이의 독서 지도를 해왔다고 자부합니다. 저는 청소년기 아니, 20대까지만 해도 독서광을 자처했지만, 살아가면서 점점 책과 멀어졌습니다. '방송일 하랴, 집안일 하랴 정신이 없었다고요!' 물론 이렇게 온갖 핑계를 주워섬기고 싶지만, 책 읽을 시간은 분명 있었습니다. 다만 제 의지가 부족했을 뿐이지요.

　어느덧 아이가 초등학교 고학년에 접어들면서, 저는 어린 시절 독서광의 면모를 되찾으려 무던히 노력했습니다. '솔선수범만이 살길이다!'라고 써 붙인 머리띠를 동여매지는 않았지만, 누가 옆에서 봤다면 결의에 찬 제 모습에 '웬 오버야…'라며 혀를 끌끌 찼을지도 모릅니다. 어디선가 '아이는 부모의 등을 보고 배운다'는 격언을 듣고 난 뒤, 저는 다시 책을 손에 잡기 시작했습니다.

아이도 부모도 관심 분야의 책부터

우선 독서대를 하나 장만하고, 눈물을 머금고 거실에서 TV를 치웠습니다. 서점에 나가 그동안 읽고 싶었던, 아니 엄밀히 말하자면 스스로 부족하다고 생각했던 분야의 양서를 골라왔습니다. 저는 문학, 역사, 철학 위주로 편식을 해왔기 때문에, 이번에는 과학, 경제학, 사회학, 심리학 책들 위주로 쌓아놓고 읽기 시작했습니다. 고백건대 '읽는 척하기'를 시작했지요. 찰스 다윈의《종의 기원》, 리처드 도킨스의《눈먼 시계공》, 수전 손택의《은유로서의 질병》, 미치오 카쿠의《초공간》에 둘러싸여 시간을 보냈습니다.

제가 골라온 것은 '누구나 들어는 봤지만 누구도 끝까지 읽지는 못하는 명작 베스트 10'에 꼽힐 만한 책들이었습니다. 거실에 앉아 관심도 없는 비둘기 품종에 대해 윤무부 박사라도 된 양 열정적으로 공부했습니다. 전령비둘기, 단면공중제비비둘기, 런트, 바브, 파우터, 터빗, 자코뱅 등등. 휴… 저 위대한 다윈 선생과 안면을 트고 싶었던 제 마음은 어느 순간 사라지고,《종의 기원》

이 왜 '누구나 들어는 봤지만 누구도 끝까지 읽지 못하는 책'인지 뼈저리게 절감했습니다. 그리고 제 손길은 자꾸 책장에서 《토지》《한비자》《살아 있는 미국역사》에 머물렀습니다. '솔선수범'이란 구호를 외치며 끝내 책을 잡고 있어야 했던 저는 결국 좋아하는 분야의 서적을 탐독하기 시작했습니다.

그런데 묘한 일이 벌어지더군요. 벌 받는 심정으로 아이에게 '보여주기식 책 읽기'를 이어가던 중, 칼 세이건의 《코스모스》를 만나게 되었습니다. 늘 접하던 '문사철(문학·역사·철학)'이 아닌 과학 분야의 책이 '이렇게 재밌을 수 있구나'라는 깨달음이 찾아왔습니다. 《코스모스》를 완독하고 나니 전에는 고역이던 《초공간》이 재밌어지고, 이어서 《눈먼 시계공》까지 눈에 들어왔습니다.

아이고! 죄송합니다. 여기저기서 독자들의 불평불만이 쇄도하네요. 《토지》나 《살아 있는 미국역사》도 버겁다며 구시렁거리는 소리가 여기까지 들립니다. 그럼요! 맞습니다. 학창 시절 문학이나 역사를 좋아하지 않았다면 이 책들이 그리 탐탁지 않을 겁니다. 하지만 하워드 진의 《살아 있는 미국역사》가 버거우면 박영규의 《한 권으로 읽는 조선왕조실록》부터 읽으면 됩니다. 책이면 다 좋습니다. 굳이 수준 높은 책을 읽을 필요는 없습니다. 관심 분야의 책 가운데 가장 쉬운 것부터 시작하세요. 〈고교 독서평설〉도 추천할 만한 좋은 책입니다. 그마저도 어렵다면 〈중학 독서평설〉부터 읽으면 됩니다. 요즘 아이들 수준이 워낙 높아서 중학교용도 만만치 않습니다.

교양서가 정 부대낀다면 실용서를 읽어보세요. '나는 이렇게 주식 투자에 성공했다, 워런 버핏도 울고 갈 투자 비법' '매일 매일 3분!! 당신도 몽고인의 시력을 가질 수 있다' '당신의 방을 정리하면 인생이 확 바뀐다' 따위의 책도 좋습니다. 예? 그마저도 버겁다고요? 그렇다면 〈씨네21〉 같은 영화 잡지나 여행 잡지 〈론리 플래닛〉도 괜찮습니다. 글보다 사진이 훨씬 많기는 하지만 그래도 엄연히 좋이책이니까요. 아이들에게 거실에 앉아 TV나 핸드폰이 아닌, 책을 읽고 있는 부모의 모습을 보여주는 것이 핵심입니다. 아이들은 그런 여러분의 모습을 보고 '아빠가 책을 읽고 있네, 엄마가 독서에 푹 빠져 있네'라고 생각할 겁니다. 부모가 독서를 하고 있다는 사실만으로도 아이들에게 좋은 영향을 끼칠 수 있으니까요.

이번에는 제가 군대에서 겪었던 이야기입니다. 같은 부대에 삼수를 하다 입대한 선임병이 있었습니다. 제대를 100일 앞둔 말년 병장이었지요. 그가 일과 시간을 마치고 공부를 봐달라고 해서 저는 흔쾌히 수락했습니다. 말년 병장의 자유 시간은 두 시간이 훌쩍 넘었지만, 이등병인 저는 20분이나 되었을까요. 공부는 그가 1시간 정도 문제집을 푼 뒤, 모르는 문제를 20분 동안 저에게 묻는 방식으로 진행했습니다. 그런데 문제는 제가 화장실을 청소하고 내무반 쓰레기통을 비우고 휴게실을 쓸고 닦는 동안, 그가 문제를 하나도 풀지 못하고 있었다는 겁니다. 그는 '문제가 도저히 눈에 들어오지 않는다'며, 요술램프의 지니에게 하듯 저에게 공부 비법을 요구했습니다. 그의 눈빛이 아무리 간절해도 제 피부색이 지니처럼 파래질 리 없었습니다.

적진에 기습 침투하는 특공대장의 심정으로 저는 휴게실에 쌓여 있던 소설 몇 권을 조용히 말년 병장에게 가져다주었습니다. 하병무의 장편소설《남자의 향기》, 김진명의《무궁화 꽃이 피었습니다》, 김정현의《아버지》, 김홍신의《인간시장》이 말년 병장의 좌식책상 위에서 낮은 포복을 하고 있었습니다. 그는 소설에 푹 빠져, 저녁 식사 이후에는 닥치는 대로 읽어댔습니다. 그 좋아하던 SES의 유진이 TV에 나와도 냉정하게 외면하더군요.

그렇게 한 달의 시간이 흐른 뒤에는 위기철의《반갑다 논리야》, 유시민의《내 머리로 생각하는 역사 이야기》를 읽게 했습니다. 믿기 어렵겠지만, 놀랍게도 군부대 휴게실에 비치된 도서 목록의 스펙트럼은 꽤나 넓었습니다. 병장은 "나 그냥《퇴마록》이나 읽으면 안 될까?"라고 앙탈을 부렸지만, 단호한 이등병은 이렇게 통박을 주었습니다. "허병장님, 사회 나가면 4수, 5수가 눈앞에 아가리를 벌리고 있지 말입니다. 제 말 듣는 게 좋겠지 말입니다."

그는 읽기 어렵다고 우는소리를 하면서, 또 가끔은《퇴마록》도 몰래 읽어가면서 결국 유시민, 위기철이라는 저자를 영접했고, 마지막 한 달간 이등병의 20분짜리 족집게 과외를 받을 수 있었습니다. 그는 제게 고맙다며, 부모님이 운영하는 노량진 수

산시장으로 찾아오라는 말을 남기고 군을 제대했습니다. 아마도 사회에 나가서는 부모님 시름을 조금은 덜어드렸겠지요.

독서는 결국 재미가 먼저다

다시 제 독서 지도 경험으로 돌아가 보겠습니다. 아이에게 본보기를 보인답시고 계속《눈먼 시계공》을 붙들고 있었다면, 제 계획은 완벽하게 망했을 겁니다. 방향을 바꿔 제가 좋아하는《묵자》나《사기》를 읽기 시작했기에 저는《코스모스》《초공간》을 독파해낼 수 있었습니다.

아! 이거구나!

결국 독서는 재미가 먼저구나!

그간 제가 저질렀던 수많은 잘못들이 주마등처럼 스쳐 지나 갔습니다.

지금부터는 여러분께 고해성사를 드리오니, 스테파노 혹은 프란체스코 신부가 되었다는 심정으로 제 기나긴 오류의 여정을 끝까지 인내하고 들어주시기 바랍니다. 아이가 중학교에 진학할 즈음, 이 무지몽매한 애비는 초조해지기 시작합니다. 그간 공부하라고 밀어붙여본 적이 없었기에, 중학생이 된다는 말에 저도 모르게 당황했나 봅니다. '다른 건 몰라도 국어영역은 내가 책임지겠다!' 아닌 밤중 홍두깨 같은 의지가 불끈거렸습니다.

이내 서점으로 향한 저는 중고교 필독서 및 권장도서 목록에 맞춰 책을 한 보따리 싸들고 돌아왔습니다. 그리고 1년여 시간이 흘렀지만 그 책들은 여전히 깨끗합니다. 손때 묻은 책은 모두 아이가 좋아서, 직접 구입한 책들입니다. 문득 책장을 훑어보니, 아이가 직접 고른 동화책과 만화책이 무려 1,000권 가까이 되더군요. 그 가운데 밟지 않은 첫눈처럼 미지의 영역으로 남아 있는 유일한 전집이 있으니, 그 이름도 찬란한 '서울대 선정 인문고전 50선' 만화 전집입니다. 《리바이어던》《삼민주의》《창조적 진화》《기학》《자유론》《사기열전》을 읽혀보려던 애비의 욕심이 부른 최악의 실수였습니다.

토마스 동화책을 읽어주다 중간에 멈춘 이재익 PD의 일화, 기억나시죠? 이야기책조차도 떠먹여주는 게 아니라, 중간에 과감하게 끊는 편이 더 좋습니다. 결핍이야말로 독서 체험의 중요한 원동력입니다. 전집은 그런 의미에서 긍정적 결핍감을 싹부터 잘라버리는 무시무시한 괴물입니다. 책을 낱권으로 서점에서 구입하면 경제적으로 부담이 가는 건 맞습니다. 하지만 독서의 길로 접어드는 접근비용이려니 여기고 기꺼이 감내해야 합니다.

'서울대 선정 인문고전 50선'이 가진 또 하나의 문제점은 '만화'라는 점입니다. 오해마시길! 아이의 독서 체험에서 만화를 보는 건 전혀 문제가 되지 않습니다. 저희 집만 해도 수천 권의 만화책이 책장을 가득 메우고 있는데다, 요즘은 아이가 웹툰까지 챙겨 보고 있습니다. 다만 부모가 읽기를 바라는 권장도서 혹은 고전을 만화로 바꾼 책은, 전혀 효과가 없다는 말씀을 드리는 것입니다.

만화를 만화로 즐기는 것은 좋은 독서 습관이지만, 아이가 도저히 읽을 것 같지 않은 책을 만화로 전환해 읽히는 것은 분명 나쁜 독서 습관입니다. '서울대 선정 인문고전 50선'은 꽤나 양질의 도서입니다. 그럼에도 맹자, 몽테스키외, 베르그송, 데카르트의 사상을 만화로 옮긴다는 게 그리 쉬운 일은 아니지요. 사실상 불가능한 미션입니다. 여기서 진실을 말씀드리죠. 고전 만화의 본령은 고전을 쉽고 재미있게 이해시켜주는 게 아니라, 고전을 읽지 않고도 '읽은 척하게' 해준다는 데 있습니다.

제 기나긴 고해성사를 뒤로하고, 그럼에도 불구하고 제게는 '독서를 권유하는 부모'로서 칭찬받을 만한 점이 딱 하나 있습니다. 내 아이도 '이제 곧 중학생이 되는구나!'라는 조바심이 일기 전, 제가 부모로서 했던 행동입니다. 아이가 원하는 책이라면 묻지도 따지지도 않고 사줬다는 것입니다. 이 책이 '공부에 도움이 될까'라는 의구심이나 주저함은 추호도 없었습니다. 아이가 재밌게 읽으면 그만이고, 읽고 난 후 아빠와 대화를 나눌 수 있으면 금상첨화였지요. 그나마 이런 미덕을 갖추게 된 가장 큰 이유는 제 유년 시절의 독서 체험 덕분입니다.

책이 고팠던 유년 시절의 놀라운 결과

제 고향이 비록 울진은 아니었지만, 시대가 시대인지라 저 역시 오락 거리라고는 책이 전부인 유년 시절을 보냈습니다. TV는 안방에 있었고, 그나마 낮에는 컬러바만 떠 있었으니까요. 컴퓨터도 없고 게임기도 없던 그 시절, 텍스트만이 유일한 오락 거리였지요. 그나마 이재익 PD는 책이라도 실컷 읽을 수 있었지만, 저는 원하는 책을 구해 읽기도 힘든 형편이었습니다.

동화책을 손에 잡으면 하루에 두세 권은 족히 읽어댔으니, 교사였던 아버지의 박봉으로는 어림도 없었지요. 지금처럼 공공도서관이 흔하지도 않던 시절이라, 동냥질로 책을 읽어야 했습니다. 책이 무척 고팠습니다. 100권짜리 삼성당 세계명작동화를 옆집 친구에게 매일 같이 빌려보다가, 친구 어머니의 불호령에 뜨끔하던 일이 기억납니다. "이놈의 자식아! 옆집 훈종이는 매일한 권씩 빌려가서 읽는데, 넌 뭐하고 있니! 돈이 아깝다, 아까워. 확 그냥 쓰레기통에 갖다 내버릴까보다!" 아주머니의 지청구에 놀라서, 읽은 책을 읽고 또 읽으며 일주일 동안 새 책을 빌리러 가지 않은 적도 있습니다. 혹시 정말 내다 버리면 어쩌나 두려움에 벌벌 떨면서 말이지요.

움베르토 에코 역시 책이 고픈 유년기를 보냈습니다. 그 결핍이 5만 권의 장서를 남긴 독서광이자, 세계적인 기호학자를 탄생케 했습니다. 그에게 결정적인 명성을 안겨준 《장미의 이름》 역시 도서관에서 벌어지는 이야기입니다. 이야기의 화자인 아드소는 처음 도서관에 들어서서 이렇게 얘기합니다.

"그때에야 비로소 나는 책끼리 대화를 주고받는다는 사실을 알게 되었다. 장서관이란 수세기에 걸친 음울한 속삭임이 들려오는 곳. 이 양피지와 저 양피지가 해독할 길 없는 대화를 나누는 곳. 만든 자, 옮겨 쓴 자가 죽어도 고스란히 살아남는 수많은 비밀의 보물창고. 인간의 정신에 의해서는 정복되지 않는 막강한 권력자였다."[*]

움베르토 에코는 소설 속 화자의 입을 빌려 책의 신성함과 독서의 위대함을 역설했습니다.

14세기 초를 배경으로 한 소설에서 유리 세공사인 한 수도사는 2세기 전에 정교한 유리창을 만든 장인들을 '거인'에 비유하며 이제 자신들은 그와 같은 것을 만들 수 없다고 탄식합니다. '거인의 시대'는 저물었다며 체념하는 그를, 아드소의 스승인 윌리엄 수도사는 이렇게 위로하지요.

"우리는 난쟁이들입니다. 그러나 실망하지 마세요. 난쟁이지만 거인의 무등 위에 올라탄 난쟁이랍니다. 우리는 작지만, 그래도 때로는 거인들보다 더 먼 곳을 바라보기도 한답니다."[**]

거인의 무등 위에 올라타려고 안간힘을 다했던 저는 닥치는 대로 책을 읽었습니다. 그런데 내 책이든 빌린 책이든 당시 독서

[*] 움베르토 에코, 이윤기 역,《장미의 이름》, 열린책들, 2009, 529쪽
[**] 같은책, 170쪽

환경을 돌이켜보자면, 애오라지 소설뿐이었습니다. 지독한 편식이었습니다. 다소 지나칠 정도였지요. 과학, 경제, 역사, 철학, 에세이 등은 찾아보기 힘들었고, 이야기책만 지천에 널려 있었습니다. 안타깝게도 옆집에 있는 '소년소녀 세계명작동화'나 우리집에 있는 '에이브 전집'이나, 결국 동화나 소설이었지요. 물론 그마저도 귀하다 보니 읽고 또 읽을 수밖에 없었습니다. 저는 저도 모르게 반복 읽기를 실천하고 있었습니다. 이야기책의 반복읽기! 제 어린 시절의 독서를 한마디로 요약하는 표현입니다.

단순 독해를 넘어 문해력으로

비록 '타의에 의한 반복 읽기'였지만 그 효과는 만점이었습니다. 어쩔 수 없이 이루어진 반복 읽기의 효과가 힘을 발휘한 건 고교 시절이었습니다. 저는 95학번으로 두 번째 수능시험 세대였습니다. 고등학교에 입학하자마자 학력고사 폐지와 다가올 수능시험에 대한 두려움에 떨어야 했지요. 시험 방식이 수학능력시험으로 전환되면서 수험생들이 가장 많이 당황해한 과목은 단연 국어였습니다. 서한샘 선생이 '돼지꼬리 땡야'라고 콕 집어주는 내용을 달달 외우던 학습법은 시대착오적인 방법으로 전락하게 되었지요. 무엇보다 수능시험은 '문해력'을 요구하는 시험이었습니다.

기존 암기 위주의 국어 학력고사는 독해력 위주의 시험으로 완벽하게 탈바꿈했습니다. 당시에는 언어영역이라 불렸습니다. 언어영역이든 국어영역이든, 다시 말해 예나 지금이나 수능시험 국어의 장점은 문제 안에 답이 있다는 점입니다. 매직아이처럼 문제를 뚫어져라 쳐다보면 답이 떠오릅니다. 비록 은유적인 표현이지만, 진실입니다.

다만 주어진 시간 안에 독해를 마치고 답을 찾아내려면, 단순 독해를 뛰어넘어 문해력을 지니고 있어야 합니다. 영어야 모르는 어휘도 있고 문법도 있습니다. 문단의 핵심 어휘를 모르면 정답을 찾아내기 어려워집니다. 하지만 수능시험 국어영역의 경우 시간만 무한대로 주어진다면, 대다수 학생의 점수가 만점에 수렴할 것입니다.

이야기책을 반복해서 읽던 제 습관은 시간이 관건인 수능시험 국어영역에서 헤라클레스 같은 괴력을 발휘했습니다. 마치 히드라의 머리를 잘라내듯, 저는 차례로 문제를 쓰러뜨려 나갔습니다. 국어영역 모의고사가 끝나면 다들 시간이 부족했다고 푸념을 해대곤 했지만, 저는 시간이 남아돌았습니다. 옆집 친구 어머니의 핀잔과 압박에도 굴하지 않고 분연히 떨쳐 일어나 삼성당 세계명작동화를 빌려보던 제 자신이 기특했고 감사했습니다. 낯선 곳에서 표류하던 열다섯 명의 소년(쥘 베른의《15소년 표류기》), 매일 밤 목숨을 부지하려고 애쓰던 셰에라자드(《천일야화》), 그리고 런던 슬럼가에서 소매치기 일당에게 괴롭힘을 당하던 올리버 트위스트에게 늦었지만 지금이라도 고마운 마음을 전해봅니다.

기왕이면 종이책으로

어떤 책을 보든 재미있게 읽는 게 최우선 고려 사항이지만, 기왕이면 종이책으로 보는 편이 훨씬 좋습니다. 인공지능과 사물인터넷이 세상을 움직이는 요즘 같은 시대에도 종이책은 유효합니다. 종이책으로 읽으면 나만의 속도와 리듬을 유지할 수 있습니다. 내용이 어려우면 서사를 멈추고 생각할 여유도 가질 수 있습니다. 반면 동영상이나 오디오북은 독자로서 주체적인 사고를 펼칠 수 있는 여유를 거세하고, 그저 휩쓸아칩니다.

노르웨이의 학자 안네 망겐의 흥미로운 실험이 있습니다. 실험에서는 학생들에게 나이대별로 누구나 좋아할 만한 단편소설을 골라 읽게 하되, 읽는 방법을 달리했습니다. 절반은 종이책으로, 나머지 절반은 킨들(전자책)로 읽게 했지요. 그 결과 종이책으로 읽은 학생은 킨들로 읽은 학생보다 소설 줄거리를 시간 순으로 재구성하는 능력에서 훨씬 더 뛰어난 성과를 보여주었습니다. 안네 망겐은 이런 차이가 스크린 읽기에서 흔히 관찰되는 '훑어보기, 건너뛰기, 대충 읽기'에 기인한다고 분석합니다.[*]

물론 비선형적 읽기에도 장점은 있습니다. 앞에서부터 한 장씩 넘겨 읽는 종이책은 정보가 일렬로 늘어서 있기 때문에 '선형적'이라고 할 수 있습니다. 반면 인터넷 문서는 문서 안에 링크가 걸려 있어서 링크를 클릭하면 다른 문서로 연결(이것을 '하이퍼텍스트'라고 합니다)되고, 거기에 또 다른 링크를 타고 들어간다면 독자가 받아들이는 정보의 순서는 '비선형적'이 되고 무한히 확장됩니다.

요즘 아이들의 토론 수업을 지켜본 교사나 학부모들은 입을 모아 말합니다. "요즘 애들은 왜 이렇게 똑똑하대!" 아이들이 이토록 영엽해진 이유가 뭘까요? 하이퍼텍스트 읽기 덕분입니다. 그 힘을 바탕으로 균형 잡힌 의견도 개진하고, 자신의 의견을 뒷받침하는 논거 역시 풍부하게 제시합니다. 인터넷을 통해 다양한 분야의 깊이 있는 지식을 쉽사리 접하게 되면서 가능해진 일입니다.

반면 비선형 읽기의 단점은 가히 치명적입니다. 대표적으로 '방향성 상실과 인지 과부하'를 꼽을 수 있습니다. 한 연구에서 초등학교 5학년 학생 77명을 대상으로 실험을 수행한 결과, 비선형 읽기 집단이 선형 읽기 집단에 비해 국어 학업 성취도 점수가 현저히 낮았습니다. 읽기, 쓰기, 듣기, 말하기 전 영역에 걸쳐 선형 읽기는 특유의 힘을 발휘했습니다.[**]

보통 비선형 읽기가 주를 이루는 교육의 장을 'e러닝 학습 환

[*] 메리언 울프, 전병근 역, 《다시, 책으로》, 어크로스, 2019
[**] 김소라, 〈디지털교과서의 비선형성이 읽기 이해에 미치는 영향〉, 한국교원대학교 교육대학원, 2014

경'이라고 합니다. 대체로 e러닝 학습 환경이 제공하는 정보량은 어마어마합니다. 정보를 탐색하고 학습하는 과정에서, 학습자는 자신의 인지 처리 능력을 벗어나는 정보량에 노출되는 경우가 많습니다. 이때 인지 과부하가 일어나게 됩니다. 그렇게 되면 학습자는 처음의 학습 목표를 잃고 학습 흐름을 놓치게 됩니다.

종이책과 맥락 의존적 학습

종이책 읽기의 장점은 맥락 의존적 학습 이론 덕분에 더욱 빛납니다.

우선 맥락 의존적 학습이 무엇인지 알아볼까요? 맥락이란 어떤 사물이나 상황이 서로 연결되어 있는 관계성을 말합니다. 맥락을 파악하고 있으면 경험한 기억을 재구성하고 미래에 비슷한 일이 발생했을 때 결과를 예상하거나 그에 대처할 수 있지요. 이처럼 우리의 뇌는 새로운 사물이나 사건을 과거에 경험한 것(맥락)과 연결지어 해석하는 경향이 있습니다.

혹시 화제의 드라마 〈슬기로운 의사생활〉을 보셨나요? 여기에 맥락 의존적 학습의 예를 여실히 보여주는 에피소드가 등장합니다. 산부인과 전문의 양석형(김대명 분)이 근무하는 병동에 간호대학 실습생이 배치됩니다. 수술실과 진료실에서 양석형이 보여주는 인술에 무려 감동까지 받았던 실습생은 퇴근길에 양석형을 마주치지만 그를 알아보지 못합니다. 그가 의사 가운을 벗고 평상복을 입고 있었기 때문이죠. 간호대학 실습생은 '의사 가운'이라는 맥락을 '평상복'이라는 새로운 사건과 연결 짓지 못한 것입니다.

맥락 의존적 학습과 관련해 재미있는 실험이 하나 있습니다. 스쿠버다이빙을 해보신 적이 있나요? 직접 체험해본 분들은 알겠지만 잠수는 보통 어려운 일이 아닙니다. 체력 소모가 엄청난 것은 물론이요, 몰아치는 파도의 공포감도 이겨내야 하고 낯선 환경에 적응도 해야 합니다.

이 실험에서 연구자는 잠수부들에게 무려 수심 6미터 깊이에서 단어를 외우게 했습니다. 그리고 다음 날 잠수부들을 두 그룹으로 나누어 A그룹은 6미터 바다에 잠수해서, B그룹은 편안하게 지상에서 단어를 몇 개 외웠는지 시험했습니다.[*] 독자 여러분은 어떤 그룹이 더 많은 단어를 외웠으리라 예상하나요? 네, 맞습니다. 여러분의 예상대로 6미터 물속에 잠수해서 외운 A그룹이 더 많은 단어를 기억해냈습니다. 상식적으로는 편안한 지상에서 더 높은 점수가 나올 것 같지만, 오산입니다. 비록 물속은 답답하고 불편하지만, 산호초의 촉감이나 물안경에 스며드는 바닷물의 냄새, 멋지게 유영하며 지나가는 거북이의 모습 등과 결합된 단어는 머릿속에서 생생하게 되살아날 수 있었지요.

[*] 제레드 쿠니 호바스, 김나연 역, 《사람은 어떻게 생각하고 배우고 기억하는가》, 토네이도, 2020

맥락 의존적 학습은 수능시험에서도 큰 효과를 발휘합니다. 당분간 큰 이변이 없다면, 수능시험 역시 종이 시험지로 치를 확률이 높습니다. 전자책으로 책을 읽는 것보다는 종이책으로 읽는 것이, 급박하게 돌아가는 시험장에서 자신의 실력을 십분 발휘하는 데 조금이나마 도움을 줄 것입니다. 따라서 조금 번거롭더라도 아이가 읽고 싶다는 책은 종이책으로 구해주시길 권합니다.

독서,
과부하와 불량함도
필요하다

과부하
독서법

웨이트 트레이닝에는 두 가지 종류가 있습니다. 하나는 무거운 무게를 적은 횟수로 들어 근육을 찢고 아무는 과정을 통해 근육 크기를 키우는 방법이고, 다른 하나는 가벼운 무게를 많은 횟수로 반복해서 들어 근육의 윤곽을 선명하게 만드는 방법입니다. 운동의 효과를 제대로 보려면 이 두 가지 방법을 병행해야 합니다. 웨이트 트레이닝의 두 가지 방법은 독서법, 그중에서도 속독법에 비유할 수 있습니다. 이번 챕터에서는 전자의 방법, 즉 자신의 역량을 넘어서는 독서를 통해 머리 근육을 키우는 방법에 대해 설명하겠습니다.

이 책을 준비하면서 읽은 책들 중에는 제 의견과 다른 경우가 꽤 많았습니다. 속독을 죄악시하는 저자도 있었고, 사교육의 무용론을 주장하는 책도 있었습니다. 그런데 자세히 읽어보면 제 생각과 크게 다르지 않은 내용이더라고요. 좋은 속독법은 자발적이고 방대한 독서량을 통해 자연스럽게 길러져야 합니다. 단순히 방법론적으로만 본다면 속독은 편법에 불과할 수도 있습니다. 하지만 이조차도 절실한 아이들이 분명히 있죠. 사교육에 대해서도 무조건적인 찬양이나 무용론은 있을 수 없습니다. 많은 아이들에게 사교육은 독이 될 수 있으나, 또 특정한 상황에 놓인 아이들에겐 사교육이 필요악이나 궁여지책일 수 있습니다. 사교육에 대해서는 할 말이 많으나 이 책의 성격상 생략하겠습니다.

이번에 소개할 내용 역시 매우 구체적인 내용이라 신중히 읽어봐야 합니다. 일단 아이가 어느 정도 기초적인 독서 경험이 쌓인 뒤에 이 방법을 시도해보라고 말씀 드리고 싶습니다. 거기에 하나 더, 이번 챕터에서 권하는 독서법은 단순히 독서뿐 아니라 특정 학과에 대한 이해도 요구합니다. 쉽게 말하자면, 어느 정도 공부를 잘하는 아이들에게 해당하는 독서법일 수 있다는 뜻입니다. 거기에 아이가 승부욕이 강하다면 금상첨화입니다.

내가 《코스모스》를 처음 만났을 때

점점 기억이 희미해져가지만 아마도 초등학교 4학년 때인 걸로 기억합니다. TV도 제대로 안 나오는 시골에서 《코스모스》를 팔 리는 만무했고, 일 때문에 서울에 다녀오신 아버지가 이 책을 사갖고 오셨습니다. 당연히 초등학생 아들을 위한 것은 아니었지만, 저는 아버지가 보고 있는 책을 뒤적이며 훔쳐보다가 빠져들었습니다. 결국 이 책은 나를 위한 선물이라고 생각하고 읽기 시작한 것이죠.

이 책에 대해서는 영화 〈기생충〉만큼이나 찬사가 널려 있으므로 더 덧붙이지는 않겠습니다. 그러나 제가 이 책에 처음 빠져든 계기는 사람들이 입을 모아 감탄하는 책의 내용과는 상관없는, 환상적인 사진들이었습니다. 1980년대 경상북도 울진이라는 곳은 완벽한 밤하늘을 선사하는 곳이었습니다. 해가 지면 불빛도 없이 정말 새카만 밤하늘에 떠오르는 별들을 넋 놓고 보곤 했지요. 바로 그런 별들을 천체 망원경으로 찍은 사진들이니, 얼마나 신기했겠습니까?

사진에 빠져 읽기 시작한 책의 내용은 너무나도 흥미로웠지만, 초등학생이 읽기에는 정말 극악의 난이도라고 할 만했습니다. 상대성 이론을 설명하는 챕터까지 있으니, 말 다했죠. 저는 승부욕이 유달리 강한 꼬마여서 무슨 뜻인지도 모르고 그저 책에 지기 싫다는 마음으로 꾸역꾸역 읽어 내려갔고, 결국 마지막 페이지를 덮었습니다. 그 순간 일종의 화학작용이 일어났습니다.

'어? 내가 이 책을 다 읽은 거야? 내 손에 다 잡히기도 힘들 만큼 두꺼운 천문학책을?'

그 기분은 성취감이라는 표현으로는 설명할 수 없는 복잡한 감정이었습니다. 우쭐함이 곁들여진 그 쾌감은 실로 강력하여, 막대한 가치를 지불하더라도 또 느끼고 싶었습니다. 꼬마는《코스모스》를 다시 읽기 시작했습니다. 한 번의 독서로는 책 전체 내용의 10퍼센트도 이해하지 못했으니까요. 당연히 처음 읽었을 때보다는 훨씬 나았지만 역시 며칠이 꼬박 걸리는 고된 여정이 었습니다. 그리고 또 읽었습니다. 이번에는 모르는 부분은 틈틈 이 아빠에게 물어보았습니다. 천만다행으로 아빠는 이과 출신인 데다 2020년인 지금까지도 〈내셔널 지오그래픽〉 매거진을 구독 할 정도로 지적 호기심이 왕성한 분이셔서, 제 질문에 거의 대답 을 해주셨던 기억이 납니다. 어찌나 아빠가 위대해 보이던지요.

정확히 기억은 안 나지만 지금까지《코스모스》를 수십 번 정 독한 건 확실합니다. 아버지가 사온 책이 너덜너덜해졌거든요. 그리고 이 책을 처음 만난 지 20년 후인 2004년에 하드커버로 된 새 판본을 한 권 더 구입했습니다. 이 책 역시 자주 들춰 읽다 보니 낡아버렸어요.

지금도《코스모스》에 나오는 내용을 다 이해하지는 못합니다. 그럼에도 이 책은 제 인생 전체에 걸친 독서 경험에서 가장 중요 한 변곡점이 되는데, 그 이유는 책의 훌륭한 내용과는 별 상관이 없습니다. 이토록 어렵고 두꺼운 책에 끊임없이 도전했다는 사 실 자체가 다른 책에 대한 두려움을 없애줬기 때문입니다. 이 책 을 읽은 이후, 더 이상 잡기 두려운 책은 없었습니다. 학교 시험 에서 길고 어려운 지문이 나와도 전혀 쫄지 않았죠. 왜냐고요?

이 몸은 미국 NASA의 자문 위원이자 세계 최고의 천문학자가 쓴 거대한 저서를 수십 차례 독파한 몸이니까!

그 뒤로도 이런 식의 오만방자한 도전은 이어졌습니다. 니체나 키르케고르 같은 철학자의 저서에도 감히 손을 댔고, 파리 코뮌을 기록한 책도 읽었습니다. 사회주의에 대한 최소한의 이해도 없이 말이죠. 스티븐 호킹의 《시간의 역사》나 앨빈 토플러의 《제3의 물결》 같은 경우엔 이 책을 읽는다는 자부심 외에는 별로 기억에 남는 게 없는 수준이었고요. 대부분이 중학교 시절 독서 경험인데 너무 어려워서 그냥 페이지를 넘기는 수준의 독서를 했던 것이 사실입니다. 하지만 이건 분명합니다. 책 전체의 내용을 다 이해하지 못했다 하더라도, 날 선 빙벽 같은 페이지 곳곳에서 어떻게든 올라가보려고, 이 골 때리는 내용을 이해해보려고 몸부림친 경험이 쌓여갔다는 것이죠. 결국 다 정복하진 못해도 히말라야산맥의 8,000미터 준봉峻峯에 수없이 도전해본 경험과 같은 맥락이랄까요. 이런 경험이 북한산을 오를 때 도움이 될까요, 안 될까요?

이건 여담인데 저자인 칼 세이건과 관련해서 사람들이 간과하는 사실이 있습니다. 얼핏 그가 어릴 때부터 두각을 나타낸 천재 물리학도였을 거라고 생각하지만, 실제 칼 세이건은 문과 출신입니다. 시카고대학교에서 학부과정은 인문대를 졸업하고, 석사과정은 물리학으로, 박사과정은 천문학 및 천체물리학으로 마쳤습니다. 여기서 끝나지 않습니다. 천체물리학 박사인 그는 스탠퍼드대학교에서는 의과대학 유전학 교수로 몸담기도 합니다. 그 뒤 하버드대학교 천문학과 교수를 지내고 NASA의 자문 위원으로 활동하면서, 보이저 탐사선과 바이킹 호 등등의 거대한 프로젝트에 참여한 이력도 갖고 있습니다.

이 책 전반에 걸쳐 여러 번 얘기하겠지만, 인문학적 상상력을 겸비한 슈퍼파워 이과생이 바로 이런 경우일 겁니다. 그가 쓴 《코스모스》가 단순히 천체물리학 서적의 한계를 넘어, 전 세계 남녀노소 독자들을 매혹시킨 힘도 바로 그의 이력에 있다고 봅니다. 실제로《코스모스》를 읽다 보면 이것이 천문학책인지 역사책인지 혹은 소설인지 헷갈릴 때가 많습니다. 이 책에 대한 찬사는 접어두겠다고 해놓고서 어느새 또 이야기가 길어졌네요. 하하.

아들이 처음 《이기적 유전자》를 만났을 때

《코스모스》에 그야말로 환장했던 꼬마가 커서 결혼을 하고 아이를 낳고, 그 아이가 어느덧 중학생이 되었습니다. 저는 늘 아이가 '춤과 음악을 즐기는 사랑꾼'으로 자라나길 기대하고 은근슬쩍 그런 쪽으로 유도했습니다만, 이과생인 엄마의 유전자 힘이 강력했는지 아이는 수학과 과학을 너무나도 좋아하는 학생으로 크더라고요. 방에서 몇 시간 동안 안 나오길래 들어가 보면 배운 적도 없는 이상한 수학 문제에 매달려 끙끙대는 모습을 일상 다반사로 보곤 했지요.

이 정도 승부욕이면 충분하다 싶었습니다. 아이가 중학교 2학년 되던 해에 슬며시 건넸던 책이 리처드 도킨스의 《이기적 유전자》였습니다. 사실 《코스모스》를 먼저 건넸지만 그다지 열광하는 느낌이 없어서 그다음으로 건넨 책이었습니다.

"아 개망. 아빠는 늙어서 머리가 굳어버렸나 봐. 이거 예전에 아빠 젊었을 때 봤던 책인데 다시 보려니까 더 이해가 안 간다. 아빠는 포기."

왜 하필 《이기적 유전자》였느냐고요? 그 당시 아이가 그쪽에 관심이 엄청 많았거든요. 텔로미어Telomere를 제어해 인간의 수명을 비약적으로 늘린다거나, 유전자 가위를 이용해서 슈퍼휴먼을 만드는 식의 가설에 매혹되어 있는 아이에게 이 책이 딱이겠다 싶었죠. 마치 시골 밤하늘의 별을 보며 더 큰 세상으로 나가고 싶다고 매일 기도했던 아이에게 《코스모스》가 건네진 격이었다고 할까요?

당시에 수학 올림피아드 준비를 하느라 하루 종일 수학 문제를 풀던 아이는 600페이지가 넘는 책을 탐독하기 시작했습니다. 본인의 관심 분야였고, 게다가 약간의 경쟁심을 느끼고 있던 아빠라는 인간이 실패한 책이라고 하니까요! 제 경우는 뭐 실제로도 실패가 맞습니다. 번역자를 탓하고 싶지는 않지만, 문장도 영 덜컹거리고 그렇다고 원어로 읽기에는 엄두가 안 나는 책이었거든요.

역시 아이에게도 쉬운 도전은 아니었던 모양입니다. 하루 종일 책을 잡고는 잔뜩 인상을 구기고 있더군요. 수학은 잘했을지 몰라도, 웹툰이나 웹소설은 엄청나게 읽어댔을지 몰라도, 이토록 길고 어려운 종이책은 처음 맞닥뜨렸으니까요. 하루를 넘기고 다음 날에도 아이의 독서는 계속 이어졌습니다.

《이기적 유전자》를 완벽히 이해하는 독자들도 있을 겁니다. 저는 한때 이 책을 제대로 이해했다고 생각했던 적도 있었습니다만, 아주 오랜만의 두 번째 독서에는 실패했습니다. 절반이나 이해했을까요. 농담 삼아 아이에게 말한 것처럼, 제가 한창 때의 절반 수준으로 멍청해졌거나 아니면 겸손해졌거나 둘 중 하나겠죠. 다만 이 책이 《코스모스》와는 정반대로 방향 설정을 하고 있다는 사실은 확실하게 인식했습니다. 끝도 없는 우주로 뻗어나가는 《코스모스》와 반대로, 이 책은 생물의 일개 개체도 아닌 유전자 단위를 집요하게 파고들고 있으니까요. 그럼에도 이 책을 다 읽고 난 독자들은 대개 소감이 비슷할 겁니다. 내가 사는 세상, 인간이라는 종족, 그리고 나 자신에 대한 이해의 폭이 넓어졌다는 느낌. 이런 감흥이야말로 우리가 책으로 얻을 수 있는 최고의 가치죠.

마침내 책을 다 읽은 아이가 저에게 그러더군요.

"아빠. 결국 우리는 사이코패스가 아닌 척하는 사이코패스 유전자들의 꼭두각시라는 이야기네?"

이 녀석이 책을 어렴풋하게나마 이해했음을 깨닫고 확인 질문을 던졌습니다.

"그 사이코패스 유전자들의 최종 목적은?"

"자기 복제. 그러니까 불멸의 삶?"

"빙고."

"국가하고도 비슷한 거네? 이기적인 국민들이 모여 국가를 만들고 그 안에서 가정을 꾸리고 자식을 낳잖아."

아이가 제 생각보다 책을 더 깊이 이해한 모양입니다.

이 경험이 아이에게 성공적인 결과를 안겨주었는지 아닌지는 확인할 길이 없습니다. 실패한 건지도 모르겠습니다. 그 뒤로 아이는 더 바빠졌고, 이 일이 저와 달리 비슷한 형태의 독서 경험으로 이어지지도 않았습니다. 이후로 아이가 읽은 종이책을 다 합쳐도 10권이나 될까요? 다만 독서록 때문에라도 다른 책을 집어들면 이런 반응을 보이긴 하더군요.

"풉. 이거야 금방 읽지.《이기적 유전자》반도 안 되네."

그렇죠. 중학생에게 주어지는 독서 과제 중에 500페이지가 넘는 과학책보다 어려운 책은 거의 없으니까요.

아이가 스스로를 몰아세우지 않도록 하라

다시 한 번 말씀드립니다. 이런 식의 독서 실험은 어느 정도 승부욕이 있고 배경지식이 갖춰진 다음에 시도해야 한다는 것입니다. 어쨌든 앞의 에피소드에서 얻을 수 있는 결론은 크게 두 가지입니다. 첫째, 능력 밖의 독서 경험을 하고 나면 자신감과 오만함, 거기에 근성 등등 여러 가지를 얻게 된다는 것입니다. 둘째, 이때 선정해야 할 책은 아이의 관심사와 맞닿아 있을수록 좋다는 것입니다.

《이기적 유전자》 다음으로 아들에게 건네줄 책은 좀 더 신중히 골랐습니다. 마음 같아서는 여러 권을 선물해주고 싶었지만 역효과가 날 수도 있으니까요. 역사서 쪽으로 마음이 기울었다가 결국 집어든 책이 《미움 받을 용기》였습니다. 이 책은 지금까지 100만 부를 넘어 200만 부를 향해 달려가는 베스트셀러이자 스테디셀러이기에 많은 분들이 읽었을 겁니다. 일본의 철학자와 프리랜서 작가가 함께 쓴 책인데, 심리학의 3대 거장으로 꼽히는 정신의학자 알프레드 아들러의 사상을 어느 철학자와 청년의 대화 형식으로 풀어놓은 책입니다. 사실 《이기적 유전자》와 마찬가지로 책 제목에 모든 것이 들어 있습니다.

진정으로 행복해지기 위해서는 미움 받을 용기가 필요하다. 끝.

아들에게 이 책을 선물해준 이유는 아주 단순합니다. 그냥 다 괜찮다는 말을 해주고 싶었습니다.

아이는 부모에게 인정받고 싶어 합니다. 부모가 강압적이지 않더라도 본능적으로 그러합니다. 그래서 아이에게 말해주고 싶었습니다. 1등을 해도 10등을 해도 꼴등을 해도 아빠는 똑같이 너를 사랑할 거라고. 자주 하는 말이었지만 또 해주고 싶었습니다. 아이는 그저 부모에게 인정받고 싶은 정도가 아니라, 부모와 자신을 비교하는 경우도 적지 않습니다. 특히 아빠도 엄마도 고학력에 사회적인 성공을 거두었지만 아이는 그다지 성적이 좋지 않은 경우, 아이의 심리는 더욱 위축될 수 있습니다. 아이의 머릿속에 이런 말풍선을 달리는 거죠.

'아빠는 서울대 나왔는데 나는 왜 지방대 존망임?'

'울 엄마는 전문직인데 나는 계약직 확정잼.'

이 정도로 극단적인 경우가 아니더라도 아이는 커갈수록 부모와 자신을 비교하기 십상입니다. 그래서 이런 생각 때문에 아이가 아프지 않도록, 혹은 스스로를 몰아세우지 않도록 해주고 싶었습니다.

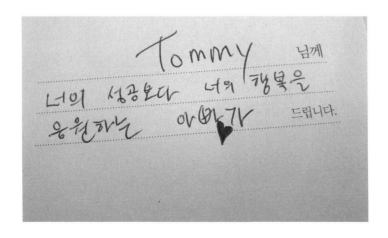

상위 1% 아이가 하고 있는 **서울대 아빠식 문해력 독서법**

이미 어른이 된 부모님들도 한번 생각해보세요. 돌아보면 그렇지 않나요? 부모님의 기대에 미치지 못해 죄송했고, 결국 인정받지 못한 것 같아 속상했고, 부모님이 원하는 삶을 살지 못하는 것 같아 찜찜했고, 심한 경우 성인이 되어서도 부모님의 강압으로부터 벗어나지 못한 경우가 있지 않나요? 부모님이 실제로 자녀들에게 압박을 주었든 그렇지 않든 간에 말이죠.

이런 엄중한 이유 때문에라도, 고된 과부하 독서 중에는 위로하는 느낌의 책이 반드시 들어가야 합니다. 다행히 이런 책은 참 많이 나와 있습니다. 저는 그중에서 이 책을 선택한 거고요.

이 책을 읽은 뒤로 아이의 마음이 편해지고 자유롭고 행복한 영혼을 얻었는지는 모르겠습니다. 아마 아닐 겁니다. 책 한 권으로 아이의 가치관이 바뀌는 일은 현실에서는 거의 없으니까요. 저 역시 좋은 책을 읽고 며칠 동안은 삶의 정수를 깨달은 느낌으로 살다가도, 결국 세속적인 삶의 굴레에 손발을 엮어버리곤 했거든요. 어쩌면 지금도 그렇고요.

그럼에도 부모라면 헛된 노력이라도 계속해야 한다고 생각합니다. 내가 너를 사랑하는 이유는 오직 네가 내 새끼이기 때문이라고. 건강하지 못해도, 공부를 잘하지 못해도, 사회 부적응자라도, 다들 너를 못생겼다고 놀려도, 키가 작거나 뚱뚱해도, 서울에 있는 대학에 진학하지 못한다 해도, 네가 결혼을 안 해도, 게이나 레즈비언 혹은 히키코모리라 할지라도 아빠는 너를 변함없이 사랑하고 응원해줄 거라는 믿음을 주세요. 부모 눈치 볼 것 없이 원

하는 삶을 선택할 수 있게요. 이 세상 모든 종류의 사랑에 조건이
달리는 지금, 적어도 부모자식만큼은 그렇지 않아야 하지 않을
까요?

문해력
독서법

다음은 2020학년도 수능 국어영역에서 흔히 'BIS 문제'라고 불리는 킬러 문항의 지문입니다. 혹여 이 지문을 술술 읽으며 문제까지 풀어낸 독자가 있다면, 아마도 그 독자는 국어영역 일타 강사이거나 금융 전문가일 겁니다. 그도 아니라면 평균을 훌쩍 뛰어넘는 천재적 문해력의 소유자일 겁니다.

········ **2020학년도 수능 국어영역 짝수형 37-42번 문항의 지문** ········

국제법에서 일반적으로 조약은 국가나 국제기구들이 그들 사이에 지켜야 할 구체적인 권리와 의무를 명시적으로 합의하여 창출하는 규범이며, 국제 관습법은 조약 체결과 관계없이 국제 사회 일반이 받아들여 지키고 있는 보편적인 규범이다. 반면에 경제 관련 국제기구에서 어떤 결정을 하였을 경우, 이 결정 사항 자체는 권고적 효력만 있을 뿐 법적 구속력은 없는 것이 일반적이다. 그런데 국제결제은행 산하의 바젤위원회가 결정한 BIS 비율 규제와 같은 것들이 비회원의 국가에서도 엄격히 준수되는 모습을 종종 보게 된다. 이처럼 일종의 규범적 성격이 나타나는 현실을 어떻게 이해할지에 대한 논의가 있다. 이는 위반에 대한 제재를 통해 국제법의 효력을 확보하는 데 주안점을 두는 일반적 경향을 되돌아보게 한다. 곧 신뢰가 형성하는 구속력에 주목하는 것이다.

BIS 비율은 은행의 재무 건전성을 유지하는 데 필요한 최소한의 자기자본 비율을 설정하여 궁극적으로 예금자와 금융 시스템을 보호하기 위해 바젤위원회에서 도입한 것이다. 바젤위원회에서는 BIS 비율이 적어도 규제 비율인 8%는 되어야한다는 기준을 제시하였다. 이에 대한 식은 다음과 같다.

$$\text{BIS 비율(\%)} = \frac{\text{자기자본}}{\text{위험가중자산}} \times 100 \geq 8(\%)$$

여기서 자기자본은 은행의 기본자본, 보완자본 및 단기후순위채무의 합으로, 위험가중자산은 보유 자산에 각 자산의 신용 위험에 대한 위험 가중치를 곱한 값들의 합으로 구하였다. 위험 가중치는 자산 유형별 신용 위험을 반영하는 것인데,

OECD 국가의 국채는 0%, 회사채는 100%가 획일적으로 부여되었다. 이후 금융 자산의 가격 변동에 따른 시장 위험도 반영해야 한다는 요구가 커지자, 바젤위원회는 위험가중자산을 신용 위험에 따른 부분과 시장 위험에 따른 부분의 합으로 새로 정의하여 BIS 비율을 산출하도록 하였다. 신용 위험의 경우와 달리 시장 위험의 측정 방식은 감독 기관의 승인하에 은행의 선택에 따라 사용할 수 있게 하여 '바젤 I' 협약이 1996년에 완성되었다.

금융 혁신의 진전으로 '바젤 I' 협약의 한계가 드러나자 2004년에 '바젤 II' 협약이 도입되었다. 여기에서 BIS 비율의 위험가중자산은 신용 위험에 대한 위험 가중치에 자산의 유형과 신용도를 모두 ⓐ고려하도록 수정되었다. 신용 위험의 측정 방식은 표준 모형이나 내부 모형 가운데 하나를 은행이 이용할 수 있게 되었다. 표준 모형에서는 OECD 국가의 국채는 0%에서 150%까지, 회사채는 20%에서 150%까지 위험 가중치를 구분하여 신용도가 높을수록 낮게 부과한다. 예를 들어 실제 보유한 회사채가 100억 원인데 신용 위험 가중치가 20%라면 위험가중자산에서 그 회사채는 20억 원으로 계산된다. 내부 모형은 은행이 선택한 위험 측정 방식을 감독 기관의 승인하에 그 은행이 사용할 수 있도록 하는 것이다. 또한 감독 기관은 필요시 위험가중자산에 대한 자기자본의 최저 비율이 ⓑ규제 비율을 초과하도록 자국 은행에 요구할 수 있게 함으로써 자기자본의 경직된 기준을 보완하고자 했다.

최근에는 '바젤 III' 협약이 발표되면서 자기자본에서 단기후순위채무가 제외되었다. 또한 위험가중자산에 대한 기본자본의 비율이 최소 6%가 되게 보완하여 자기자본의 손실 복원력을 강화하였다. 이처럼 새롭게 발표되는 바젤 협약은 이전 협약에 들어 있는 관련 기준을 개정하는 효과가 있다.

바젤 협약은 우리나라를 비롯한 수많은 국가에서 채택하여 제도화하고 있다. 현재 바젤위원회에는 28개국의 금융 당국들이 회원으로 가입되어 있으며, 우리 금융 당국은 2009년에 가입하였다. 하지만 우리나라는 가입하기 훨씬 전부터 BIS 비율을 도입하여 시행하였으며, 현행 법제에도 이것이 반영되어 있다. 바젤 기준을 따름으로써 은행이 믿을 만하다는 징표를 국제 금융 시장에 보여 주어야 했던 것이다. 재무 건전성을 의심받는 은행은 국제 금융 시장에 자리를 잡지 못하거나, 심하면 아예 ⓒ발을 들이지 못할 수도 있다.

바젤위원회에서는 은행 감독 기준을 협의하여 제정한다. 그 헌장에서는 회원들에게 바젤 기준을 자국에 도입할 의무를 부과한다. 하지만 바젤위원회가 초국가적 감독 권한이 없으며 그의 결정도 ⓓ법적 구속력이 없다는 것 또한 밝히고 있다. 바젤 기준은 100개가 넘는 국가가 채택하여 따른다. 이는 국제기구의 결정에 형식적으로 구속을 받지 않는 국가에서까지 자발적으로 받아들여 시행하고 있다는 것인데, 이런 현실을

⊙말랑말랑한 법(soft law)의 모습이라 설명하기도 한다. 이때 조약이나 국제 관습법은 그에 대비하여 딱딱한 법(hard law)이라 부르게 된다. 바젤 기준도 장래에 ⓔ딱딱하게 응고될지 모른다.

2019학년도 수능 국어영역의 킬러 문항(31번) 역시 신문 사회면에 나올 정도로 어려운 문제였습니다. 국어영역이라기보다는 물리 문제에 가깝다는 볼멘소리가 가득했지요. 국어영역은 해마다 1등급 커트라인 점수가 90점을 넘습니다. 하지만 2019학년도 불수능 국어영역 1등급컷은 84점이었습니다. 이 말은 문제가 초고난도로 출제되었다는 의미이며, 결국 국어영역이 수능의 승패를 좌우했다는 뜻이지요.*

결국은 문해력이 좌우한다

그렇다면 이런 킬러 문항을 해결하기 위해서 우리는 어떻게

---

* 문제 풀이를 원하는 독자는 아래 사이트를 참조하기 바랍니다.
2019학년도: https://ssl.pstatic.net/static.news/image/news/2018/2019 scholastic_test/ question/1_o.pdf
2020학년도: https://ssl.pstatic.net/static.news/image/news/2019/2020_scholastic_test/ question/1_o.pdf

대비해야 할까요?

금융에 관한 전문 서적을 탐독하고, 만유인력에 관한 천체물리학 도서를 정독해야 할까요? 만약 그런 식으로 수능 국어영역에 대비해야 한다면, 중고교 시기 내내 골방에 틀어박혀 독서만 해도 시간이 부족할 겁니다. 금융, 만유인력 정도로 미세하게 카테고리를 분류해 대비해야 한다면, 적어도 수만 권의 책을 독파해야 할 테니까요.

운 좋게 내가 전문적으로 공부한 영역의 지문이 나온다면, 스키마를 바탕으로 훨씬 쉽게 독해해낼 수 있겠지요. 그러나 이건 너무 무식한 방법입니다. BIS 문제나 만유인력 문제에 관한 일타 강사의 상세한 해설을 듣는 것 역시, 아무런 소용이 없습니다. 내년엔 어떤 영역에서 킬러 문항이 나올지 모르기 때문입니다.

만약 당신이 악기 연주자라고 가정해봅시다. 어떤 가수가 어떤 곡을 들고 와서 연주해달라고 할지 전혀 모릅니다. 그런 상황에서 닥치는 대로 악보를 수집해서 수백 수천 곡의 악보를 외워 연주를 하는 게 과연 의미 있을까요? 그것보다는 청음 능력을 키우고, 악보 읽는 방법을 터득하고, 연주의 기본기를 닦는 것이 훨씬 효율적일 겁니다. 특정 곡을 연주해달라는 요청이 들어왔을 때 바로 악보를 찾아, 읽고, 연주를 시작할 수 있기 때문입니다.

자, 수능 국어영역 문제로 다시 돌아와 볼까요. 청음 능력, 악보를 읽는 능력, 기본적인 연주 실력이 바로 문해력입니다. 문해력을 길러두면 '자기자본비율' 같은 어려운 경제 용어가 튀어나오든, 만유인력과 관계된 천체물리학 지문이 태클을 걸든, 가뿐히 뛰어넘을 수 있습니다.

미국의 철학자로 올바른 독서법을 제시한 모티머 J. 애들러 Mortimer J. Adler는 독서의 목적을 '정보 획득'과 '이해'로 구분합니다. 애들러의 기준으로 말하자면, 정보 획득보다는 이해에 초점을 맞춘 독서야말로 우리 수험생들에게 필요한 읽기 방법입니다. 정보 획득용 읽기에는 명확한 한계가 있지만, 이해를 위한 독서는 무한 확장이 가능하기 때문이죠.

문해력文解力이란 '글을 풀어내는 힘'을 뜻합니다. 그런데 이런 사전적 정의 말고, 문해력이란 대체 무엇을 의미할까요?

'문해력이 높다, 낮다'고 할 때의 문해력은 '글을 읽고 쓸 줄 모른다'는 뜻의 문맹과는 다른 개념입니다. 문해력은 단순히 글을 읽고 쓰는 것을 넘어, '읽기, 듣기, 말하기'를 아우르는 모든 언어 능력을 동원해 글이나 말에서 겉으로 드러나지 않는 문맥을 파악하고 응용하는 힘을 말합니다.

대한민국의 문맹률은 1퍼센트에 수렴할 정도로 낮습니다. 하지만 문해력, 즉 실질 문맹률은 부끄럽게도 OECD 국가 가운데 꼴찌에 가깝습니다. 읽을 줄 알고 쓸 줄도 알지만, 공공생활 및 경제생활에서 어려움을 겪는 성인이 무려 20퍼센트가 넘습니다. 문해력이 떨어지면 복약 지도서, 전자제품 사용 설명서, 보험 약관을 읽어도 그 내용을 머릿속에서 명징하게 파악할 수 없지요. 그러니 약을 제대로 복용하거나, 전자제품을 사용하거나, 보험

계약을 체결하는 일에서 어려움을 겪을 수 있습니다.

결국 우리의 삶에서는 읽고 쓸 줄 아는 것보다 문해력이 훨씬 중요합니다. 아이들도 마찬가지예요. 수능 국어영역에 나온 지문을 그저 '읽지 못하는' 고등학생은 대한민국에 많지 않을 겁니다. 하지만 국어영역 점수 편차가 이토록 극심한 이유는 바로 문해력 차이 때문입니다. 1956년 이래 유네스코는 문해력을 '최소 문해력'과 '기능적 문해력'으로 구분하고 있습니다. 한국전쟁 직후 70퍼센트에 육박하던 문맹률이 1퍼센트대로 낮아진 건 고무적인 일이지만, 기능적 문해력은 도외시하고 최소 문해력에만 집중한 결과 오늘날 대한민국은 '문해력 딜레마'에 빠지게 되었습니다.

문해력을 높이려면 능동적 독서가 필수

문해력의 기본은 결국, 독서에 달려 있습니다.

그렇다고 독서를 그저 우직하게 많이 하면, 자연스럽게 문해력이 올라갈까요? 단순히 책을 많이 읽는다고 문해력이 올라가지는 않습니다. 세계적 언어인지학자 메리언 울프Maryanne Wolf에 따르면, 문해력은 사피엔스가 이룩한 성취 가운데 가장 많은 노력을 요하는 '후천적 능력'입니다. 아무런 노력 없이 주어지는 선물이 아니라, 불굴의 의지와 피나는 노력으로만 획득할 수 있

상위 1% 아이가 하고 있는 **서울대 아빠식 문해력 독서법**

는 능력이지요. 문해력을 올리려면 능동적 읽기, 비판적 읽기가 중요합니다.

능동적, 비판적 독서를 논하기에 앞서 잠시 사교육 얘기를 해보죠. 요즘 세상에 사교육을 시키지 않는 학부모를 만나기란 여간 어려운 일이 아닙니다. 토요일 밤 거실에서 치킨을 뜯으며 〈아는 형님〉을 보다가, 천연기념물 제198호 따오기를 만나 그 부리에 쪼일 확률보다 더 낮습니다. 우리네 장삼이사들은 모두 사교육의 노예란 말입니다. 그런데 제 경험에 비춰보면, 그 어떤 학부모도 사교육에 만족스러워하지 않았습니다. 목동, 대치동 학원가에서 그야말로 대한민국 상위 1퍼센트 사교육을 소비하고 있는 학부모들조차 불만이 많더군요. 이상한 일이지요? 다들 불만인데 다들 시키고 있으니.

도대체 왜 이런 부조리가 일어나는 걸까요?

사교육도 결국 일종의 수업이기 때문입니다. 수동적인 자세로 강의를 받기만 해서는 결코 만족스런 결과를 얻어내기 힘듭니다. 강의를 들을 때 우리의 뇌는 TV를 시청할 때와 마찬가지로 부교감 신경이 활성화됩니다. TV를 바보상자로 부르는 이유가 바로 여기에 있습니다. 교감 신경이 비활성화되면서 우리는 편안한 심리 상태를 경험하게 됩니다. TV를 켜놓아야 잠이 온다는 분들 주변에 많으시죠? 바로 이런 작동 원리에 길들여져서 그런 겁니다.

학창 시절 수업 시간에 아무리 집중해서 들으려 해도 눈꺼풀이 내려앉고 잠이 쏟아지던 경험, 다들 있으실 겁니다. 그저 열심히 수동적으로 수업을 듣는다면, 일타 강사 아니라 일타 강사 할 아버지가 와도 유의미한 결과를 얻어낼 수 없습니다. 자기주도 학습 능력과 의지가 있어야 합니다. 저는 아이에게 수업 시간에도 '불량 학생'이 되라고 종종 말해줍니다.

사교육도 능동적 독서를 대신할 순 없다

수업 시간에 졸거나, 떠들거나, 장난치라는 게 아닙니다. 멍하니 선생님 강의 내용을 듣고 있지만 말고, 모르는 단어가 나오면 사전을 찾아보고 이해가 안 가는 개념은 교과서를 뒤적거리며 이해하려고 노력하라는 말입니다. 강의 내용이 명징하게 머릿속에서 이해되지 않는다면, 이미 배운 앞 단원을 들춰보면서 왜 이해가 안 가는지, 원인을 찾아야 합니다. 이것이 이른바 자기주도 학습 태도입니다.

자기주도 학습이 체화되지 않은 학생에게 훌륭한 강의를 만날 들려줘 봐야, 무슨 소용이 있겠습니까. 도태되는 건 시간문제입니다. 자기주도 학습 하면, 저는 고교 시절 국어 수업 시간이 떠오릅니다. 국어 교과서 내용 중 '캐터필러'라는 개념을 선생님께서 설명해주셨습니다. 그 순간 문득 캐터필러의 원어 스펠링이 궁금해진 저는 영어 사전에서 'caterpillar'라는 단어를 찾아봤습니다. 국어 선생님께서는 저를 '국어 시간에 영어 공부하는 아이'라고 착각하시고 꾸지람을 하셨습니다. 그러나 "선생님! 방금 설명해주신 캐터필러의 영어 스펠링이 궁금해서 찾아봤습니다"라고 말씀 드리자, 선생님은 바로 오해를 풀고 빙긋 웃어주셨습니다.

불량 학생이 되라는 말은 요컨대, '수업 시간에 능동적 자세로 강의를 들어라!'라는 주문입니다. 이 점은 독서에도 그대로 적용됩니다. 독서의 방법에는 음독, 묵독, 정독, 통독, 완독, 발췌독, 지독, 속독이 있습니다. 이는 전통적 독서 분류 방법입니다. 각 독서법에는 나름의 장단점이 있습니다. 우리는 이런 전통적 독서 패러다임을 뛰어넘어, 새로운 독서법에 집중해야 합니다.

음독을 하든 묵독을 하든 혹은 지독을 하든 속독을 하든, 하여간에 핵심은 '능동적' 읽기 자세입니다. 그렇다면 능동적 독서를 구체적으로 어떻게 수행해야 할까요? 눈에 불을 켜고 큰 소리로 읽으면 능동적인 독서일까요? 형광펜으로 밑줄을 그어가며 책장을 알록달록하게 만들면 그게 과연 능동적 독서일까요? 아닙니다. 따로 방법이 있습니다. 그 비법을 차근차근 설명해드리죠.

읽고, 필사하고, 요약하라!

스쿼트라는 좋은 운동이 있습니다. '닥치고 스쿼트'란 표현이 있을 정도로, 스쿼트 하나면 헬운동 부럽지 않고 건강해진다고 들 하지요. 맨몸으로 스쿼트를 하면 제일 좋지만, 올바른 자세가 잘 나오지 않습니다. 그래서 많은 사람들이 의자 모양의 스쿼트 머신을 구입해서 그것을 이용해 스쿼트를 합니다. 맨몸 스쿼트 만큼 효과가 있지는 않지만 초심자에겐 아주 유용한 도구지요. 마찬가지로 이상적인 방법은 아니지만, 능동적 독서를 위해 필요한 스쿼트 머신이 하나 있습니다. 바로 '요약하기'입니다.

물론 요약을 잘한다고 해서 무조건 능동적 독서에 성공했다고 평가할 수는 없습니다. 하지만 요약을 잘한다면 적어도 능동적 독서의 8할은 이룬 겁니다. 요약하기 훈련을 하면 문해력이 늘어날 수밖에 없습니다.

지금부터는 제 생생한 경험담입니다. 저는 중학교 1학년 아이에게 1년 동안 요약하기를 시켰습니다. 처음에는 귀찮아서 간신히 서너 줄을 쓰던 아이가 이제는 공책 한 장을 가득 채웁니다. '나 이런 거 너무 하기 싫어요!'라고 외치듯 삐뚤빼뚤 도저히 판독 불가였던 초반의 요약문이 이제는 제법 단정하고 내용도 튼실해졌습니다.

하지만 단순히 글씨를 예쁘게 쓰고 길게 쓴다고 해서 요약 실력이 늘었다고 판단할 수는 없습니다. 가장 중요한 것은 요약의 내용이 좋아졌다는 것입니다. 양적 성장에서 질적 성장으로 전환된 것이죠. 아이와 요약하기 수업을 하던 초반에, 요약 내용이 몇 줄 안 되는 것도 못마땅했지만 결정적인 문제는 따로 있었습

상위 1% 아이가 하고 있는 서울대 아빠식 문해력 독서법

... 부터 그 내용이 반드시 노현 그구 ...
자신이 가지고 있는 ... 해개가 정앉여지거나 자기와
모순을 일으키지 않는 결과를 받아들이는 성향
이른바 '믿음 편향'이 있다는 점이 발견되었다.
사람들이 있던 결과의 말을 안양을 평가하고 만족
논리적 규칙을 적용하지 않고 그대로 결과를 받아들
버렸었다. 그리고 믿음을 안 하지 못하면 그제야
규칙을 적용하여 상반 논증을 점검한다고 보았다.
같은 맥락에서 플라든의 연구 결과와 ...
전제들이 논리적으로 더 복잡하여 ... 해서 ...
믿음 편향 효과가 증가되지는 않는다는
밝혀졌다.

인지 오류에 대한 연구를 통해 어느부 인지
은 여러 실용적 목적에 유용적인 ...
안다면 사람들이 합리성이나 논리적 정앉성
버리는 사고를 하는 것이야말로 인간의
이라고 주장한다 이러한 생각은 전통적
인간의 논리적 사고 중심의 인지 체계를
않을 가능성을 암시한다.

요약

상반 논증은 두 개의 전제에서 하나의
도출하는 연역 논증이다. 사람들은
이용한 추론 과정 중 오류를 범한다
이 오류의 원인을 '분위기 효과',
'활용된 환위', '믿음 편향' 등을
... 연구 통해 이...

니다. 능동적 독서가 제대로 이루어지지 않았다는 점입니다. 그 증거는 종종 저를 기함하게 만든 '물리적인 요약'입니다. 7~8페 이지 분량의 글을 요약한다 치면, 서론에서 한 줄, 본론에서 두

줄, 결론에서 한 줄을 가져옵니다. 게다가 본문 문장을 그대로 가지고 오는 경우가 태반이었지요. 머릿속에 들어가 자신의 것으로 소화가 되었다면, 나만의 문장으로 표현했을 겁니다.

물리적 요약 vs. 화학적 요약

하지만 1년이 훌쩍 지난 지금, 아이는 '화학적 요약'을 합니다. 본문을 뜯고, 씹고, 맛보고, 완전히 자신의 것으로 소화합니다. 요약문의 문장은 모두 자신의 표현입니다. 대체로 지문의 표현보다 다소 수준이 낮습니다. 하지만 어디까지나 자신만의 문장이기 때문에 괜찮습니다. 게다가 본래 지문의 순서를 무시하고, 가장 중요하다고 생각하는 결론의 내용을 도입으로 가져오기도 합니다. 순서 편집도 자유자재로 가능해진 겁니다. 때로는 본문에 없는 표현이나 에피소드가 등장하기도 하죠. 짐짓 어찌된 일이냐 물어보면, 다른 책에서 읽은 내용 가운데 요약문에 어울려 추가했다고 말합니다. 기특해서 웃음이 미어져 나옵니다. 그게 애비의 웃음인지 선생의 웃음인지는 모르지만요.

물리적 요약이 화학적 요약으로 변모하는 데에는 봄, 여름, 가을, 겨울, 1년의 시간이 오롯이 필요했습니다. 그러나 이렇게 극적으로 변화한 이유를 복기해보자면, 선생으로서 제 노력은 채 1할도 안 될 겁니다. 그저 규칙적이고 꾸준한 읽기, 쓰기가 스스로

빛을 발한 것이죠.

때는 요약문 쓰기 수업을 진행한 지 석 달 남짓 지났을 무렵이었습니다. 갑자기 아이가 저에게 오더니 이렇게 외쳤습니다. "아빠! 아무래도 내 독서 능력이 향상된 것 같아." 고백건대, 슬로우 비디오를 보는 기분이었습니다. "향상된 것 같아! 같아! 같아!" 싫다고 툴툴대는 아이를 붙들고 고생했던 100일의 시간이 주마등처럼 지나가더군요. '웬 오버냐'고 힐난하는 분들은 본인 아이에게 공부를 가르쳐본 적이 없는 분들일 겁니다. 중이 제 머리 못 깎는다고 자기 자식 가르치는 일은 정말 어렵습니다. 인내와 인내와 인내와 인내와 인내가, 필요합니다.

아이의 논거는 확실했습니다. 토론 수업을 할 때 누구보다 빨리 주제를 찾고, 토론하는 과정에서도 월등한 실력을 보여 선생님의 칭찬을 받았다는 겁니다. 그러면서 덧붙이길 "아무래도 글을 읽고 쓰는 힘이 강해진 것 같아"라고 말하더군요. 읽고 쓰는 근육이 늘어난 것이고, 곧 문해력이 향상된 겁니다. 어때요? 솔깃하시죠? 그렇다면 구체적으로 어떤 글을 읽게 하고 요약하게 했는지 궁금하실 겁니다.

다양할수록 좋은 독서의 스펙트럼

독서의 스펙트럼은 다양할수록 좋습니다. 은희경의 단편소설

〈대용품〉, 허먼 멜빌의 중편소설 〈빌리 버드〉, 김소진의 〈자전거 도둑〉 등 소설은 물론이요, 〈독서평설〉〈유레카〉 등 월간 잡지에 나온 4~5페이지 분량의 짧은 지문까지 다양한 분야의 글을 아이에게 읽혔습니다. 문학, 생물학, 역사학, 논리학, 철학, 경제학, 사회학, 천문학, 환경, 노동, 인권, 음악, 미술, 스포츠 등 지문의 영역을 골고루 섞어 균형감을 맞추는 데 노력을 많이 기울였습니다. 무엇보다 본인이 읽기 싫다는 지문은 굳이 강요하지 않고, 흥미를 보이는 지문 위주로 요약을 하게 했습니다. 아이가 흥미로워하는 글만 읽혀도 충분합니다. 다시 한 번 강조합니다. '재미없어'라고 하면 절대 읽히지 마세요!

수능 국어영역은 화법, 작문, 문법영역 그리고 문학영역, 비문학영역 이렇게 크게 세 분야로 나뉩니다. 8시 40분에 시작하는 국어영역에서 '시계가 9시를 가리키기 전에 화법, 작문, 문법을 다 풀어야 국어영역에서 승부를 낼 수 있다'는 말이 있을 정도로 이른바 '화.작.문'은 국어영역의 변두리입니다. 문학 역시 EBS 교재 연계율이 높고 비교적 지문이 짧기 때문에, 이 또한 국어영역의 고갱이는 아닙니다. 게다가 문학 분야는 정성을 쏟으면 쏟은 만큼 실력이 향상되죠. 다양한 운문, 산문을 최대한 많이 접하고 감상을 축적하면, 차곡차곡 쌓은 만큼 정답에 한 걸음 다가설 수 있습니다.

하지만 여기 성실성만으로 제압할 수 없는 국어영역의 '깔딱고개'가 있으니, 바로 비문학 지문들입니다. 실제 정답률 10퍼센트 내외의 킬러 문항은 예외 없이 비문학영역에서 출제되었습니다. 수능에서 다루는 소설이나 시는 사실 한정되어 있습니다. 30년 전 제가 학창 시절에 배우던 황순원의 〈학〉, 전영택의 〈화수분〉, 현진건의 〈운수 좋은 날〉, 김유정의 〈봄봄〉이 여전히 주요한 텍스트더군요. 그러니 나올 만한 문제는 이미 다 나왔고, 수험생들은 철저히 대비할 수 있습니다. 하지만 비문학영역 지문의 범주는 가늠할 수 없습니다. 광대무변의 우주와 같습니다. 스키마를 활용한 독서법만으로는 돌파가 불가능합니다. 그 넓은 영역의 지문들을 모두 커버하기란 사실상 불가능하기 때문이죠.

스키마라는 개념은 《순수 이성 비판》에서 이마누엘 칸트가 처음으로 꺼내들었습니다. 현실 세계의 경험과 분리된 선험적 형식을, 그는 '스키마schema'라고 명명했지요. 교육적 관점에서의 스키마는 장 피아제가 도입했습니다. 장 피아제는 "아동이 지식을 획득하는 과정은 외부에서 주어진 지식을 수동적으로 받아들이는 것이 아니라, 자신이 형성하고 있는 기존의 인지 구조를 바탕으로 외부의 자극을 능동적으로 변형하고 재구성하는 과정"이라고 설명합니다. 비문학 지문은 협의의 스키마가 아니라, 진정한 의미의 스키마를 활용해야 하는 영역입니다.

하근찬의 〈수난 이대〉를 읽어본 경험이 있고 주제를 파악해본 기억이 있다면, 〈수난 이대〉가 지문으로 나왔을 때 훨씬 유리할 겁니다. 이건 낮은 차원의 스키마 덕분이지요. 하지만 비문학 영역에서 자기자본비율 관련 지문이 나왔을 때 대처할 수 있는 힘은, 결국 단단한 문해력밖에 없습니다. 이것이 높은 차원의 스키마입니다.

논술보다 요약이 먼저다

95학번인 저는 수능 두 번째 세대였습니다. 바로 위 94학번들이 처음으로 수능을 접했던 당황스러움에 비견할 바는 아니지만, 우리 세대 역시 새로운 입시에 적응하느라 진땀 꽤나 뺐습니다. 사지선다 학력고사에서, 오지선다로 진화한 수능이 수험생을 괴롭혔지요. 하지만 그보다 훨씬 무시무시한 시험이 대학 정문 앞에 버티고 서서, 처용의 험상궂은 얼굴로 우리를 노려봤습니다. 대학별 본고사, 논술 및 요약이 바로 그것이었지요.

수능과 본고사는 험난하긴 해도 보이는 길이었지만, 논술과 요약은 그야말로 '가보지 않은 길'이었습니다. 논제를 던져놓고 나름의 근거를 갖춰 글을 구성하는 작업이 논술이라면, 요약은 지문을 읽고 핵심을 간추리는 과정입니다.

제 경험에 비춰 판단컨대, 요약이 논술보다 선행하는 글쓰기입니다. 제목을 정하고, 주어진 글자 수에 정확히 맞춰 제시문을 요약하려면 무엇보다 완벽한 독해가 선행되어야 합니다. 글의 핵심을 제대로 찾아내고 나면, 나만의 문장으로 바꾸어 써 내려가는 것이 다음 단계입니다.

요약을 위해 제시문을 받으면 아이들은 어찌할 바를 몰라 당황합니다. 그럴 때 섣불리 요약의 예시를 보여주는 건 아무런 도움이 되지 않습니다. 여기서도 역시 자기주도 학습이 필요합니다. 문제에 답을 할 수 없는 경우에, 바로 해답을 보여주는 것은 하수의 방법입니다.

어느 과목이든 개념 파악을 완벽하게 했는지 알아보려면, 마치 선생님이라도 된 듯 설명을 해보라고 하면 됩니다. 마찬가지로 요약이 안 되면 차근차근 스텝을 밟아가야 합니다. "이 글은 뭐에 관한 글일까?" 제재를 묻는 겁니다. "그래서 글쓴이가 결국 하고 싶은 말을 한 문장으로 만들면 뭐야?" 제시문의 주제를 파악했는지 묻는 겁니다. "이 글의 제목으로는 뭐가 적당할까?" "제시문에서 흥미로웠던 문장은 어떤 게 있을까?" 이렇게 다양한 질문에 답을 하다 보면, 안개 속에 쌓여 있던 요약의 길이 차츰 모습을 보입니다. 질문에 대한 답을 공책에 적어가며 정리하다 보면, 어느새 요약문이 완성되는 거죠. 신기하게도 말입니다.

요약으로 지문의 구조를 파악하라

유독 미드나 할리우드 영화의 수사물에 자주 등장하는 장면이 하나 있습니다. 우리의 멋진 주인공이 임무를 맡게 되면, 우선 사무실에 투명 보드판을 설치합니다. 사진이며, 통계 자료, 포스트잇 등을 덕지덕지 붙이고는, 결정적 장면에서 보드 마커를 휘두르며 사건 해결의 실마리를 찾아냅니다. 예전에는 이런 장면이 등장할 때마다 "저거 너무 오버 아냐!"라고 중얼거렸습니다. 하지만 요즘은 달리 생각하게 됩니다.

난해한 문제를 맞닥뜨려 어찌할 바를 모를 때는, 문제를 나만의 언어로 재정립하는 과정이 꽤나 유용합니다. 동어반복에 가까워 별무소용이라고 느껴져도 가만히 머릿속으로만 정리하는 것보다 효과적입니다. 요약에서도 마찬가지 원리가 적용됩니다. 내용 전개가 어려우면 억지로라도 마음속의 보드판에 제시문의 내용은 무엇인지, 주제는 무엇인지, 인상적인 문장은 무엇인지, 뭐라도 적어 내려가는 거죠. 그러다 보면 얼개가 잡히고 희미하게나마 길이 보일 겁니다.

요약은 중요한 정보와 중요하지 않은 정보를 구분하는 힘을 길러줍니다. 제한된 시간 안에 긴 지문을 읽어야 하는 수능 국어 영역에서 옥석을 구분하는 능력은 필수적입니다. 요약을 하다 보면 나도 모르게 지문의 구조를 파악하게 됩니다. 구조를 파악하고 나면 출구가 어딘지 쉽게 알 수 있고, 어디로 가야 최단경로를 만들어낼 수 있는지 본능적으로 체득하게 됩니다. 수능 국어 영역에서 가장 많이 등장하는 유형의 문제가 바로 추론적 사고를 평가하는 문제입니다. 그 길에 요약이란 등불을 반드시 지참하세요.

잊지 말아야 할 필사의 힘

요약이 능동적 독서의 유일한 방법은 아닙니다. 또 한 가지 독서 근육을 단련하는 방법이 있습니다. 바로 필사입니다. 아이가 요약하기에 재미를 붙이기 시작하면서, 저는 요약 지문을 하나 줄이고 대신 필사를 추가했습니다. 지문은 수능 국어영역 기출문제 가운데 비문학영역을 위주로 채택했습니다.

요약 분량으로 치면 한 페이지에 불과하지만, 단편소설을 읽고 요약하는 숙제와 동일한 시간을 줍니다. 사실 아무 생각 없이 물리적으로 공책에 옮긴다면 10분이면 충분한 과제이지만, 내용을 제대로 이해하라는 취지로 넉넉한 시간을 배정했습니다. 지금 당장 중학생이 파악하기에는 어려운 지문임에 틀림없지만, 반복해서 정독하면 그 뜻을 제대로 파악할 수 있습니다. 내 팔에 함함한 무게를 천 번, 만 번 들어 올려 봐야 근육은 생기지 않습니다. 때로는 부하가 걸리는 무게를 들어봐야 이두박근이 단단해집니다.

속독법
트레이닝 I

학교 국어 시험이나 수능 국어영역 시간의 최고 난관은 바로 '시간이 모자란다'는 것입니다. 지문이 길고 어렵기 때문이지요. 그래서 다들 초능력을 꿈꿉니다.

"아! 나에게 지문을 두 배로 빨리 읽을 수 있는 능력이 있다면!"

하늘을 나는 능력은 아무리 연습해도 얻을 수 없지만 글을 빨리 읽는 능력은 연습하면 얻을 수 있습니다. 그러므로 초능력이 아니죠. 다만 방법을 모르거나 끈기가 없을 뿐!

독서광인 아이들은 대부분 자연스럽게 자기만의 속독법을 익힙니다. 그러나 글 읽기를 싫어하는 아이들이 글을 빨리 읽을 리 없습니다. 그러므로 따로 연습을 해야 합니다. 다행히도 느리게 읽는 아이가 속독법을 익히는 쪽이, 책을 싫어하는 아이를 책을 좋아하게 만드는 것보다는 훨씬 더 쉽습니다! 그러므로 아무리 해도 아이가 독서의 즐거움을 깨칠 것 같지 않다 싶은 학부모님들은 궁여지책으로 속독법을 고민해봐도 좋습니다.

먼저 속독법에 관한 몇 가지 의혹들을 해소하고 가볼까요.

속독법을 익히면 글을 대충 읽게 된다?

아닙니다. 반대예요. 책을 빨리 읽는 훈련은 책을 정확하게 읽는 데 도움이 됩니다. 진정한 의미에서의 속독법은 기계적으로 눈을 빨리 움직이는 능력이 아니라, '글 전체에서 중요한 내용을 빨리 골라내는 능력'입니다. 그러므로 오히려 시험을 볼 때는 훨씬 더 유리하죠. 한 문장 한 문장 꼼꼼하게 읽다가 시간은 다 가고 결국 당황해서 몇 번을 찍을지 우물쭈물하다 시험을 망칠 확률을 낮춰주니까요.

그리고 속독법에 능숙해지면 정독하는 속도의 두 배가 아니라 세 배, 네 배, 어떤 아이들은 열 배로 빨리 읽을 수 있습니다. 일단 지문을 한 번 훑어서 전체 내용을 머리에 넣고, 그다음에 문제를 풀면서 문제와 관련이 있는 내용을 다시 짚어보는 식이죠. 한 번 정독하는 방식보다 훨씬 더 빠르고 정확하게 답을 맞힐 수 있습니다.

속독법은 한 가지다?

아닙니다. 197가지입니다. 농담이고요. 속독법에 정해진 룰은 없습니다. 검색창에 한번 '속독법'이라고 쳐보세요. 저마다의 속독법을 설명하는 책이 100권도 넘게 나올 겁니다. 저도 책을 빨리 읽는 편이기는 합니다만, 책을 빨리 읽는 법을 알려주는 책까지 읽는 것은 아닙니다. 그래서 콕 집어 특정 속독법 책을 추천하기는 어렵지만, 결론적으로 정해진 속독법이 없다는 것만은 말씀 드릴 수 있습니다.

속독법은 매일 꾸준히 연습해야 한다?

아닙니다. 반대예요. 아이에게 매일 속독법 연습을 시킨다면 짜증을 내며 책을 멀리하게 될지도 모릅니다. 속독법은 일주일에 두세 번, 정 시간이 없다면 일주일에 한 번 정도만 해도 충분합니다. 다른 책에서는 어떻게 얘기할지 몰라도, 이제부터 제가 권하는 방법에 따른다면 그 정도만 연습해도 분명 효과를 볼 수 있습니다.

이재익표 속독법 트레이닝

책을 좋아하는 아이라면 독서량이 많기 때문에 자연스럽게 속독법을 익힐 수 있습니다. 그러나 책 자체를 싫어하는 아이라면 같은 방식으로 속독법을 습득할 수는 없습니다. 그건 전제부터 틀린 훈련이죠. 책 읽기를 좋아하는 아이들은 굳이 속독법을 따로 익힐 필요가 없을 겁니다. 따라서 이제부터는 책을 싫어하거나 책 읽을 시간이 없는 아이들을 위한 속독법을 소개하고자 합니다. 오래전 제가 '청담동 이선생'이라는 닉네임으로 강남 지역에서 수년간 국어-논술 과외를 하면서 꽤나 효과를 봤던 방법입니다.

기본 원리는 '반복'입니다. 다양한 글이 아니라 같은 글을 갖고 반복 훈련을 하는 겁니다. 앞서 설명한 웨이트 트레이닝에 비유하면, 가벼운 무게를 많은 횟수로 반복하는 훈련으로 볼 수 있습니다. 처음부터 너무 어려운 지문으로 훈련을 시작하면 안 됩니다. 이를 테면 상대성 이론을 설명하는 글이나 리처드 도킨스의《이기적 유전자》, 혹은 니체의 '초인론'에서 발췌한 글은 입문 훈련에는 적합하지 않습니다. 작가 이재익의 신문 칼럼 정도면 어떨까 싶습니다.

아이에게 이 지문을 읽혀보되 시간이 얼마나 걸리는지 재보세요.

"철없는 놈들. 비싼 돈 들여서 대학 보내놨더니 하라는 공부는 안 하고 쯧쯧."

학창 시절 집에서 뉴스를 보면서 제일 많이 들었던 말은 단연코 이 말이다. 엄혹하고도 부당한 군사정권의 폭정에 항거해 민주주의를 부르짖으며 거리로 나선 대학생들을 보며 부모님들이 내뱉던 말이었다. 우리 집만 그랬을까? 그럴 리가.

세월이 흘러 그 시절에 데모하던 젊은이들이 4, 50대가 되었고 그들을 못마땅하게 여기던 부모들은 노인이 되었다. 주말마다, 심지어 평일에도 광화문 광장에서 태극기를 흔들며 문재인 타도를 외치는 태극기 부대를 보며 지금의 기성세대는 혀를 찬다.

"한심한 노인네들. 어떻게 바꿔놓은 정권인데 저런 짓을 하나? 자식들 보기 부끄럽지 않나? 쯧쯧."

그리고 요즘 군가산점 문제나 《82년생 김지영》을 두고 남녀 간에 대립각을 세우는 젊은이들을 보면 이렇게 말하는 어른들이 있었다.

"아니 겨우 저런 일로 싸우나? 우리가 군사정권에 맞설 때는 대의라도 있었지, 저 코딱지만 한 명분으로 서로 죽일 듯이 싸워? 철없는 것들."

나 역시 그랬다. 북한이라면 다짜고짜 치를 떠는 부모님 세대가 도무지 이해불가. 정부가 북한과 대화라도 할라치면 빨갱이들한테 나라를 팔아먹는다며 역성을 내시니. 싸우지 않고

피하곤 했다. 부모자식 간에는 정치 이야기 말고도 할 이야기가 많으니. 그런데 어느 날, 가족식사 자리에서 어린 손주에게 옛날이야기를 들려주는 아버지의 모습을 보다가 그만 멍해져 버렸다. 이해의 단초를 발견한 순간이었다고 할까. 6.25 당시 눈앞에서 북한군이 집안 어른들을 몰살하고, 산에 숨어서 나무껍질을 먹으며 도망 다니고, 전쟁이 끝난 뒤에도 지독한 가난으로 굶어 죽고 앓다 죽는 사람이 부지기수였던 시절의 경험담이었다.

전쟁 혹은 전쟁 같은 기아를 겪은 세대와 겪지 않은 세대가 북한을 보는 시각이 같을 수 있을까? 생존과 번영만이 지상 최대의 과제인 줄 알고 평생을 바친 세대가 '겨우 민주주의' 운운하며 '등록금을 탕진'하고 북한과 화해하자는 젊은이들을 이해하기 쉬웠을까? 그 악랄한 북한정권과 웃으며 사진 찍고 포옹하는 정치인이 예뻐 보일까?

지금의 기성세대가 대학생들의 집회를 비난하는 심리기제 역시 같은 방식이다. 민주주의를 위해 몸을 던지고 청춘을 반납해가며 군사정권에 저항했는데, 그렇게 민주화를 이뤄놓은 이 나라에서 남자와 여자가 편 갈라서 싸우는 젊은이들이 한심한 것이다. 너희들은 어찌 그토록 철이 없냐고, 조그마한 일에만 분노하느냐고 도리어 분노한다.

물론 세대 논리는 어디까지나 일반론일 뿐이다. 말이 같은 세대지, 개인별로 사고의 틀과 행동방식이 천차만별이니까. 그럼에도 불구하고 특정 세대를 관통하는 전체적인 시대정신 혹은 최우선 가치는 존재한다. 6.25 전쟁 이후의 현대사만 놓고 본다면 대략 이런 식이 아닐까. 생존과 번영만을 위해 모든 것을 감내하던 세대가 있었고, 그 과정에서 벌어진 폭력과 억압에 저항하며 민주화를 이뤄낸 다음 세대가 있었고, 앞 세대의 물질적 정치적 안정 위에서 개인주의를 내세운 다음 세대가 있었다. 경제 성장률 2%대를 장담하기 힘든 수축경제와 초고령화 시대에 접어든 지금은? 두 가지 화두를 꺼내본다. 공정과 소확행. 지금은 기회가 기적 같이 귀해진 시대, 대단한 성취는 언감생심이고 그저 작은 행복이 너무나도 간절한 시대란 말이다.

그러니 왜 조그마한 일에만 분노하느냐고 이 시대의 청춘을 비난하지 않았으면 좋겠다. 반대로 요즘 젊은이들도 지금의 기성세대를 학생운동을 들먹이고 훈장질을 일삼으면서 뒤로는 온갖 위선을 저지르는 꼰대들로 싸잡아 비난하지 않기를 바란다. 진영 논리와 마찬가지로 세대 논리도 이해의 수단이 되어야지 누군가를 공격하는 수단으로 쓰여서는 안 된다.

핵심은 이거다. 내가 직접 겪지 않은 고통은 공감하기 어렵다. 개인과 개인의 관계에서도 그렇고 세대 간에도 그렇다. 노력해도 이해할 수 없을 때는 어떻게 하면 될까? 외우면 된다. 모든 세대는 그 시대만의 특별한 아픔을 견뎌왔고 지금도 견디고 있음을, 필자도 반은 이해하고 반은 외웠다. 아직도 노력 중이고. [*]

이 글을 처음 읽는 데 걸리는 시간은 아이들마다 다릅니다. 넉넉하게 3분 정도라고 칩시다. 두 번째에는 아이에게 이 글을 2분만에 읽어보라고 합니다. 그다음에는 1분만 시간을 주세요. 그리고 지문을 보여주지 않고, 다음 세 문제를 풀어보게 합니다.

· 필자는 6·25 전쟁 이후를 몇 개의 세대로 나누고 있는가?

정답: 4세대

· 이 글에 따르면 젊은이들 간에 남녀 간 성대결이 벌어지는 이유는?

1) 민주화에 대한 이해도가 달라서

2) 진영 논리 때문에

3) 개인별로 사고의 틀과 행동 양식이 다르기 때문에

4) 기회가 귀해졌기 때문에

5) 세대 논리는 누군가를 공격하기 위한 수단이기에

정답: 4)

· 필자가 부모님 세대를 이해하게 된 계기는?

1) 시위 현장에서 부모님을 만났던 경험

2) 전쟁의 참상을 이야기하는 모습에서

3) 공감하기를 포기하면서

※ 이재익, '도무지 이해할 수 없는 너희들? 너의 의미', 이재익의 아재음악 열전, 〈한겨레〉, 2019년 9월 27일 자

4) 소설 《82년생 김지영》을 읽고 난 후

5) TV 뉴스로 학생들 시위를 보다가

정답: 2)

만약 아이가 세 문제를 다 맞힌다면 통과, 틀렸다면 30초 동안 지문을 한 번 더 보여주고 다시 문제를 풀게 해주세요. 그래도 틀린 문제가 있다면? 20초만 시간을 주세요. 그래도 틀린 문제가 있다면 10초를 주세요. 이후에는 맞힐 때까지 계속 10초씩 시간을 줍니다. 이런 식으로 아이가 문제를 다 풀 때까지 단계별로 시간을 줄여가면서 반복해서 지문을 읽고 문제를 푸는 과정을 되풀이하게 합니다.

이 대목에서 아주 쉽게 짐작할 수 있는 점이 있습니다. 만약 아이가 우리나라 현대사에 대해 탄탄한 기본 지식이 있다면 지문을 아주 쉽게 소화할 수 있을 겁니다. 반대로 지식이 얕을수록 지문은 읽기 힘들어지겠죠. 비록 지금 속독법 스킬을 설명하고는 있지만, 다양한 독서 경험의 힘이 왜 중요한지 알 수 있는 대목입니다.

돈하고 비슷하다고나 할까요. 돈이 없는 사람하고 돈이 많은 사람 중에 어떤 사람이 돈을 더 빨리, 더 많이 벌 수 있겠습니까? 맞습니다. 돈이 많은 사람이 더 쉽게 돈을 모을 수 있듯이, 독해력도 마찬가지입니다. 든든한 독서 경험과 다양한 지식은 막대한 자본과도 같습니다. 우리 부모님들도 잘 아시죠? 재주만으로 부자를 따라잡기는 힘든 법이란 걸.

　가장 먼저 제 글을 인용하기는 했지만 국어영역 시험에는 수많은 예들이 있습니다. 이런 식으로 한 번에 지문 세 개씩만 훈련을 시켜보세요. 아이가 재미있어 하면 다섯 개 정도로 늘려도 좋고요. 그리고 당연히 쉬운 지문부터 어려운 지문으로 조금씩 난이도를 올려야 합니다. 이를 테면, 중급 난이도로는 이런 지문이 어떨까요?

2020년도 수능 국어영역 짝수형 26-29번 문항 지문

신체의 세포, 조직, 장기가 손상되어 더 이상 제 기능을 하지 못할 때에 이를 대체하기 위해 이식을 실시한다. 이때 이식으로 옮겨 붙이는 세포, 조직, 장기를 이식편이라 한다. 자신이나 일란성 쌍둥이의 이식편을 이용할 수 없다면 다른 사람의 이식편으로 '동종 이식'을 실시한다. 그런데 우리의 몸은 자신의 것이 아닌 물질이 체내로 유입될 경우 면역 반응을 일으키므로, 유전적으로 동일하지 않은 이식편에 대해 항상 거부 반응을 일으킨다. 면역적 거부 반응은 면역 세포가 표면에 발현하는 주조직적합복합체(MHC) 분자의 차이에 의해 유발된다. 개체마다 MHC에 차이가 있는데 서로 간의 유전적 거리가 멀수록 MHC에 차이가 커져 거부 반응이 강해진다. 이를 막기 위해 면역 억제제를 사용하는데, 이는 면역 반응을 억제하여

질병 감염의 위험성을 높인다.

이식에는 많은 비용이 소요될 뿐만 아니라 이식이 가능한 동종 이식편의 수가 매우 부족하기 때문에 이를 대체하는 방법이 개발되고 있다. 우선 인공 심장과 같은 '전자 기기 인공 장기'를 이용하는 방법이 있다. 하지만 이는 장기의 기능을 일시적으로 대체하는 데 사용되며, 추가 전력 공급 및 정기적 부품 교체 등이 요구되는 단점이 있고, 아직 인간의 장기를 완전히 대체할 만큼 정교한 단계에 이르지는 못했다.

다음으로는 사람의 조직 및 장기와 유사한 다른 동물의 이식편을 인간에게 이식하는 '이종 이식'이 있다. 그런데 이종 이식은 동종 이식보다 거부 반응이 훨씬 심하게 일어난다. 특히 사람이 가진 자연항체는 다른 종의 세포에서 발현되는 항원에 반응하는데, 이로 인해 이종 이식편에 대해서 초급성 거부 반응 및 급성 혈관성 거부 반응이 일어난다. 이런 거부 반응을 일으키는 유전자를 제거한 형질 전환 미니돼지에서 얻은 이식편을 이식하는 실험이 성공한 바 있다. 미니돼지는 장기의 크기가 사람의 것과 유사하고 번식력이 높아 단시간에 많은 개체를 생산할 수 있다는 장점이 있어, 이를 이용한 이종 이식편을 개발하기 위한 연구가 진행되고 있다.

이종 이식의 또 다른 문제는 ㉠내인성 레트로바이러스이다. 내인성 레트로바이러스는 생명체의 DNA의 일부분으로, 레트로바이러스로부터 유래된 것으로 여겨지는 부위들이다. 이는 바이러스의 활성을 가지지 않으며 사람을 포함한 모든 포유류에 존재한다. ⓒ레트로바이러스는 자신의 유전 정보를 RNA에 담고 있고 역전사 효소를 갖고 있는 바이러스로서, 특정한 종류의 세포를 감염시킨다. 유전 정보가 담긴 DNA로부터 RNA가 생성되는 전사 과정만 일어날 수 있는 다른 생명체와는 달리, 레트로바이러스는 다른 생명체의 세포에 들어간 후 역전사 과정을 통해 자신의 RNA를 DNA로 바꾸고 그 세포의 DNA에 끼어들어 감염시킨다. 이후에는 다른 바이러스와 마찬가지로 자신이 속해 있는 생명체를 숙주로 삼아 숙주 세포의 시스템을 이용하여 복제, 증식하고 일정한 조건이 되면 숙주 세포를 파괴한다.

그런데 정자, 난자와 같은 생식 세포가 레트로바이러스에 감염되고도 살아남는 경우가 있었다. 이런 세포로부터 유래된 자손의 모든 세포가 갖게 된 것이 내인성 레트로바이러스이다. 내인성 레트로바이러스는 세대가 지나면서 돌연변이로 인해 염기 서열의 변화가 일어나며 해당 세포 안에서는 바이러스로 활동하지 않는다.

그러나 내인성 레트로바이러스를 떼어 내어 다른 종의 세포 속에 주입하면 이는 레트로바이러스로 변환되어 그 세포를 감염시키기도 한다. 따라서 미니돼지의 DNA에 포함된 내인성 레트로 바이러스를 효과적으로 제거하는 기술이 개발 중에 있다.

그동안의 대체 기술과 관련된 연구 성과를 토대로 ⓐ이상적
인 이식편을 개발하기 위해 많은 연구가 수행되고 있다.

실제 국어영역 시험에 등장하는 지문들 가운데는 통합교과적
성격을 띠는 경우가 적지 않습니다. 글을 아무리 빨리 정확하게
읽어도 다른 과목에 관한 최소한의 지식이 없으면 풀기 어려운
문제들도 있죠. 위의 지문 역시 2020년 수능 국어영역에 실제로
출제된 것입니다. 장기 이식이나 인공 장기와 관련해 생물 과목
에서 배우는 내용이 들어가 있고요. 앞의 지문과 마찬가지로 이
지문 역시 DNA, RNA, 바이러스 등에 대한 개념이 잡혀 있는 학
생이라면 비교적 문제를 쉽게 풀 수 있겠지만, 그렇지 않은 경우
라면 고난의 행군이 될 겁니다. 읽는 속도 자체가 몇 배로 달라질
테니까요.

지문에 딸린 문제가 궁금하다고요?

26. 윗글에서 알 수 있는 내용으로 적절하지 않은 것은?

1) 레트로바이러스는 숙주 세포의 역전사 효소를 이용하여 RNA를
DNA로 바꾼다.

2) 포유동물은 과거에 어느 조상이 레트로바이러스에 의해 감염된 적
이 있다.

3) 이종 이식을 하는 것만으로도 바이러스 감염의 원인이 될 수 있다.

4) 면역 세포의 작용으로 인해 장기 이식의 거부 반응이 일어난다.

5) 동종 간보다 이종 간이 MHC 분자의 차이가 더 크다.

정답: 1)

27. ⓐ가 갖추어야 할 조건으로 적절하지 <u>않은</u> 것은?

1) 이식편의 비용을 낮추어서 정기 교체가 용이해야 한다.

2) 이식편은 대체를 하려는 장기와 크기가 유사해야 한다.

3) 이식편과 수혜자 사이의 유전 거리를 극복해야 한다.

4) 이식편은 짧은 시간에 대량으로 생산이 가능해야 한다.

5) 이식편이 체내에서 거부 반응을 유발하지 않아야 한다.

정답: 1)

이번 지문도 앞서 제시한 훈련법으로 풀어보게 해보세요. 아마 첫 번째 지문보다는 일단 읽는 데 시간이 오래 걸릴 겁니다. 방식은 똑같습니다.

2019년 수능 국어영역 31번 같은 극악의 난이도를 자랑하는 문제도 있다는 사실은 앞에서 김훈종 PD도 언급했습니다. 문제의 보기를 먼저 읽고 나서 지문을 읽는 방법을 제안하는 입시 전문가들도 있습니다만, 그건 제일 마지막에 써야 할 요령입니다. 제가 소개하는 속독 훈련법의 요점은 일단 지문을 최대한 빠르고 효과적으로 머릿속에 정리하는 것입니다.

다시 한 번 강조하지만, 이런 속독 훈련법은 어디까지나 편법

입니다. 가장 좋은 방법은 차근차근 독서량을 늘리고 독서 요령
을 터득하면서 자연스럽게 독해력을 기르는 것입니다.

속독법
트레이닝 II

제가 어린 시절을 보낸 1980년대에는 속셈학원이나 암산학원이 크게 유행했습니다. 하굣길 학교 부근에 아이들이 우르르 몰려 있어서 가보면, 책받침을 나눠주며 학원을 홍보하는 사람들이 있었습니다. 요즘은 초등학교에서도 산수를 수학이라 하고 계산은 컴퓨터가 해주는 시대인지라, 소위 계산법을 가르치는 속셈학원이나 암산학원이 대체 뭐하는 곳이었던가 기억이 가물가물한 분도 있을 테고 전혀 생소하게 느끼는 분도 있을 겁니다.

그런데 그 시절 속셈학원이나 암산학원보다 더 기괴한 학원이 있었으니, 그 이름도 찬란한 '속독학원'이었습니다. 학원 강사의 홍보를 들어보면 어리둥절해집니다. 마치 전우치나 홍길동의 분신술처럼, 하루에 수십 권의 책을 읽을 수 있는 비기祕記를 전수해줄 것처럼 달콤한 말들을 이어갔으니까요. 요즘도 속독이라고 하면 대놓고 백안시하는 경우가 많습니다. 추측건대 '뜬구름 잡는 공부법'이란 이미지가 강해서 속독의 진정한 힘이 폄훼되고 있는 듯합니다.

속독의 마법

'속독이 책읽기에서 유의미한 결과를 낳는다!'는 증거는 여러 논문에서 발견할 수 있습니다. 한 논문에서 책을 읽는 방식에 따라 세 그룹으로 나누어 실험을 진행했습니다.[*] A그룹은 '정독' 방식으로, B그룹은 '속독 훈련을 받은 속독' 방식으로, C그룹은 '속독 훈련을 받지 않은 속독' 방식으로 책을 읽었습니다. 책을 다 읽고 나서 A, B, C 세 그룹에 주관식 및 객관식 문제를 주고 이해도를 측정했습니다. 그 결과 A그룹(정독)과 B그룹(속독 훈련을 받은 속독)은 C그룹(속독 훈련을 받지 않은 속독)보다 과제 기억에서 탁월한 이해력을 보였습니다. 결론적으로 속독 훈련을 받으면 독서 효율성을 높일 수 있고, '정독' 그룹과 '속독 훈련을 받은 속독' 그룹은 독서 집중력에서 별반 차이가 없다는 것을 알 수 있습니다.

속독에 관한 논문이나 자료를 찾아보다가 깜짝깜짝 놀라곤

---

[*] 이영옥, 〈정독과 속독이 성인 독서자의 기억과 주의집중에 미치는 영향〉, 동아대학교 대학원, 2009

했습니다. 속독 관련 서적이 여전히 엄청나게 많이 출간되고 있다는 사실을 알게 되었거든요. 저는 속독의 필요성을 인정합니다. 그럼에도 굳이 '속독 관련 서적을 구입해서 보세요!'라고 권하고 싶지는 않습니다. 속독의 방법은 197가지 아니 1,970가지일 수 있지만 결국 그 뿌리는 하나이기 때문입니다. 지금부터 그 '하나'가 무엇인지 찾아볼까요.

이재익 PD가 제시한 속독법 트레이닝에 저 역시 완벽하게 동의합니다. 저 또한 비슷한 성장 과정을 겪었기 때문이죠. 다만 지금부터는 이재익 PD가 생략한, 속독으로 올라가는 '디딤돌'에 대해 좀더 자세히 설명하겠습니다. 청담동 이선생의 속독법은 기본적으로 읽기가 체화된 아이를 전제로 합니다. 좋은 약이긴 한데, 이 약을 소화할 정도로 튼튼한 간과 콩팥을 갖지 못한 아이에게는 분명 독이 될 겁니다.

다시 한 번 '스쿼트'에 비유해서 설명해보겠습니다. 스쿼트에는 첫째, 처음부터 완벽한 자세로 스쿼트를 하면서 한 번, 두 번 횟수를 늘리는 방법이 있습니다. 둘째, 일단 흐트러진 자세로라도 20개를 해내고 하루하루 자세를 가다듬으면서 마지막에 정자세로 20개의 스쿼트를 해내는 방법이 있습니다. 청담동 이선생의 방법이 후자라면, 목동 김선생은 전자의 방식을 선호합니다. 지금부터 조금 더디지만, 안전하게 훈련하는 속독법을 알려드리겠습니다.

속독을 위한 디딤돌 다지기

독서를 목적에 따라 나눈다면 크게 '오락'을 위한 독서, '교양'을 쌓기 위한 독서, '감정과 상상력'을 위한 문학 독서, '전문 지식을 습득하고 종합적인 사고'를 위한 비판적 독서 등으로 나눌 수 있습니다. 입시를 위한 독서는 비판적 독서와 문학 독서가 그 중심입니다.

앞서 언급한 것처럼 책 읽기는 그 방법에 따라 음독, 묵독, 정독, 통독, 발췌독, 속독, 지독 등으로 분류할 수 있습니다. 우리가 평소 하는 독서는 눈으로만 읽는 묵독과 정독의 결합이라고 할 수 있습니다. 모든 독서법에는 각각의 장단점이 있기에, 어느 것이 우월하고 열등하다고 단언할 수는 없습니다. 하지만 입시를 중심으로 놓고 평가하자면, '음독과 정독의 결합'이야말로 가장 이상적인 독서법입니다. 이를 완벽하게 수행하여 디딤돌로 삼은 뒤 속독으로 전환해나가는 것이 좋습니다.

베르니케 영역과 브로카 영역의 이해

음독을 최고의 독서 방법으로 꼽는 이유는, '낭독의 즐거움' 수준의 낭만적인 이유 때문만은 아닙니다. 역시나 우리의 뇌 구조와 관련이 있습니다. 여러분 코앞에서 누군가 멋진 목소리로

상위 1% 아이가 하고 있는 **서울대 아빠식 문해력 독서법**

시 한 편을 낭독하고 있다고 가정해보겠습니다.

"나보기가 역겨워 가실 때에는 말없이 고이 보내 드리오리다"라는 음성이 일단 귀에 들리면, 대뇌피질 측두엽 가운데 일차청각영역으로 전달됩니다. 청각피질로 들어온 음성은 좌반구에 위치한 베르니케 영역Wernicke's area으로 넘어갑니다. 바로 이 베르니케 영역에서 소리를 언어로 인식하게 됩니다. '진달래'라는 소리가 귀와 청각피질을 거쳐, 베르니케 영역에 이르고 나서야 비로소 우리는 '잎이 분홍색이고 개나리와 더불어 가장 흔히 볼 수 있는 꽃'이라고 인식합니다. 그래서 베르니케 영역에 문제가 생기면 '진달래'라는 소리가 귀를 통해 뇌까지 전달되어도, 그 의미를 파악할 수 없게 됩니다.

베르니케 영역이 인풋이라면, 아웃풋에 해당하는 위치가 브로카 영역Broca's area입니다. 베르니케 영역과 브로카 영역이야말로 언어를 사용하는 독특한 종, 우리 인류를 설명하는 가장 중요한 기관입니다. 무릇 세상만사 얼마나 중요한지 알려면, 부재의 상황을 파악해보면 됩니다.

사람이 말을 잘 못 하게 되는 경우는 크게 베르니케 실어증과 브로카 실어증으로 나뉩니다. 베르니케 실어증에 걸리면 말은 유창하게 잘합니다. 다만 발화자는 자신이 또렷이 내뱉는 발화 내용이 무슨 의미인지 알지 못합니다. '진달래꽃'이라고 명확히 발화하지만 머릿속에서는 분홍색 꽃잎을 떠올리지 못하는 안타까운 상황이 벌어지는 것입니다.

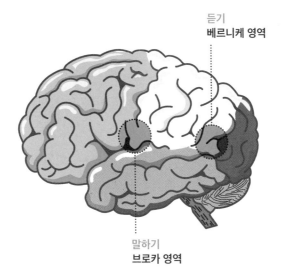

듣기
베르니케 영역

말하기
브로카 영역

반면 브로카 실어증에 걸리면, '지···인···다알···래···꼬···옷'과 같이 제대로 알아들을 수 없는 불분명한 발음으로 말하게 됩니다. 청자는 알아듣기가 쉽지 않겠지만, 발화자는 정확히 진달래꽃을 머릿속에 떠올리며 말하고 있는 겁니다.

금요일 밤의 호프집, 다들 가본 적 있으시죠? 앞자리에서는 고래고래 소리를 지르며 정치 얘기로 말싸움이 벌어지고, 뒷자리에서는 침을 튀겨가며 연예인 가십에 웃음꽃을 피우는가 하면, 옆자리에서는 소주병이 돌아가며 술자리 게임을 하느라 술집 안은 늘 시끌벅적합니다. 어디 말소리뿐인가요? 유행가는 스피커를 부숴버릴 듯 '빵빵'거리며 흘러나오죠. 하지만 놀랍게도 우리는 친구들과 질펀하게 수다를 떨어가며 맥주잔을 기울입니다.

왜 그럴까요? 원리는 간단합니다. 친구의 수다, 스피커에서 울리는 유행가, 옆자리에서 고래고래 소리 지르는 아저씨의 목소리 가운데, 베르니케 영역으로 전달된 음성은 오직 '친구의 수다'뿐이기 때문입니다. 우리 뇌는 결코 두 가지 음성을 동시에 집중해서 들을 수 없습니다. 두 가지가 다 들린다고 생각하겠지만, 사실은 A를 듣다가 B로 전환되고, 다시 A로 전환된 겁니다. 인간의 뇌는 A와 B를 동시에 들을 수 없게 설계되어 있습니다.

수업 시간에 만화책을 몰래 교과서에 겹쳐 놓고 읽었던 경험, 다들 있으시죠? 그러다 갑자기 선생님의 호통에 벌떡 일어섭니다. 선생님이 "야! 방금 내가 뭐라고 설명했어?"라고 물으시면 대부분 우물쭈물 대답을 못 합니다. 처음에야 수업 내용이 귀에 들어왔겠지요. 하지만 점차 만화 내용에 집중하다 보면 수업 내용은 베르니케 영역에서 차단되고, 〈슬램덩크〉 속 '북산고와 상양고의 피 튀기는 접전'만이 머릿속에서 음독의 형태로 베르니케 영역으로 들어갑니다.

왜 그럴까요? 어째서 이런 일이 발생하는 걸까요? 묵독을 하더라도 베르니케 영역은 활성화된다는 사실이 실험을 통해 확인됐습니다. '진달래'를 묵독을 해도 머릿속에서는 '진달래'라는 음독의 형태로 베르니케 영역에 이르게 됩니다. 그래서 판서를 읽으며 동시에 선생님의 강의를 듣는 것은 사실상 불가능합니다. 다만 그렇게 할 수 있다고 우리가 착각하는 이유는, 빠른 속도로 뇌가 전환되기 때문입니다.

대학 선배 가운데 항상 워크맨을 끼고 팝송을 들으며 공부하는 P 선배가 있었습니다. 야간자율학습 시간에 학생주임 선생님이 느닷없이 교실로 들어와 늘 하던 잔소리를 그 선배에게 그대로 전달해주었습니다. "귀에다 리시버(이어폰) 끼고 있는 놈들 다 빼라! 음악 들어가면서 뭔 놈의 공부가 되노! 확! 마! 좋은 말로 할 때, 귓구멍에서 리시버 뽑아라!"

하지만 P 선배의 변은 논리정연하고 확고했습니다. "나는 이렇게 해야 공부가 잘돼. 처음엔 팝송이 귀에 들리지만, 어느 순간 노래는 들리지 않고 읽고 있는 내용에 집중이 되는 거야. 학창 시절 내내 이렇게 공부해서 서울대 들어왔으면 된 거 아냐!" 늘 팝송을 들으며 공부하던 그 선배는 얼마 지나지 않아, 행정고시 합격이란 소식을 전하더군요. 헐!

P 선배의 신통방통한 학습법을 복기해볼까요. 처음에는 책 내용과 팝송이 교차 인식됩니다. 그러다 팝송이 베르니케 영역으로 진입하지 못하고 걸러지는 순간, 바로 책 내용이 무아지경으로 우리의 뇌를 향해 달려오게 되는 겁니다.

베르니케 영역에 대한 공부를 하고 나니, 스티브 잡스의 프레젠테이션이 얼마나 위대한 작업이었는지 다시금 깨닫게 됩니다. 청바지와 검정 터틀넥 스웨터 그리고 스니커즈. 파워포인트 화면엔 빅토르 위고를 오마주하기라도 하듯, 키워드 하나만 덜렁 올라가 있습니다. 스티브 잡스의 입을 통해 나오는 메시지에 청중이 온전히 몰입할 수 있는 환경을 스스로 만들어낸 겁니다. 유니폼처럼 똑같은 복장은 '이번 발표엔 어떤 의상을 입고 등장할까?'라는 청중의 사소한 관심조차 거세해버리고, 자신의 프레젠테이션에 오롯이 집중하게 만드는 효과를 자아냈습니다. '대단한 전략가였다'라는 감탄과 동시에, 스티브 잡스 역시 베르니케 영역에 대한 공부를 심도 있게 했을 거라는 확신이 듭니다.

음독과 지독의 효용

"하늘 천天, 따 지地, 검을 현玄, 누를 황黃, 집 우宇, 집 주宙, 넓을 홍洪, 거칠 황荒." 사극에 나오는 서당 장면에서 클리셰처럼 등장하는 천자문 읽기 수업을 떠올려볼까요. 예전 훈장님들은 큰 소리로 음독하고 정독하는 글 읽기를 애용했습니다. 지금처럼 책이 흔하고 쉽사리 접할 수 있는 정보가 넘쳐나지 않던 시절이라 가능했던 교수법이죠.

얼핏 비효율적으로 보이기도 합니다. 책 한 장을 읽는 데 터무니없이 오랜 시간이 소요되기 때문이죠. 하지만 음독과 지독(천천히 읽는 것)의 효용은 엄청납니다. 큰 소리로 반복해서 읽고 느리게 읽는 것은 스키마에 담긴 기존 정보에 새로운 정보를 접합하는 과정입니다. 정성스럽고 세밀한 연결 작업은 온전한 이해를 가능하게 합니다. 이러한 일련의 학습 과정은 뇌 속으로 들어온 정보들이 넘쳐 인지 과부하가 일어나는 것과는 정반대의 인지 활동이라 할 수 있습니다.

　음독의 전통은 비단 동양 문화에 국한되지 않습니다. 서양에서도 8세기 이전에는 소리 내어 책 읽는 것을 당연하게 여겼습니다. 이런 전통은 텍스트의 결핍과 관계가 있지 않을까 짐작합니다. 텍스트가 귀하던 시절이기에 귀한 대접을 한 것이지요.

　소리 내어 책을 읽는 습관이 얼마나 일반화되어 있었는지는, 아우구스티누스의 일화에도 잘 드러나 있습니다. 그는 존경해마지 않는 암브로시우스의 책 읽는 모습을 관찰하고는 이렇게 평가했습니다. "암브로시우스가 책을 읽을 때면, 두 눈동자는 문단을 오르내렸고, 귀를 기울여 의미를 찾아냈다. 하지만 그의 목소리와 혀만큼은 차분했다. 종종 나는 암브로시우스가 조용히 책 읽는 모습을 지켜보곤 했다. 그는 결코 소리 내어 읽지 않았다. 나는 그가 도대체 왜 이런 방식으로 책을 읽을까, 자문하곤 했다." 암브로시우스의 독서법은 오늘날 관점에서 보면 지극히 평범한 독서 습관입니다. 하지만 5세기 교부철학의 성자 아우구스티누스 입장에서 평가한다면, 무척이나 독특하고 기묘한 독서방법이었던 것이지요.

　프랑스의 인문학자 에밀 파게는 《단단한 독서》에서 이렇게 힘주어 말합니다. '독서는 천천히 해야 하는 것이 첫 번째 법칙이다. 모든 독서가 그러하다. 이것이야말로 진정한 독서의 기술이다.' 에밀 파게는 느리게 읽고 거듭 읽어야 하는 이유를, 다음과 같이 설명합니다.

'우리는 왜 느리게 읽어야 할까요? 첫째, 느리게 읽으면 사물로부터 받는 첫인상에 속지 않습니다. 둘째, 느리게 읽으면 자신을 몰각해버리는 일이 없습니다. 셋째, 게을러지지 않습니다. 넷째, 읽어야 할 책과 그렇지 않은 책을 단번에 구분할 수 있습니다.'

특히나 첫 번째 이유 '첫인상에 속지 않는다!'라는 구절, 심상치 않습니다. 이는 행동경제학자 대니얼 카너먼이 《생각에 관한 생각》에서 주창하는 '시스템 1과 시스템 2'의 관계로 치환해 해석할 수 있습니다. 시스템 1은 저절로 빠르게 작동하며, 노력이 거의 또는 전혀 필요치 않습니다. 시스템 2는 복잡한 계산을 비롯해 노력이 필요한 정신 활동에 관여합니다. 흔히 주관적 행위, 선택, 집중과 관련한 활동이지요. 속독이 시스템 1을 기반으로 한 읽기 메커니즘이라면, 정독 혹은 지독은 시스템 2에서 파생한 독서법입니다.

우리는 왜 거듭 읽어야 할까요? 첫째, 더 잘 읽기 위해 거듭 읽습니다. 한 작가를 반복해 읽으면 그 작가에 대해 훨씬 더 잘 알게 됩니다. 둘째, 디테일과 문체를 즐기기 위해 거듭 읽습니다. 처음 읽기가 즉흥 연설이라면, 거듭 읽기는 즉흥 연설의 문체를 교정하는 일입니다. 정교하고 세밀한 읽기 방식입니다. 셋째, 우리는 자신을 자기 자신과 비교하기 위해 거듭 읽습니다. 스무 살에 눈물 짓던 소설을 불혹에 접어들어 다시 읽게 되면, 조악함에 헛웃음이 날지도 모릅니다. 하지만 이런 독서 경험은 결국 자기 자신에 대한 냉철한 분석과 깨달음을 선물로 줍니다.

추론적 독해의 비결은 정독

우리가 마주해야 할 대부분의 수능 지문은 추론적 독해를 요구합니다. 추론적 독해는 행간을 읽어 겉으로 드러나지 않는 내용까지 파악해야 하는 '깊게 읽기'입니다. 또한 텍스트에 진술되어 있지는 않지만, 관련 외부 정보를 추론하여 텍스트의 주장을 정교화하는 작업입니다.

이를 위해 먼저 필요한 것이 정독입니다. 정독을 완벽하게 마치고 나면 조금씩 아이의 문해력이 성장하게 될 것입니다. 이 지난하고 어려운 작업을 반복하다 보면, 지문을 읽고 문제를 푸는 시간이 저절로 단축됩니다. 어찌 보면 지나치게 우직한 방법이지만, 아직 아이가 어리다면 권장하고 싶은 방법입니다. 그렇다면 어느 정도가 어린 나이일까요? 자녀가 초등학교 4학년 이전이라면, 얼핏 미련해 보이지만 결국 튼튼하고 올곧은 '큰 길'을 권합니다.

수능 국어영역은 어차피 시간 싸움입니다. 저는 아이가 중학교에 입학한 이후, 일주일에 한 번씩 수능 기출 지문을 필사 및 요약하는 수업을 진행하고 있습니다. 필사의 요령은 다음과 같습니다. 일단 전체 지문을 통독합니다. 이해가 가지 않는 부분은 정독과 지독을 겸해 이해하고자 노력합니다. 그래도 이해가 가지 않으면 제가 설명을 곁들여줍니다. 지문에 대한 완벽한 이해를 마치고 난 후, 그제야 필사 작업이 시작됩니다. 필사를 마치고 나면 대략 다섯 줄 정도로 요약을 합니다. 그리고 요약문을 바탕으로 지문을 제대로 이해했는지 저와 토론을 벌입니다.

수능 국어영역 필사 수업을 진행하다 보면, 대개 비슷한 경험을 하게 될 겁니다. 공부에 담을 쌓은 아이가 아니라면 십중팔구 수능 문제를 풀어봅니다. 시키지 않았는데도 말이죠. 그리고 정답을 맞혀보려 할 겁니다. 제 아이의 경우 문제를 풀어 정답을 맞춰보면, 대개 한 문제도 틀리지 않더군요. 수능 기출문제집 한 권을 기준으로 통계를 내보니, 정답률이 96퍼센트 정도 되었습니다.

제 필사 수업의 목적이 문제 풀이는 아니지만, 그래도 스스로 문제 풀이까지 한 아이의 기분에 장단을 맞추려고 저는 함박웃음을 지으며 엄지손가락을 치켜올립니다. 하지만 냉정히 말해 수능 국어영역 문제를 척척 푼다고 '내 아이가 천재인가'라고 착각할 정도는 아닙니다. 수능 국어영역 문제는 결국 시간만 무한대로 주어지면 변별력이 0으로 수렴하는 시험이기 때문입니다.

정답을 맞혀버리고 우쭐해진 아이가 한마디 하더군요. "아빠! 수능 국어영역은 지문 안에 답이 있어." 그래요! 맞습니다! 악명 높았던 킬러 문항을 제외하고 국어영역은 지문을 지긋이 들여다보고 있노라면 정답이 떠오르게끔 설계되어 있습니다. 여기서 중요한 게, 바로 '스피드'입니다.

결국, 속도가 관건이다

필사 수업에 수능 기출문제 풀이까지 병행하고자 한다면, 다음의 계단식 방법을 제안합니다. 우선 저의 수능 국어영역 필사 수업 방식을 진행하면서 문제 풀이를 시킵니다. 필사, 요약, 토론까지 다 마치고 말이죠. 정답률이 100퍼센트에 가까워지면, 토론 이전에 문제 풀이를 시킵니다. 이래도 정답을 제대로 찾으면, 요약 전에 문제 풀이를 시키고, 요약 전에 문제를 술술 풀어버리면 필사 전에 문제를 풀게 합니다. 이렇게 단계를 하나씩 줄여가며 문제를 풀게 하다가, 그냥 한 번 읽기만 했는데 문제를 맞히는 경지에 이르게 되면 그때부터는 초시계를 가져와야 합니다.

국어영역에 주어지는 시간은 80분입니다. 여기에 마킹 시간 10분과 '화작문(화법, 작문, 문법)'에 배분하는 20분을 제외하면 50분이 남습니다. 남은 50분을 배분하면 3문제짜리 지문에 5분, 4문제짜리 지문에 6분 40초, 5문제짜리 지문에 8분 20초가 주어집니다. 이 시간을 엄수하고도 정답을 맞혀버린다면, 수능 국어영역 정복이 거의 눈앞에 있다고 보면 됩니다.

자, 어떠신가요? 청담동 이선생의 방법과 목동 김선생의 방법 가운데, 어떤 게 내 아이에게 더 잘 맞을지 심사숙고하고 결정하세요. 아이가 아직 어리다면 김선생의 속독법을 추천하고, 아이가 독서에서 어느 정도 궤도에 올랐다고 판단한다면 이선생의 방법을 권합니다. 선택은 여러분의 몫입니다.

글도 잘 쓰고
말도 잘하는 아이는
무엇이 다른가

글쓰기 첫걸음은
이렇게

먼저 글쓰기의 효용에 대해서 얘기해보려고 합니다. 앞에서도 언급했지만 학창 시절에 한정해서는 작문보다는 독해 능력이 더 중요해요. 그렇다고 작문이 필요 없다는 얘기는 절대로 아닙니다. 독해 능력만큼은 아니지만 작문 실력도 굉장히 중요하죠. 누군가를 가르치는 과정이 가장 효율적인 학습 방법인 것과 마찬가지로, 글을 쓰는 습관은 독해 능력을 비약적으로 향상시켜주는 방법이기도 합니다. 게다가 실제로 학교에서 글을 써야 하는 과제와 시험도 적지 않죠. 자기소개서 역시 정해진 형식이 있고, 학원의 도움을 받는다고 해도 기본적으로 글 잘 쓰는 학생이 유리한 건 당연한 이치입니다.

성인이 되고 난 뒤에는 글쓰기의 효용이 비약적으로 중요해집니다. 대학에서는 수많은 리포트를 써야 하고 시험 역시 작문의 일종인 경우가 많죠. 회사에 취직할 때 전형 과정에서 자기소개서와 작문 시험은 필수적으로 들어가고요. 회사 생활에서도 마찬가지입니다. 사실 이공계 연구원이 아닌 다음에야 보고서 쓰기는 대부분의 회사에서 빠지지 않는 업무입니다. 심지어 글을 쓰는 일이 핵심인 직업도 적지 않아요. 기자나 작가는 물론이고, 유튜버에게도 자막 센스와 퀄리티는 핵심 역량이죠. 돈벌이를 떠나, 글을 쓰는 행위는 내면을 들여다보고 생각을 정리하는 가장 좋은 방법이기도 합니다.

독서와 마찬가지로 글쓰기도 어릴 때 습관을 들여야 나중이 편합니다. 원시인들의 벽화에서 알 수 있듯이 뭔가를 표현하고 흔적을 남기고 싶어 하는 마음은 인간 본능의 소산입니다. 대부분의 아이들은 그런 욕구를 갖고 태어나는데 왜 나이가 들면서 글 쓰고 그림 그리는 일을 멀리하게 되는 걸까요? 이유는 간단하죠. 흥미를 못 느끼기 때문입니다. 어릴 때부터 정해진 양식에 맞춰 글을 쓰도록 강요하니까 재미가 없어질 수밖에요. 반대로 나이가 들어서도 글쓰기에 흥미를 느끼는 아이들은 왜 그런 걸까요? 물론 이것 역시 타고나는 기질이 절대적이긴 하지만, 후천적인 영향도 당연히 있습니다. 그렇다면 아이에게 어떤 식으로 영향을 줘야 조금이라도 더 글쓰기에 흥미를 갖게 되는지, 제 경험을 토대로 말씀드리죠.

취학 전

부모의 반응이 절대적입니다. 뭘 가르쳐줄 필요가 없어요. 그저 반응해주면 끝입니다. 아주 어릴 때는 글을 쓰는 것보다 그림을 많이 그리니까 뭉뚱그려 이야기하자면, 아이가 그린 그림이나 글에 대해 적극적으로 반응해주세요. 그냥 단순하게 '우와 정말 잘 그렸네!'라고 하지 말고 아이의 작은 작품을 매개로 해서 간단하게나마 대화를 나누도록 하세요. 아이가 더욱 신나서 쓰고 그리게 됩니다.

단, 아이가 글을 늦게 깨친다고 절대 조급해하지 마세요. 거리를 다니는 수많은 사람들 중에 걸음마 늦게 배운 사람이 누군지 가려낼 수 있나요?

초등학교

취학 후에는 부모가 통제할 수 없는 시간이 늘어납니다. 학교에서 벌어지는 일들에 대해서는 어찌할 수가 없죠. 게다가 학교란 설립 취지부터가 아이들을 사회의 구성원으로 길들이고 통제하는 곳이다 보니 대부분의 수업에서 정형화된 틀을 강요합니다. 글쓰기도 마찬가지예요. 뭐든 신나게 써보라는 식이 아니라, 이렇게 써야 한다고 가이드라인을 주고 정답을 강요합니다. 당연히 재미가 훅 떨어집니다. 글쓰기에 관해 타고난 재능이나 기질이 없는 대부분의 아이들은 이미 초등학교 재학 중에 글쓰기를 답답한 무엇으로 인식하게 됩니다. 그래서 부모의 역할이 더욱 중요해요.

뭘 해야 하냐고요? 질문이 틀렸습니다. 뭘 하지 말아야 하냐고 물어야 합니다. 너무 어릴 때부터 논술이나 글쓰기 학원에 보내지 마세요. 적어도 초등학교 저학년 때는 참으세요. 어른의 눈으로 보기에는 그럴듯한 작문 실력이 길러지는 것 같을지 몰라도, 아이는 점점 글쓰기를 시켜서 억지로 하는 무엇으로 인식하게 됩니다. 학원에 보내는 대신 차라리 학교 숙제를 도와주세요. 수학이라면 몰라도 초등학생 글짓기 숙제 정도는 어떤 아빠든 참여할 수 있습니다. 제가 '참여'라고 했어요. 뭔가를 많이 가르쳐주려고 할 필요 없습니다. 칭찬해주고, 흥미를 보여주고, 가끔 아빠도 함께 써보는 정도로도 충분합니다. 정답은 지겹도록 학교에서 강요하니까 집에서는 응원만 해주는 겁니다.

필기구와 노트 등을 아이가 원하는 것들로 사주는 이벤트도 동기부여 차원에서 효과를 발휘할 때가 있어요. 어린 시절 기억나시죠? 예쁜 펜이나 노트를 선물 받으면 뭐라도 쓰고 싶은 기분이 들잖아요. 이런 소소한 것들이 의외로 강력한 동기가 될 수 있습니다.

아이가 쓴 감사카드나 편지는 일정 기간 이상 벽이나 책상에 꼭 붙여두세요. 가장 좋은 칭찬의 방식입니다.

만약 초등학교 시절에 아이가 글 쓰는 걸 유독 좋아한다 싶으면 작은 문집 같은 걸 만들어주는 것도 방법입니다. 거창할 필요는 없습니다. 장난스러워도 됩니다.

중학교

중학교에 들어가면 글쓰기 숙제의 양 자체가 달라집니다. 일단 '독서록'이라는 녀석이 등장하죠. 대부분의 아이들에게 무척이나 번거로운 숙제지만 잘 활용하면 독서와 글쓰기 두 마리 토끼를 다 잡을 수 있는 방법이 됩니다. 저 같은 경우는 몹시 적극적이어서 아이 독서록을 같이 써보곤 했습니다. 그런 다음 아이에게 보여주는 거죠.

"아빠는 이렇게 써봤는데 어떤 것 같으냐?"

매번 그럴 수는 없겠지만, 부모님들께서도 독서록 리스트를 보면서 자신 있는 책 한두 권 정도는 도전해보시기 바랍니다. 사실 독서록 리스트에 있는 것들이 워낙 좋은 책들이어서, 부모가 읽기에도 아주 그만입니다. 이게 좋은 건지 나쁜 건지 모르겠으나, 우리 세대에게 권장도서였던 책들이 여전히 목록에 남아 있는 경우가 많습니다.《난장이가 쏘아올린 작은 공》을 수십 년 만에 다시 읽고 먹먹해졌던 기억이 생생하네요.

여기서 중요한 점은, 중학교 1학년 때는 아이의 글을 고쳐주려고 하지 말라는 겁니다. 비문이 있거나 심지어 맞춤법이 틀려도 그냥 놔두세요. 정확함보다는 흥미가 더 중요한 시기니까요. 아직은요. 만약 우리 아이가 심각하게 글솜씨가 없다, 혹은 맞춤법도 너무 틀린다 싶으면 중학교 입학과 동시에 학원을 보내는 편을 추천해드립니다.

부모님이 직접 글쓰기 선생님이 되어 아이가 쓴 글에 빨간 펜을 긋는 것. 저는 비추입니다. 제가 이 책을 준비하면서 아이들의 독서와 글쓰기를 다루는 책들을 훑어봤는데, 부모에게 선생님의 역할을 권하는 경우가 많더라고요. 저는 생각이 다릅니다. 이상적인 가정에서야 부모님과 자녀의 관계가 좋을 수 있겠지만, 대부분의 가정에서 중학생 자녀들은 부모와의 관계가 그리 돈독하지 않습니다. 사춘기라고 부르는 이 시기에는 자칫하면 부모와 갈등이 끊이지 않기 십상이죠. 아이의 자존심에 생채기를 낼 위험을 안고 부모님이 서툴게 선생질 하는 것, 저는 위험하다고 봅니다.

어쨌든 직접 가르치든 학원을 보내든 간에 중학교 2학년 겨울방학이 되기 전까지 최소한의 작문 실력은 확보해야 합니다.

중학교 3학년이 문제입니다. 고등학교 진학이 코앞이라 선행의 압력이 거세집니다. 학과 공부의 양이 폭발적으로 늘어나는 시기라서 논술-글쓰기 학원은 꽤나 후순위로 밀리기 마련입니다. 그래서 중학교 2학년 때가 적기라고 말한 겁니다. 아, 그리고 대부분 아이들이 이즈음 사춘기의 끝물을 맞이합니다. 아주 절정이죠. 잘 찾아보면 아이들 일기장이 있을 텐데, 놀라지 마세요. 꽤 많은 아이들이 '엄마 아빠가 사라졌으면 좋겠다'고 써놓곤 하거든요. 후덜덜. 뭐 어린 시절을 돌이켜보면 뜨끔한 분들도 많으실 겁니다. 일기장에는 그냥 뭐든 막 쓰게 내버려둡시다. 안 열어보는 게 사생활 존중 차원에서나 정신 건강상 제일 좋겠고요.

글쓰기뿐 아니라 어떤 과목이라도 마찬가지인데, 학원은 아이의 학습 능력에 따라 신중하게 결정해야 합니다. 학원은 약과 같아서 정확한 처방 없이 감으로 먹으면 오히려 아이를 망칠 수 있어요. 학원을 보내기 전에 판단이 확실히 안 선다면, 두어 번 수업을 한 뒤에 허심탄회하게 대화를 나눠봐야 합니다. 조사하듯 물어보지 말고 가볍게 말을 걸어보세요.

"수업은 어땠어? 너한테 도움이 되는 거 같으냐?"

진짜 아니다 싶으면 빨리 남은 기간 환불 처리하고 다른 학원을 알아보세요.

고등학교

아이가 고등학생이라고요? 글이나 문학과 관련한 전공을 선택하려는 아이가 아니라면, 글쓰기에 따로 할애할 시간 자체가 아예 안 날 겁니다. 입시만 생각한다면, 고등학교에 들어가서 글쓰기에 시간을 따로 할애한다는 건 필패 전략이죠.

아이가 글 쓰는 일을 직업으로 하고 싶어 한다고요? 그 바쁜 고등학교 과정에서도 계속 글을 쓰고 싶어 한다고요? 그렇다면 이야기가 달라지지요. 이 시대는 이야기의 시대라고 해도 과언이 아닙니다. 다만 아이가 쓰고 싶은 글이 어떤 글이냐에 따라 요구되는 능력이 조금씩 다릅니다. 먼저 강조하고 싶은 것은, 아이가 작가의 길을 걷겠다고 해서 반드시 문학이나 문예창작을 전공할 필요는 없다는 것입니다. 이 부분에 대해서는 따로 책 맨 뒤에서 자세히 이야기하겠습니다.

읽기가 곧 쓰기, 쓰기가 곧 읽기

소설가나 시나리오 작가가 되지 않더라도, 글쓰기는 우리 아이에게 꼭 필요한 능력입니다. 상상력과 창의력을 필수적으로 요하는 직업을 선택하지 않더라도, 글쓰기 능력은 살아가는 데 중요한 무기가 됩니다. 글을 못 써도 잘 먹고 잘사는 데 아무 지장 없다고요? 맞는 말입니다만 백번 양보해서, 글쓰기 능력이 입시 과정에서만큼은 필요 불가결한 무기라는 말은 강조하고 싶군요. 글쓰기가 곧 읽기이고, 글쓰기 근육이 읽기 근육과 직결되기 때문입니다. 그래서 얼핏 아무 관련 없어 보이는 글쓰기 훈련과 수능 국어영역은, 중요한 연관성을 갖습니다. 객관식 혹은 단답형 문제가 전부인 수능 국어영역에서, 도대체 왜 글쓰기가 필요한 것일까요? 지금부터 그 원리를 알려드리겠습니다.

　한때 제 '카톡프사'는 한편의 시였습니다. 정확히 말하자면, 아이가 초등학교 2학년 때 쓴 동시와 아이가 그린 그림이었지요. 팔불출 애비가 너무 기특해서 올린 글인데 프사를 보는 분들마다, 시가 재밌고 귀엽다고 칭찬을 아끼지 않았습니다.

　초등학교 저학년 시절, 아이들은 오히려 글을 잘 씁니다. 왜냐고요? 겁이 없기 때문입니다. 원초적 상태의 아이들은 아무 거리낌 없이 펜을 휘둘러 댑니다. 그런데 놀랍게도, 본능적인 글쓰기에서 감탄할 만한 명문이 탄생합니다. 글쓰기를 신성하게 여기지도 않고, 글쓰기에 대한 두려움도 없기 때문입니다.

이오덕 선생은 그 원리를 다음과 같이 설명합니다. "아이들은 이렇게 해서 글을 쓴다. 아이들은 머리로 이야기를 꾸며 만드는 것이 아니라 자신의 삶을 그대로 쓰는 것이다. 책에 나오는 말을 문법에 맞게 맞추어서 글을 쓰는 것이 아니라 자기가 입으로 늘 하고 있는 말을 그대로 쓰는 것이다. 그래서 아이들의 글은 재미가 있고 감동을 준다."*

글쓰기엔 정답이 없다

하지만 불행하게도 이오덕 선생의 바람과는 달리, 초등학교 고학년이 되면서부터 글쓰기에 두려움을 갖기 시작하는 아이들이 많습니다. 안타까운 일이지요. 가장 큰 이유가 뭘까요? 역시나 어른들 탓입니다. 어른들이 정해놓은 기준과 강요, 그것을 벗어날까 봐 두려워하는 아이의 마음 때문입니다. 이 마음을 확실하게 부숴야 합니다. 꾸준한 글쓰기와 긍정적인 피드백, 그리고 '글쓰기엔 정답이 없다'란 진실을 인지시키는 것이 무엇보다 중요합니다.

제 아이가 본격적으로 글쓰기를 시작한 이유는 문학작품 때

---

* 이오덕,《이오덕의 글쓰기》, 양철북, 2017, 23쪽

문이었습니다. 〈독서평설〉의 짧은 지문이나 수능 기출문제를 읽고, 해석하고, 요약하는 데 큰 어려움이 없던 아이는 유독 문학 작품을 만나면 맥을 못 추었습니다. 소설을 읽고 감상을 나눌 때, 쉽사리 흐름을 낚아채지 못하더군요. 하긴 열두어 살짜리 아이가 박완서 작가의 〈나목〉이나 오정희 작가의 〈중국인 거리〉를 읽고 쉽사리 이해한다는 게 이상한 일이겠죠. 전쟁의 비참함이나 중년 여성의 심리가 아무리 탁월하게 묘사되어 있다 한들, 사춘기 아이에겐 도무지 와닿지 않았을 겁니다.

'아! 어떡하지?' 고민스러웠습니다. 막다른 골목길에 다다른 것 같은 상황에서 택한 저의 고육지책은 '글쓰기'였습니다. 자전거, 신종 코로나바이러스, 방송국, 자두, 스마트폰 등 다양한 제시어를 주고 '이야기'를 써보라고 했습니다. 그야말로 픽션, 허구의 이야기를 말이지요. 그런데 숙제를 받은 아이의 질문이 가관이었습니다. 적잖이 당황했습니다. 하지만 곰곰이 곱씹어보니 그 질문이야말로, 아이가 소설을 읽고 감상하면서 겪고 있었던 어려움을 함축적으로 웅변하고 있었습니다.

"내가 쓰는 얘기가, 반드시 교훈적이어야 해?"

그렇습니다. 소설을 감상하면서도 아이는 작품의 교훈을 찾는 데 집착하고 있었던 겁니다. 물론 세상에는 교훈적인 소설도 많습니다. 청소년 권장 소설로 국한한다면 더더욱 그럴 겁니다.

하지만 모든 소설이 톨스토이의 작품일 수는 없습니다. 교훈에 강박적으로 집착할 필요는 없다는 말이지요. 다행히 자전거를 소재로 완성한 아이의 글에는 억지 교훈이 없었습니다. 글쓰기 경험이 축적될수록, 문학작품에 대한 이해도가 올라가는 게 보였습니다. 결국 '읽기는 쓰기고, 쓰기는 읽기'라는 진리를 말씀드리고 싶군요. 글을 써보면서, 즉 자신이 스스로 저자의 스탠스에 서보면서 아이는 문학에 대한 이해도를 올려가기 시작했습니다.

글쓰기는 문해력을 향상시키는 치트키

독자의 처지에서 저자의 처지로 입장을 바꾸어 생각해보는 이 역지사지의 원리는 비단 소설, 시 등 문학작품에만 국한되지 않습니다. 수능 비문학 지문에도 그대로 적용됩니다. 비문학 지문은 크게 논설문과 설명문으로 나뉩니다. 수능 문제로 출제되는 지문은 대부분 논리적이고 잘 직조된 글입니다. 글의 구조가 명확하게 구축되어 있다는 말이기도 합니다.

따라서 구조를 파악하면 독해에 큰 도움이 됩니다. 논설문이나 설명문을 써본다는 것은 그 구조를 머릿속에 그린다는 뜻입니다. 구조를 짜보면 남이 짜놓은 구조도 쉽게 이해할 수 있습니다. 개요를 파악하면 글이 한 눈에 들어옵니다. 자신이 직접 집을

지어본 사람은 설계도가 먼저 머릿속에 입력됩니다. 설계도를 머릿속에 넣고 집을 둘러보는 것과 방, 거실, 화장실을 허겁지겁 살펴보는 것은 차원이 다른 게임입니다.

누차 말씀드리지만 수능 국어영역은 시간 싸움입니다. 최상위권 및 상위권 학생들에게 무한정 시간을 주면 대부분 만점에 수렴하는 답안지를 제출할 겁니다. 결국 최상위권과 상위권 수능 국어영역의 편차는 '시간'이 좌우합니다. 글을 써본 수험생은 현관문만 들어서도 이 집의 청사진이 대략 머릿속에 그려집니다. 반면 글을 써보지 않고 열심히 남의 집에 들어가 여기 기웃, 저기 기웃하는 훈련만 수행한 수험생은 그저 땀 흘린 만큼만 보상받게 됩니다. 효율성이 떨어지는 것이지요.

다음은 '베이즈주의자'라는 생소한 개념을 설명하는 수능 국어영역의 비문학 독해 지문입니다. 구조와 개요를 머릿속으로 그려나가면서 한번 읽어보시기 바랍니다.

2020학년도 수능 국어영역 짝수형 16-20번 문항 지문

㉠많은 전통적 인식론자는 임의의 명제에 대해 우리가 세 가지 믿음의 태도 하나만을 ⓐ가질 수 있다고 본다. 가령 '내일 눈이 온다.'는 명제를 참이라고 믿거나, 거짓이라고 믿거나, 참이라 믿지도 않고 거짓이라 믿지도 않을 수 있다. 반면 ㉡베이즈주의자는 믿음은 정도의 문제라고 본다. 가령 각 인식 주

체는 '내일 눈이 온다.'가 참이라는 것에 대하여 가장 강한 믿음의 정도에서 가장 약한 믿음의 정도까지 가질 수 있다. 이처럼 베이즈주의자는 믿음의 정도를 믿음의 태도에 포함함으로써 많은 전통적 인식론자들과 달리 믿음의 태도를 풍부하게 표현한다.

우리는 종종 임의의 명제가 참인지 거짓인지 새롭게 알게 된다. 이것을 베이즈주의자의 표현으로 바꾸면 그 명제가 참인지 거짓인지에 대해 가장 강한 믿음의 정도를 새롭게 갖는다는 것이다. 베이즈주의는 이런 경우에 믿음의 정도가 어떤 방식으로 변해야 하는지에 대해 정교한 설명을 제공한다. 이에 따르면, 인식 주체가 특정 시점에 임의의 명제 A가 참이라는 것만을 또는 거짓이라는 것만을 새롭게 알게 됐을 때, 다른 임의의 명제 B에 대한 인식 주체의 기존 믿음의 정도의 변화는 조건화 원리의 적용을 받는다. 이는 믿음의 정도의 변화에 관한 원리로서, 만약 인식 주체가 A가 참이라는 것만을 새롭게 알게 된다면, B가 참이라는 것에 대한 그 인식 주체의 믿음의 정도는 애초의 믿음의 정도에서 A가 참이라는 조건하에 B가 참이라는 것에 대한 믿음의 정도로 되어야 함을 의미한다. 예를 들어 갑이 '내일 비가 온다.'가 참이라는 것을 약하게 믿고 있고, '오늘 비가 온다.'가 참이라는 조건하에서는 '내일 비가 온다.'가 참이라는 것을 강하게 믿는다고 해 보자. 조건화 원리에 따르면, 갑이 실제로 '오늘 비가 온다.'가 참이라는 것만을 새롭게 알게 될 때, '내일 비가 온다.'가 참이라는 것을 그 이전보다 더 강하게 믿는 것이 합리적이다. 조건화 원리는 새롭게 알게 된 명제가 동시에 둘 이상인 경우에도 마찬가지로 적용된다. 다만 이 원리는 믿음의 정도에 관한 것이지 행위에 관한 것은 아니다. 명제들 중에는 위의 예에서처럼 참인지 거짓인지 새롭게 알게 된 명제와 관련된 것도 있지만 그렇지 않은 것도 있다. 조건화 원리에 ⓑ따르면, 어떤 명제가 참인지 거짓인지 새롭게 알게 되더라도 그 명제와 관련 없는 명제에 대한 믿음의 정도는 변하지 않아야 한다. 예를 들어 위에서처럼 갑이 '오늘 비가 온다.'가 참이라는 것만을 새롭게 알게 되더라도 그것과 관련 없는 명제 '다른 은하에는 외계인이 존재한다.'에 대한 그의 믿음의 정도는 변하지 않아야 한다. 이처럼 베이즈주의자는 특별한 이유가 없는 한 우리의 믿음의 정도는 유지되어야 한다고 ⓒ본다.

베이즈주의자는 이렇게 상식적으로 당연하게 여겨지는 생각을 정당화하기 위해 기존의 믿음의 정도를 유지함으로써 ⓓ얻을 수 있는 실용적 효율성에 호소할 수 있다. 특별한 이유 없이 학교를 옮기는 행위는 어떠한 방식으로든 우리의 에너지를 불필요하게 소모한다. 베이즈주의자는 특별한 이유 없이 기존의 믿음의 정도를 ⓔ바꾸는 것도 이와 유사하게 에너지를 불필요하게 소모한다고 볼 수 있다. 이 관점에서는 실용적 효율성을 추구한다면, 특별한 이유가 없는 한 기존의 믿음

비문학 독해의 핵심 요소는 주제, 구조, 개념입니다. 개념을 파악하고 들어간 수험생은 구조를 빨리 파악할 수 있기 때문에 주제 파악이 훨씬 쉽습니다. 글을 써본 경험이 있는 수험생이라면 지문의 두 번째 문단과 세 번째 문단이 병렬식으로 합쳐져, 첫 번째 문단을 뒷받침하는 구조라는 것을 단박에 알아챕니다. 마냥 지문을 열심히 읽기만 한 수험생은 그 구조를 파악하기 어렵지만, 이런 성격의 글을 몇 편이라도 써본 수험생은 파악 속도부터가 다릅니다.

물론 수능 국어영역 킬러 문항 혹은 준킬러 문항 정도가 되면, '나 잡아 잡수시오!'라며 주제를 명징하게 드러내지 않습니다. 각 개별 문단마다 조금씩 단서를 흘리고 있지요. 그러니 문제를 풀다 보면, 개별 문단에 집중할 수밖에 없습니다. 그러나 똑같이 빵조각을 따라가는 헨젤과 그레텔이라도 그 끝에 마녀의 펄펄 끓는 솥이 기다리고 있다는 사실을 아는 것과 모르는 것은 천지차이지요. 나무를 보더라도, 숲의 조감도를 머릿속에 넣고 보라는 말입니다.

특히나 최근 국어영역의 경향은, 수험생이 알 수 없는 새로운 개념을 제시하고 그 개념에서 심화된 논의를 펼치는 문제가 늘어나는 추세입니다. 위 지문에서는 '조건화 원리'라는 신개념이 등장합니다. 하지만 두려워할 필요 없습니다. 지문의 구조를 꿰뚫고 있다면 '조건화 원리'라는 새로운 개념을 설명해주는 요소가 어디에 위치했는지 알 수 있기 때문입니다.

글쓰기는 단순히 뜬구름 잡는 이상적인 국어 훈련이 아닌, 결국 독해력을 향상시켜주는 또 하나의 치트키입니다. 다시 한 번 강조합니다. 당장 도움이 안 될 것 같다며 글쓰기 훈련을 등한시하지 마세요. 글쓰기 훈련은 분명 자신의 존재감을 드러내며 빛날 것입니다. 수능에서, 내신에서, 면접에서.

어떻게 하면 언어 능력을
고르게 발전시킬 수 있을까

독서가 세상을 이해하는 방법이라면 글쓰기는 나를 세상에 이해시키는 방법입니다. 여기에 말하기가 얹어집니다. 앞에서 사고력에 대해 이야기하면서도 스치듯 언급했지만, 인간의 언어 능력은 서로 맞물려 있기에 어느 한 가지 능력이 커지면 다른 능력에도 영향을 줍니다. 꼭 읽고 쓰는 능력에 도움을 주기 위해서가 아니라도, 말솜씨는 그 자체로 살아가는 데 엄청난 무기가 되죠. 잘 읽고 잘 쓰는 아이들이 말도 잘하는 경우가 많지만, 그렇지 않은 경우도 있죠. 왜 그럴까요?

아주 어릴 때부터 '넌 입만 살았다는, 혹은 물에 빠지면 입만 동동 뜰 거라는' 말을 많이 듣고 자란 사람으로서 이 챕터에서는 말하기 능력에 대한 이야기를 풀어보겠습니다. 주변의 칭찬 정도로 미덥지 않으시다면, 시사 프로그램을 2년째 진행하고 있으니 최소한의 능력 검증은 되었다고 인정해주시겠죠?

아이를 윽박지르지 않기

말솜씨는 타고나는 것일까요? 찾아보니 이 물음에 대해서는 의견이 엇갈리더라고요. 기질의 문제는 분명히 있습니다. 남 앞에 나서기 좋아하고, 대화나 연설을 좋아하고, 상대의 반응을 궁금해하는 기질은 타고나는 것 같아요. 관종기의 일부랄까요. 저는 그런 기질이 극도로 강한 사람이었고요. 말보다도 글로써 제 존재를 드러내고 싶어 하긴 했지만요.

다만 대부분의 학자들이 의견 일치를 보이는 부분이 있습니다. 어릴 때 아이를 윽박지르는 행위가 아이의 언어 감각을 극도로 위축시킨다는 겁니다. 무시하는 행위도 마찬가지예요. 당연한 이야기처럼 보이지만, 놀랄 만큼 많은 부모들이 이런 잘못들을 부지불식간에 저지른다고 합니다. 부모의 그런 말과 행동 때문에 아이들이 받는 스트레스는 상상을 초월할 정도여서, 아주 심한 경우에는 물리적 충격 없이도 아이의 시신경이 손상될 정도라고 합니다.

아이의 말을 귀담아 들어주고, 적절하게 반응해주세요. 논리가 미숙하고 결론이 틀리더라도 바로 지적하지 마세요. 부모의 반응에 따라 아이는 자신의 언어에 자신감을 갖게 되고, 이는 막대한 에너지가 되어 표현 능력을 향상시킵니다. 가족 간의 대화가 이렇게나! 중요합니다. 그러니 내가 습관적으로 잘못된 말을 내뱉고 있지는 않은지 자주 점검해보세요.

자식과의 대화도 중요하지만 부부간의 대화도 중요합니다. 폭력은 말할 것도 없고, 부부간에 언성을 높이는 일이 잦다면 아이의 입도 닫힌다는 연구 결과가 꽤나 많이 나와 있습니다. 안 싸우고 사는 일이 불가능하니, 소리 높여 싸울 일이 있다면 꼭 아이가 듣지 않는 곳에서 싸우시기를. 이거 하나만큼은 저희 부부의 0순위 약속이었습니다.

가정에서 자연스럽게 발표해보기

흔히 발표라고 하면 거창한 이벤트를 생각하는데 그렇지 않습니다. 가족의 생일이나 기념일, 혹은 크리스마스이브, 연말 등등의 기회를 통해 자연스럽게 가족 구성원들이 돌아가면서 말을 하는 문화를 만들어보세요. 전혀 어렵지 않아요. 이를 테면 이런 겁니다. 우리 가족은 매년 마지막 날, 올 한 해 가장 좋았던 일 다섯 가지를 이야기합니다. 작은 케이크를 앞에 놓고 해가 바뀌기 전에 하는 가족 의식이죠. 사춘기의 절정에서는 귀찮다며 거부하는 일도 있었지만, 그럴 때는 굳이 억박지를 필요는 없습니다.

아이가 학급 회장 선거나 각종 발표 준비를 할 때 부모가 청중이 되어주는 것도 아주 좋은 방법입니다. 잘 들어주는 것만 해도 충분한데, 목소리와 표정 같은 부분에 조언을 해준다면 더욱 좋겠죠? 원고 작성을 같이 해주면 금상첨화인데, 모든 부모가 다 저처럼 글 쓰는 일을 직업으로 하고 있지는 않으니 그건 무리일 수도 있겠네요. 그래도 관심을 갖고 들여다봐주는 것만으로 아이에겐 큰 힘이 됩니다. 아이가 겉으로는 핀잔을 줄지 모르지만요.

유혹하는 말하기의 중요성

언젠가부터 말하기는 제 직업이 되어버렸습니다. 이 책의 공동 저자인 김훈종 PD와 함께 8년째 팟캐스트를 진행하고 있고, 2018년부터는 제 이름을 단 시사 프로그램도 진행하고 있죠. 특강이나 외부 행사 진행도 꽤 많이 했고요.

말의 기본 속성은 뭘까요? 단언할 수 있습니다. '유혹'입니다.

저는 어릴 때 웅변대회에 자주 나갔는데, 언젠가부터 말의 속성은 유혹이라는 사실을 깨달았습니다. 아무리 또박또박 발음하고 우렁차게 발성하고 좋은 내용을 전달해도, 청중을 유혹하지 못하면 반응이 별로더라고요. 반면에 부족한 부분이 있더라도 청중을 유혹하면 뜨거운 반응이 나온다는 사실을 깨달았습니다.

당시 웅변의 내용이라고 해 봤자 북한 빨갱이들을 성토하는 반공 웅변이나 계몽적 선전에 가까웠지만, 그럼에도 저는 유혹의 포인트를 찾았습니다. 그 포인트는 오히려 눈빛, 호흡, 리듬, 표정, 손동작, 음성의 강약 조절 등등 부수적인 것들이었습니다. 바짝 얼어 있는 대신 미소를 머금고 청중과 충분히 눈을 맞추는 시간을 가지고, 결정적인 부분 앞에서는 이상하리만큼 오래 쉬고, 남들과는 다른 손동작을 하는 것만으로도 사람들은 졸지 않고 저를 지켜보고 더 큰 박수를 보내주더라고요.

어른이 된 후에도 마찬가지. 이성을 유혹할 때는 물론이고 입사 시험에서, 선배들과의 회식 자리에서, 팀원들을 설득할 때도, 거의 모든 상황에서 말하기의 본질은 유혹이라는 사실을 확신할 수 있었습니다.

늘 생각하고 있었습니다. 아이에게 아빠의 말하기 비법을 언제 전수해줄까. 아이가 중학교에 들어가서 학급 회장 선거를 할 때 처음으로 '유혹'이라는 키워드를 꺼냈죠. 단, 오직 유혹만 있어서는 안 된다, 설명과 설득 등등 다른 요소도 필요하다고 덧붙였죠. 유혹은 목적이라고!

많은 경우, 우리는 착각합니다. 우리는 남의 말을 듣고 있다고 생각하지만 그 사람의 말을 통해 그 사람을 평가하는 경우가 허다합니다. 그래서 유혹하는 말하기는 더더욱 중요합니다. 유혹하는 말하기를 시전할 때만큼은 상대는 평가할 타이밍을 놓쳐버리거든요. 왜 그럴까요? 즐겁기 때문입니다. 누군가를 유혹하는 일도 즐겁지만 유혹당하는 일도 즐겁습니다. 그것은 본능입니다. 우리가 남의 나라 정치인의 명연설을 찾아보거나 딱히 내 관심 분야가 아닌데도 입담꾼이 말하는 모습을 지켜보는 이유가 그겁니다. 그들은 유권자를, 대중을 유혹하고 있습니다.

유혹하는 말하기의 장치는 몇 가지가 있습니다. 일단 '유머'를 꼽을 수 있어요. 상대를 미소 짓게 하면, 반은 먹고 들어가는 겁니다. 웃음은 술과 같아서 잠시나마 이성의 틈을 벌리고, 그 틈으로 유혹의 미약을 흘려 넣는 거죠.

호기심을 자극하는 것도 좋은 방법입니다. 호기심을 해결하기 위해서라도 상대는 내 말을 끝까지 듣게 되고, 심지어 호기심을 해결하는 과정이 통쾌하다면 저를 실제보다 훨씬 더 괜찮은 사람으로 인식하게 됩니다.

도발도 고수들의 무기입니다. 이건 자칫하다간 역효과가 심할 수도 있으니 조심해야 합니다. 그러나 적절하게 썼을 때 무척이나 매력적인 사람으로 인식될 수 있습니다. 정치인들이 자주 구사하는 무기죠.

감동도 좋은 장치입니다. 감동은 짧은 대화에서는 구현하기 힘들지만, 방해받지 않고 긴 시간이 허락된 무대에서는 반드시 필요한 요소이기도 합니다. 감동의 진짜 힘은 오래갑니다. 유머와 도발은 이야기를 다 듣고 나면 잊히기 십상이지만 감동은 집에 가서도 잔상이 오래 남거든요.

그리고 몇 가지 더 덧붙이자면, 언제나 여유가 있어야 합니다.

연설이라면 모르겠으나 대화라면, 상대의 말을 함부로 끊지 않아야 합니다. 내 말을 너무 길게 해서도 안 됩니다. 내용에 맞는 적절한 표정으로 상대의 눈을 보고 정확하게 말해야 합니다. 자신만만하되 잘난 척하는 인상을 주지 않아야 하고 미소를 머금되 실없이 보이지 말아야 합니다.

말솜씨는 어릴수록 기르기 쉽다

우리 아이에겐 힘들겠다고 체념하시는 분들도 계시겠죠. 말솜씨는 아이가 어릴수록 길러주기가 쉽습니다. 안타깝게도 부모의 무심함이나 잘못된 말하기 습관으로 초등학교 시절을 놓쳐버렸다면, 집에서 할 수 있는 일은 별로 없습니다. 이 책에서도 말하기와 관련한 챕터는 이거 하나뿐이듯, 이미 중학교에 들어간 아이들에게 말하기를 따로 배울 시간이 허락될지 모르겠습니다. 다만 저는 확신합니다. 시험에는 읽고 쓰는 능력이 더 필요할지 모르겠으나 인생 전반을 놓고 보면 말하기 능력이 더 중요하다고요.

정 안 되면 큰 소리로 책 읽는 연습도 나쁘지는 않은데, 아이들이 좀처럼 부모 앞에서 책을 소리 내어 읽으려 하지 않아요. 억지로 강요하면 당연히 역효과가 나겠죠?

좀 다른 이야기인데 저는 아이들이 유튜브나 다른 영상 플랫폼에서 개인 방송을 하는 일에 찬성입니다. 이건 반대 의견도 많을 것 같고 장단점도 분명하니 부모가 각자 알아서 판단하시기 바랍니다. 저는 나중에라도 아이가 자기 채널을 하나 운영한다면 적극적으로 지원해줄 생각입니다.

덧. 요즘 아이들에게 외모는 너무나도 중요한 관심거리입니다. 외모는 언어 능력 향상에 영향을 주기도 합니다. 자기 외모에 자신이 없어서 남 앞에서 제대로 눈도 못 맞추고 목소리가 기어들어가는 경우가 허다하거든요. 고백건대, 이렇게 중요한 문제에 의견을 드리지 못해 죄송할 따름입니다. 우리 아이도 자기 외모에 대해 못마땅한 것들을 이것저것 말했는데 저는 공감을 전혀 못 했거든요. 오히려 이 부분은 제가 배우고 싶네요. 아이들에게 너는 충분히 예쁘고 멋지다는 확신을 주려면 대체 어떻게 해야 할까요? 끙.

질문하는 아이로
키우는 법

 '말과 글의 관계' 혹은 '글과 말의 관계'는 의외로 간단합니다. '좋은 글은 말하듯 쓰면 된다'라는 것이 글 잘 쓰는 작가들의 공통된 주문이자 비결입니다. 말만 잘한다면 좋은 글이 나올 수밖에 없겠지요. 물론 예외 없는 규칙은 없습니다. 춘추전국시대의 한비자는 천하의 눌변이었지만, 글은 기가 막히게 잘 썼습니다. 《오두》《고분》 등 한비자의 저작에 반한 진시황은 그를 진나라에 초빙했습니다. 하지만 몇 마디 말을 나눠보고는, 지독한 눌변에 질려 내쳐버렸습니다.

 제가 어린 시절만 해도, 바둑 선수 이창호 기사의 과묵함은 칭송의 대상이었습니다. 어눌한 말투는 반상에서 번득이는 그의 천재성을 더욱 돋보이게 만들어주는 일종의 장식이었습니다.

'웅변은 은이요, 침묵은 금이다'라는 격언이 여전히 위력을 발휘하던 시절이었지요. 밥상머리에서는 그저 조용히 수저를 움직이는 게 미덕이었던 시절이기도 했습니다. 그러다 보니 학교에서도 '발표는 다소 어눌해도 시험 점수에서 탁월함을 보여주는 학생'이 돋보였습니다. 최상위권 학생들은 오히려 수업 시간에 적극적으로 참여하지 않았습니다. 공자는《논어》에서 군자의 주요 덕목으로 '눌언민행訥言敏行'을 꼽으며 강조합니다. 말은 어눌하되 행동은 민첩해야 한다는 의미입니다. 동아시아 문화 근간에는 이런 공자의 세계관이 면면히 흘러 내려왔습니다.

문해력과 표현력의 중요성

하지만 이제 세상이 바뀌었습니다. 세상에 나를 알리고 소통하는 일로 밥벌이를 하는 시대가 성큼성큼 우리를 찾아왔습니다. 전국 초등학교 교실 아무 데나 들어가서 '여러분! 꿈이 뭐예요?'라고 물어보세요. 한 반 서른 명 중, 최소한 열 명은 '유튜버요!'라고 답할 겁니다. 유튜브를 통해 전 세계 77억 인구를 대상으로 나를 알리고 소통하며 돈을 벌겠다는 이 야무진 꿈은, 대체 언제부터 아이들의 장래 희망 1순위가 된 걸까요?

2006년, 구글이 2조 2,000억 원을 들여 유튜브를 인수한다고 했을 때, 다들 '사장님이 미쳤어요'라며 손가락질을 해댔습니다.

2006년 한 해 5,000억 원씩 적자를 안겨주던 신생 기업을 인수할 당시만 해도, 인수 이후 수년 동안 미디어의 중심이 이토록 동영상 위주로 재편될 줄은 꿈에도 몰랐을 겁니다. 요즘 아이들에게 네이버나 구글은 더 이상 인터넷으로 향하는 관문(포털)이 아닙니다. 오직 유튜브만이 유일한 문이고, 길입니다.

벌써 몇 년 전 일이네요. 아이가 친구와 함께 뭔가를 촬영해서 유튜브에 올렸다고 하더군요. 궁금해서 찾아봤습니다. 컴퓨터 게임 해설을 맛깔나게 하고 있는 두 꼬마의 목소리가 들리더군요. 평소 엄마, 아빠 앞에서 재롱 피우던 초등학교 4학년짜리 순둥이는 어디로 갔는지 찾을 길이 없었고, 기름지고 능글맞게 말 잘하는 아이가 있었습니다. 한마디로 충격이었습니다.

당시 저는 공저자인 이재익 PD와 함께 〈씨네타운 나인틴〉이란 팟캐스트와 〈씨네타운 에스〉라는 지상파 라디오 프로그램을 진행하고 있었습니다. '아! 역시 피는 못 속이는구나!' 저는 제 아이가 이렇게 말하는 걸 좋아하고 즐기는 줄, 미처 몰랐습니다. 대부분의 부모는 아이를 제대로 모릅니다. '내 아이는 내가 속속들이 모두 안다'고 착각하는 것일 뿐이죠. 당황스러움이 조금 사라지고 나서, 처음 들었던 생각은 '그래도 다행이다'였습니다. 입시 혹은 입사 면접에서, 우리 아이가 남들보다 크게 손해 보지는 않겠구나 하는 안도감이 들었지요.

유튜브 사건(!) 이후 저는 아이의 표현력을 신장시키기 위해 많은 노력을 했습니다. 공부의 요체는 결국 문해력과 표현력이기 때문입니다. 문해력은 인풋에, 표현력은 아웃풋에 해당합니다. 책을 온전하게 이해할 수 있는 문해력을 키우는 노력만큼이나 중요한 게, 표현력을 키워주는 일이라는 확신을 하게 되었습니다. 그래서 저는 아이가 잘못을 했을 때, 반드시 반성문을 쓰게 하고 대화를 한참 나누었습니다. 반성문과 그 이후 나누는 대화는 무척이나 중요한 연습이 될 수 있습니다. 뭔가 잘못을 저지르고 곤경에 처한 상황에서도 자신의 의견을 제대로 피력할 줄 안다면, 언제 어디서든 자신을 표현하는 데 어려움이 없겠죠.

하브루타 교육법을 시작하라

아이가 일정 수준 이상의 문해력과 표현력을 갖추었다고 판단한다면, 또 하나 아이에게 가르치고 싶은 말하기는 '질문하는 법'입니다. 대저 세상사에서 올바른 답을 찾고 싶다면, 그 해법은 간단합니다. 제대로 된 질문을 하면 됩니다. 제대로 묻는다면, 이미 제대로 된 해답을 아는 겁니다. 만약 제대로 물었는데 제대로 된 답이 나오지 않는다면, 그것은 내 능력 밖의 일입니다. 따라서 질문만 제대로 해도 세상살이에 어려움이 없을 겁니다.

'제대로 질문하기'를 실천하기 위해서는 각고의 훈련과 노력이 필요합니다. 우리나라는 질문을 금기시하는 나라이기 때문입니다. 학교나 직장은 물론이요, 가정에서조차 질문은 쉽지 않습니다. 오죽하면 '말 많으면 공산당'이란 얼토당토않은 표현까지 있었을까요. 오랜 기간 이어졌던 군부 독재의 부작용으로, 일사분란을 강조하고 질문하는 것을 꺼리는 분위기는 대한민국을 잠식해왔습니다. 그래서 우리 아이들에게는 질문하는 법을 제대로 가르쳐야 합니다. 매사에 '왜?'를 강조하고, 끊임없이 질문할 줄 아는 아이가 창의적으로 자라납니다.

'하브루타'라는 교육법이 있습니다. 서로 짝을 지워 대화하고 토론하는 학습법으로, 유대인 전통의 공부 방법입니다. 하브루타havruta라는 말의 어원은 '우정'이나 '동반자 관계'라는 말에서 파생했습니다. 하브루타 교육법에서 가장 강조하는 요소가 바로 여기에 있습니다. 부모라고 해서 우월한 지위에서 굽어보는 방식으로 대화를 이어간다면, 결코 하부르타 교육법이 될 수 없습니다. 그 어원이 말해주듯, 친구처럼 같은 눈높이를 견지하는 것이 무엇보다 중요합니다.

유대인 전통 교육 기관인 예시바에서도 하브루타 교육법을 강조합니다. 《탈무드》를 읽을 때도 혼자서 읽는 것보다는, 둘이서 짝을 이뤄 질문하며 토론식으로 공부할 것을 권합니다. 소크라테스가 산파술을 통해 제자들에게 가르침을 전했듯이 질문과 대화, 토론이 공부의 핵심입니다. 하브루타식 교육을 실천하기 위해서는, 무엇보다 부모의 역할이 중요합니다. 아이들의 관심 분야를 알아내고, 공부하고, 함께 나눌 수 있는 에너지를 가진 사람은 부모밖에 없기 때문입니다.

잊지 말 것, 세 가지 금기

하브루타 교육법을 실천하고 싶다면, 절대 해서는 안 되는 세 가지 금기가 있습니다.

첫째, 가르치려고 하지 마세요. 아이의 눈높이에 맞추세요. 부모 역시 '함께 공부하고 배운다'는 자세로 접근해야 합니다. 영어 단어나 표현을 물어봤을 때, 이미 알고 있더라도 그냥 가르쳐주는 것보다는 함께 사전을 찾아보며 익히는 것이 훨씬 효과적입니다.

둘째, 아이가 관심 없어 하거나 따분해하는 분야를 강권하지 마세요. 제아무리 필수불가결한 분야라고 생각하더라도, 아이가 시큰둥해하면 굳이 하브루타 교육법을 통해 가르칠 필요 없습니다. 대화와 토론으로 함께 공부할 분야는 차고 넘치니까요. 그중에 아이가 흥미로워하는 분야만 다루어도 충분합니다.

마지막으로, 절대 대화와 토론을 미루지 마세요. 아이가 흥미를 보였다면 아무리 피곤해도 그 즉시 실행해야 합니다. 아이의 흥미는 오뉴월 감주 맛 변하듯, 유통 기한이 짧습니다. 자칫하다가는 상하기 십상이에요. '일론 머스크의 화성 이주 프로젝트' 뉴스를 함께 시청하다가, '화성에 사람이 살 수 있어요?' '화성에 산소가 있나요?'라는 질문이 아이 입에서 흘러나오면, 지체 없이 넷플릭스를 열고 〈마션〉을 보여줘야 합니다. 〈마션〉을 재미있게 감상하고 나서도 여전히 아이의 흥미가 유효하다면, '이때가 기회다!'라고 쾌재를 부르면서 서점으로 달려가십시오.《코스모스》한 권을 얼른 사와서 읽혀보는 겁니다. 코로나19로 인해 집에만 갇혀 답답해하는 아이에게 슬쩍 카뮈의《페스트》를 쥐여줘보세요. 먼지를 뒤집어쓰고 서가에 꽂혀 있을 때와는 사뭇 다른 취급을 받게 될 겁니다. 시의성이란 게 이렇게 중요합니다.

부모 노릇 하기 쉽지 않죠?

맞습니다. 하지만 책을 읽어야 하는 아이의 수고로움도 생각해보세요. 아무리 피곤해도 힘을 내야 합니다. 책을 사주고, 읽은 책을 주제로 이야기를 나누고, 함께 사전을 찾아보는 노력을 해야 글 잘 쓰는 아이, 말 잘하는 아이가 탄생할 수 있습니다. 세상에 공짜는 없으니까요!

아이와 함께
읽고 토론하고
계획을 세우라

아빠의
링크 Ⅰ

독서라는 단어 자체에 책을 읽는다는 뜻이 포함되어 있지만 독서의 대상이 꼭 책일 필요는 없습니다. 신문의 칼럼이나 뉴스 기사, 혹은 잘 정리된 SNS의 글도 매우 좋은 읽을거리입니다. 독해 능력을 향상시켜주는 것은 물론이고요.

저는 종종 아이에게 기사 링크를 보내주곤 했습니다. 여기서 중요한 건 지나치게 목적성을 띠어서는 안 된다는 겁니다. 아이의 독해력을 향상시키고 싶은 마음에 딱 수능 지문 같은 글만 계속 링크를 보내주면, 아이는 열어보기만 하거나 아예 열어보지도 않을 테죠. 빵 터지는 짤(사진), GIF, 동영상 등등을 가볍게 보내는 습관을 붙여보세요. 그리고 가끔, 아주 넌지시 아이가 읽어보았으면 하는 글을 보내주는 겁니다.

문장 자체가 썩 좋을 필요는 없습니다. 그것까지 신경 쓰면 부모님들이 너무 피곤해져요. 오히려 주제에 신경 쓰는 것이 좋습니다. 요즘 우리 사회, 더 나아가 인류에게 던져진 화두를 골고루 고르면 됩니다. 이 챕터에서는 제가 아이에게 보내서 최소한의 대화라도 서로 나눴던 링크를 몇 개 공유하고자 합니다. 몇 가지 주제로 나누어서 정리해볼게요. 당연히, 부모도 아이에게 보내주는 글 내용에 관해 충분히 이해하고 공부해야겠죠?

환경

이미 지금도 중요하고 앞으로는 더 중요해질 주제입니다. 인류의 번영은 다른 말로 표현하면 자연 파괴라고 할 수 있죠. 도로를 만들고, 건물을 올리고, 하수도를 설치하고, 발전기를 돌리고, 자동차 산업이 발달하고, 에어컨을 보급하는 등등 우리 인간의 편리를 개선하는 모든 활동은 그만큼의 피해를 자연어머니에게 요구합니다. 최근에는 환경 문제와 관련한 주제로 배달의 민족, 마켓컬리, 쿠팡 등등 배달 서비스를 언급할 만합니다. 배달 앱이 발달하면서 비닐과 플라스틱 쓰레기가 확연히 늘어난 것 같지 않습니까? 체감상 두 배는 더 늘어난 것 같아요. 뭐 이런 식의 논리를 담은 링크들입니다. 독자들을 위해 포털 사이트에서 검색하기 쉽게 제목을 적어놨습니다.

전기자동차는 내연기관 자동차에 비해 친환경적이라고 다들 생각하죠. 별 의심도 없이 당연하게 그렇게 생각합니다. 그런 믿음에 의구심을 가져보는 글입니다. 환경오염의 역사도 간단하게 잘 기술되어 있고요.

독일 10대 '기후변화회의론자'…환경소녀 툰베리 맞수로 - 뉴스원

2019년 〈타임〉지가 뽑은 올해의 인물로 선정된 소녀 환경운동가 그레타 툰베리를 둘러싼 이야기는 매우 흥미롭습니다. 그녀가 환경운동의 상징으로 떠오른 과정이나 도널드 트럼프 대통령과의 기싸움, 그리고 그녀를 둘러싼 논란까지 생각할 거리도 많고 토론할 거리도 듬뿍이죠. 거기에 라이벌까지 등장했다니! 특히 토픽의 주인공들이 아이들 또래라는 점이 더욱 흥미롭습니다.

미드 〈체르노빌〉 예고편

아이와 함께 좋은 영화를 같이 보고 후일담을 함께 나누는 일은, 푸른 하늘 아래 캐치볼을 하는 것만큼이나 많은 아빠들의 로망이죠. 실현 가능한 로망입니다. 그러나 아이 학년이 올라갈수록 점점 힘들어지죠. 초등학교 때는 지겹도록 극장 타령을 하던 녀석이 중학교에 올라가서는 저와 극장 가는 일을 기피하더군요. 무척 섭섭했지만 어쩌겠어요. 저 역시 그랬던 걸요. 뭐 따로

보고 난 뒤에 같이 얘기하면 되죠. 미드 〈체르노빌〉은 취향을 몹시 타는 드라마이긴 한데, 제 경우에는 대성공이었습니다. 다만 그냥 재미있는 드라마라고 권해주면 첫 화 앞부분을 넘기지 못하고 흥미를 잃기 십상이니 예고편을 꼭 먼저 보여주세요. 보다 보면 이렇게 무시무시하고 쫄리는 장면들이 나온다는 걸 알려줄 겸 말이죠. '탈원전'이라는 화두를 깊이 생각하기에 이만큼 좋은 간접경험이 또 있을까 싶습니다.

젠더

서로 사랑하기도 모자란 남녀가 왜 이렇게 싸우는 건지 안타까울 따름입니다. 그러나 이런 식의 감정적인 태도를 취하기에 젠더 이슈는 너무나도 치열합니다. 아이들 역시 부모들이 생각하는 것보다 훨씬 더 일찍 이 이슈에 관심을 갖게 됩니다. 그리고 훨씬 더 왜곡된 방식으로 이 이슈를 이해하곤 합니다. 이 기회에 부모님들도 같이 공부하고 고민해보면 어떨까요?

페미니즘 - 나무위키

페미니즘은 무척 흥미로운 주제지만 적어도 청소년기에는 책으로 배우기엔 부담스럽습니다. 일단 아쉬운 대로 나무위키 정도라도 읽어보면 좋을 것 같습니다. 아이가 먼저 이 문제에 흥미를 보이길래 링크를 보내줬더니 무척이나 열심히 읽고 이것저 것 물어보더군요. 젠더 이슈를 이해하려면 먼저 페미니즘에 대한 최소한의 이해가 있어야 합니다. 꽤나 많은 남자아이들이 페미니즘을 '여성 우월주의' '여성 우선주의' 정도로 잘못 이해하고 있습니다. 어쩌면 아빠들도요….

'성전환' 변희수 하사, 육군에 인사소청…"강제전역 부당" - 한겨레

이견이 팽팽했던 사건이죠. 여전히 진행 중인 사건이기도 하고요. 아래의 주제와 함께 이야기해볼 만합니다.

한국서 '통계에도 없는 존재'로 산다는 것 - 경향신문

아이들은 물론이고 어른들도 잘 모릅니다. 남성, 여성, 게이, 레즈비언, 트랜스젠더. 각각의 정확한 정의를 아는 사람들이 몇 없어요. 아이들은 더더욱 그렇죠. 그러니 제대로 잘 알아둬야 합니다. 저는 이 문제에 대해 극도로 개방적인 입장을 취하고 있지만, 모든 부모님이 그럴 필요는 없다고 생각합니다. 다만 이야기를 나눌 때 아이들에게 부모의 입장을 고집하지만 않으면 됩니다.

혐오

왕따 문제는 아이들이 학교에서 매일 같이 체감하는 일입니

다. 요즘 아이들은 '왕따'라는 표현보다는 '인싸, 아싸'라는 표현을 자주 쓰더라고요. 어쨌든 비슷한 맥락에서 혐오라는 주제는 아이와 이야기해볼 만합니다.

아이들 세계와 달리 어른 세계에서의 혐오는 사실 공포와 맞닿아 있습니다. 가장 대표적인 예가 인종차별이죠. 몇십 년 전까지만 해도 흑인에 대한 폭력과 살인은 공공연하게 벌어지는 일이었습니다. 식민지도 아니고 자기 나라에서 노예로 부리던 인종에 대해 그저 피부색이 다르다는 이유로 이토록 잔혹한 폭력을, 이토록 오랜 세월 지속했다는 점은 납득하기 어렵더라고요. 그래서 찾아봤습니다. 우리나라에는 잘 알려져 있지 않은 학설인데, 흑인에 대해 백인들이 저지른 길고 긴 세월의 폭력이 '성기 콤플렉스'에 기인한다는 이론이 있습니다. 황당한 주장처럼 들릴 수 있으나, 저명한 학자들의 논문에서 반복되어 등장하는 내용이기도 합니다. 심지어 20세기 들어와서 무려 의학저널에 실린 논문(당연히 백인 의사가 쓴)에서도, 흑인의 성기는 지나치게 크며 그에 따른 리비도 역시 비정상적이어서 주의가 필요하다는 내용이 발견됩니다. 즉, 백인 남성들이 나서서 백인 여자를 지켜야 한다는 논리죠.

백인 여성을 집적거렸다는 이유로 흑인 남성이 맞아 죽은 사건사고는 그 예가 너무 많아서 일일이 다 소개하기가 어려울 정도입니다. 대부분 이런 패턴입니다. 어떤 흑인 남성이 백인 여성에게 성희롱 혹은 성폭력을 저질렀다는 소문이 돌고, 다수의 백인들이 모여 차마 묘사하기 곤란할 만큼 잔인한 방법으로 문제의 흑인을 고문하고 죽이고, 그다음에는 시체를 전시하거나 방치하는 식으로 모욕을 주는 거죠. 당연히 모함이 대부분이었다고 합니다. 관련 통계가 있는지는 모르겠으나, 흑인 남성이 백인여성에게 저지른 성폭행보다 그 반대의 경우가 몇 배(어쩌면 수십 수백 배)는 더 많으리라 짐작해봅니다.

영화 <그린북> 예고편

안타깝게도 이 글을 쓰는 순간까지도 아이는 이 영화를 보지 않았습니다. 그러나 아이가 꼭 봐주었으면 하는 영화 다섯 편 안에 들어가기에 독자 여러분에게도 추천합니다. 인종차별 문제가 다소 낭만적으로 그려져 있긴 합니다만, 이 정도면 충분히 좋은 영화이고 아이와 함께 나눌 이야기도 많으리라 생각됩니다. 저에겐 아직 기회가 오지 않았지만요.

혐오, 선을 넘다 - 시사인

혐오에 대한 종합적인 고민을 하게 해주는 글입니다. 다만 조금 어렵고 깁니다. 그나마 챕터가 나눠져 있어서 다행이긴 한데, 수능 국어영역에 나오는 지문 정도 수준이라고 보면 됩니다. 이 글을 읽다 저자의 주장에 동의하지 못하는 분들도 꽤 있을지 모릅니다. 저만 해도 그러니까요. 그래서 더욱 아이와 토론하기에 좋은 글이 아닌가 싶습니다.

일단 예시로 '환경, 젠더, 혐오' 이렇게 세 가지 주제를 적어봤습니다. 사실 제가 가장 많은 글을 보내준 주제는 '과학'이었습니다. 아이가 흥미로워하는 주제이기 때문이죠. 항성의 크기, 인공지능 기술이 바꿔놓을 미래상, 지구 밖 생명체의 존재, 바이러스의 역사 등등. 독자들도 되도록 아이가 흥미를 느낄 만한 주제부터 시작해보세요.

여기서 저는 링크라는 말을 인터넷 주소가 아니라 '아빠와 아들의 연결'이라는 의미로 사용하겠습니다.

이 챕터에서는 지난 몇 년간 제가 아이와 함께 읽고 토론했던 주제를 독자 여러분과 나누고자 합니다. 때론 시의성이 담보된 주제도 있었고, 때론 시대를 초월해 언제나 토론 주제로 사랑받던 스테디셀러도 있었습니다.

저는 좋아하는 책을 읽으면서 종종 밑줄을 긋습니다. 밑줄을 긋는 행위는 깊이 있는 독서를 하고 있다는 저만의 리추얼ritual이자 취미입니다. 형광펜이나 연필도 좋고, 가끔은 색연필도 사용합니다. 책에 밑줄을 긋고 여백에 간단한 메모를 남기면, 시간이 흘러 그 메모를 발견했을 때 큰 기쁨으로 다가옵니다.

기형도의 시집《입 속의 검은 잎》도 그런 책 중 하나입니다. "사랑을 잃고 나는 쓰네, 잘 있거라 짧았던 밤들아"라는 〈빈 집〉의 시구절 옆에 푸른색 볼펜으로 빼곡하게 써놓은 감상들이 여백을 메우고 있습니다. 써놓은 것을 다시 보니 차마 지면에 옮기기 부끄러울 만큼 오글거리지만, 제겐 보물 같은 시집입니다. 마치 주당들이 20년 묵힌 인삼주에 환장하듯, 저 역시 세월의 더께가 쌓인 메모를 발견하면 어찌나 기쁜지 모릅니다. 그런데 만약 그 밑줄이 아이와 함께 만든 것이라면, 훗날 얼마나 더 행복할까요. 여기 남긴 아빠의 링크는 아이와 함께 만든 소중한 '밑줄'이자 메모입니다.

노동과 기술

칼 마르크스는 일찍이 자본주의 체제가 인간을 소외시킨다고 주장했습니다. 마르크스는 인간의 본질을 노동에서 찾았어요. 인간이 인간다우려면 다시 말해, 동물과 명백히 다르다는 사실을 증명하려면 '노동을 통해서' 하라는 뜻입니다. 하지만 자본주의 체제는 노동에서 인간을 철저하게 소외시킵니다. 마르크스는 그 안타까운 상황을 이렇게 정리했습니다. "노동자의 노동은 자발적인 것이 아니라 강제적이다. 그러므로 그 노동은 그의 욕망을 충족시키지 못하고, 다만 노동 이외의 욕망을 충족시키기 위한 수단에 불과하게 된다."

근대 도시의 삶을 경제적 관점에서 해석하자면, 크게 생산학파와 소비학파의 견해로 나뉩니다. 생산학파는 '노동자가 기계화된 노동으로 인해 착취당하는 동안, 감각으로 체험하는 내면세계를 상실하고 사물로 전락하게 된다'고 주장합니다. 반면 소비학파는 생산학파를 비판하면서, '새로운 기술의 발전을 통해 노동자가 자신의 욕망을 온전히 충족시킨다'고 역설力說합니다.

발터 벤야민은 양자를 아우르는 입장을 전개합니다. 새로운 기술의 도입이 노동의 소외를 심화하지만, 소비 행위의 의미가 구매 행위로 축소될 수는 없다고 주장했습니다. 소비는 그보다 더 복합적인 체험을 가져다주기 때문입니다. 다시 말해 착취의 사물 세계와 꿈의 주체 세계가 교차하는 복합공간으로서의 근대 도시를, 벤야민은 상정하고 있었습니다.

생산학파와 소비학파. 조금 어려운 개념이지요. 영화 〈포드 V 페라리〉에 비추어 이해한다면, 두 학파의 주장과 이론을 조금 더 쉽게 소화할 수 있습니다. 켄 마일스라는 전설의 레이서가 영화의 주인공입니다. 마일스는 자동차와 레이스를 진정으로 사랑합니다. 자동차를 단순한 돈벌이로 대하지 않고, 진심을 다해 자신의 모든 것을 바쳐 자동차를 수리하고, 성능을 개선시켜 개조하고, 자동차 경주에 참여합니다. 일견 생산학파의 화신처럼 보이던 마일스는 아이러니하게도 대량 생산의 아이콘 포드의 후원을 받고 레이스에 참여합니다.

포드 사가 어떤 회사이던가요. 일찍이 창업주 헨리 포드는 컨

베이어 벨트를 고안해 대량 생산과 대량 소비의 시대를 열어젖힌 시대의 아이콘이었습니다. 자동차공들이 삼삼오오 둘러앉아 하나의 작품을 만들어내는 페라리와는 반대로, 각자 컨베이어 벨트 한 구석에서 나사를 조이고, 운전대를 조립하고, 타이어를 결합하고, 문짝을 달면서 철저히 소외된 노동을 견뎌야 하는 포드의 후원 아래 레이스를 뛰어야 하는 마일스의 기분은 어땠을까요?

21세기에 접어든 요즘, 자본주의보다 더욱 무섭게 노동 소외를 일으키는 존재가 하나 있습니다. 마르크스도 벤야민도 미처 깨닫지 못했던 것입니다. 눈부시게 도약한 기술의 발전이 바로 그 주인공입니다. 4차 산업혁명을 앞두고 AI가 세상을 지배하는 시대에, 노동의 문제는 더욱 중요한 사안으로 부각되고 있습니다. 마르크스나 벤야민의 고민거리는 노동이 소외되는 것이었습니다. 하지만 지금의 이슈는 '노동의 존재' 그 자체입니다. 소외된 노동이든 소외되지 않은 노동이든 '노동의 존재가 기본값이던 시절'과 '노동의 존재 자체가 위협받는 시절'은 엄연히 다릅니다.

기술의 발전은 '노동의 종말'을 야기하고 있습니다. '만국의 노동자여 단결하라!'고 외치던 마르크스의 음성이 아직도 귓가에 생생한데, 그 신성한 노동이 소멸하고 있다는 겁니다. 절박하던 그 외침이 세상에 울려 퍼진 지 채 200년도 지나지 않았는데 말이죠. 일하지 않고 하고 싶은 취미에만 모든 시간을 보낼 수 있다면 얼마나 행복할까요. 노동이 필요 없어진 세상은 일견 유토피아로 보입니다. 헨리 데이비드 소로가 꿈꾸던 세상이 도래하는 것이겠죠. 하지만 문제는 한정된 자원과 재화입니다. 소로는 극단적인 근검과 자급자족으로 유토피아적 삶을 쟁취했습니다만, 대부분의 사람들은 일정 수준 이상의 재화를 필요로 합니다. 그렇다면 그 '일정 수준 이상의 재화를 어디에서 얻을 것인가'라는 시급한 문제가 남습니다.

대다수의 미래학자들은 재화의 분배에 대해 공통된 결론을 제시합니다. 'AI를 소유하거나 AI를 구동하는 상위 3퍼센트의 인류는 천국에서 살게 될 것이고, 나머지 97퍼센트의 민중은 지옥으로 떨어질 것이다.' 4차 산업혁명을 통해 얻는 대부분의 부는 최상위 계급에 한정된다는 결론입니다. 여기서 해법으로 등장하는 제도가 이른바 기본소득제입니다.

기본소득이라고 하면 눈에 쌍심지를 켜고 반대하는 사람들이 많습니다. '땀 흘리지 않으면서, 따박따박 돈을 받아 가는 게 말이 되냐'며 평소에는 백안시하던 마르크스를 소환해 '노동의 신성함'을 부르짖습니다. '일하지 않는 자여, 먹지도 마라!'는 구호를 외쳐대죠. 평소에는 최저임금이나 노동권에 대해 관심도 없던 사람들이 이렇게 필요할 때만 억지 춘향이 격으로 노동 이론을 가져다 사용합니다. 이런 궤변이 창궐하는 이유는 한마디로 무지 때문입니다. 기본소득은 아이러니하게도 자본주의를 지탱해준다는 진실을 모르고 있는 겁니다. AI를 활용해 인간의 노동력 없이 수많은 재화를 값싸게 만들어낸들, 소비해줄 국민이 없다면 기업은 무너지게 됩니다. 기본소득을 통해 소비가 이루어져야 4차 산업혁명이 완성되는 것입니다.

앞으로의 미래는 결국 정치의 두 손에 달려 있습니다. 기술의 발전으로 이미 전 세계 모든 인구가 먹고살 수 있을 만큼 풍족한 식량이 생산되지만, 여전히 아프리카의 수백만 아이들은 기아로 죽어갑니다. 바람직한 분배가 실종되었기 때문입니다. 소말리아나 에티오피아에 국한된 문제 혹은 '나와는 관계없는 먼 나라 이야기'라고 치부했던 분들은 다시 한 번 생각해봐야 합니다. 이제 4차 산업혁명으로 인해 전 세계 97퍼센트의 인구가 기아에 허덕이는 세상이 도래할 수도 있습니다. AI 설비에도 세금을 부과하는 등 적극적인 정책만이 세상을 지옥에서 구해낼 수 있습니다. 기술의 발전도 올바른 정치 없이는 홀로 설 수 없다는 점! 아무리 강조해도 지나치지 않습니다.

함께 읽어볼 만한 책

📘 제러미 리프킨, 이영호 역, 《노동의 종말》, 민음사, 2005

코로나19와 보건의료 체계

1997년, 외환 위기에 이어 IMF 구제금융으로 대한민국은 발칵 뒤집어졌습니다. IMF 구제금융 이전의 대한민국과 이후의 대한민국은 전혀 다른 나라입니다. 평생고용 혹은 대의명분은 박물관에서나 찾아볼 수 있는 사어로 전락했습니다. 오직 돈이 전부이고 돈이 최고라는 인식이 사회 전반을 지배하기 시작했습니다. 단적인 예로 1998학년도부터 서울대학교 물리학과는 자연계 커트라인에서 다른 학과에 최고의 자리를 내주기 시작했습니다. 명분은 개나 줘버리고, 오직 실리만을 중시하는 사회가 되었습니다. 대학 입시 역시 이 시류에 한 치의 어긋남 없이 순종했습니다. 서울부터 제주까지 전국의 의대를 모두 채우고 나서야 서울대 공대를 지원하는 오늘날의 모습은 IMF 구제금융에서 시작된 겁니다.

IMF 구제금융과는 차원이 다른 또 다른 태풍이 최근 대한민국, 아니 전 세계를 강타했습니다. '코로나19'라는 무시무시한 전염병이 우리의 삶을 송두리째 바꿔놓았습니다. 코로나19 이전, 팬데믹pandemic이란 단어를 접해본 국민이 몇이나 있었을까요. 이제 인류는 코로나19 바이러스 이전과 이후의 달라진 삶에 적응해야 하는 위기에 봉착했습니다.

엔트로피의 비가역성처럼 다시 코로나19 이전의 삶으로는 돌아갈 수 없을 것이라는 게, 질병관리청을 비롯한 대다수 전문가들의 의견입니다. 페스트는 14세기 유럽 인구의 절반 이상을 앗아갔고, 스페인 독감은 1차 세계대전에서 전장의 포탄보다 훨씬 더 많은 병사들을 죽음으로 몰아갔습니다. 그 무시무시한 전염병들이 창궐했던 때만큼이나 세상은 두려움에 떨고 있습니다.

난세에 영웅이 난다고 했지요. 전 세계가 보건의료 위기로 두려움에 떨고 있는 상황에서, 대한민국은 최고의 보건의료 체계를 세계만방에 과시했습니다. 마이클 무어의 영화 〈식코〉를 보고 있노라면, '천조국千兆國'이라 불리는 미국의 민낯이 여실히 드러납니다. 미국뿐 아니라, 우리가 그동안 선진국이라고 동경했던 수많은 유럽 국가들 역시 민낯을 드러냈습니다. 세계 최강의 유럽 국가라는 이미지 속에 빛나던 영국도, 복지 천국이라던 스웨덴도 허둥지둥 거리다가 수많은 확진자와 사망자 사이에서 길을 잃었습니다. 이탈리아, 스페인, 일본은 언급할 가치도 없지요.

아프리카의 한 나라는 진단키트를 공급해달라며 대한민국으로 자국의 비행기를 보냈고, 빌 게이츠는 우리 대통령과 통화를 원했습니다. 우리나라의 코로나19 대처 노하우를 알고 싶다며 화상통화를 원하는 각국의 정상들은 번호표를 뽑고 대기해야 할 정도였습니다.

이제 선진국의 개념이 바뀌었습니다. 인터넷 뉴스 댓글란에는 '헬조선이란 말을 취소하고 싶다'는 둥 '대한민국 국민임이 자랑스럽다'는 둥 '국뽕'에 취한 글들이 춤을 추었지요. 4차 산업혁명 시대를 앞두고, 높은 GNP(국민총생산)와 최신형 전투기만으로 선진국이 될 수 없음을 전 세계 시민들이 목도하고 있습니다. 대한민국으로 이민 가서 살고 싶다는 외국인이 급증하고 있으며, KBO 용병선수들조차 자신의 나라에 있는 것보다 안전하다며 앞다투어 한국행 비행기에 올랐습니다.

사실 대한민국 의료 체계는 이미 세계 최정상급에 오른 지 오래되었습니다. 국민 1만 명당 병상수, 의료 인력의 전문성, 항암 치료 비용, 응급실 운영 실태 등 주요 보건의료 지표에서 압도적인 수치를 보여주고 있었습니다. 다만 이제야 국민들이 인식하게 되었을 뿐입니다. 앞으로 우리가 살아갈 사회에서 그 무엇보다 중요한 것이 보건의료 자원입니다.

몇 년 전 나돌았던 빌 게이츠의 예언이 다시금 화제입니다. "앞으로 몇 십년간 무언가가 인류를 몰살한다면, 그것은 미사일이 아니라 미생물일 것입니다." 3차 세계대전 같은 전쟁보다 바이러스나 박테리아가 수천만 명의 목숨을 위협할 것이라는 그의 예언은 소름끼칠 정도로 적중했습니다. 빌 게이츠는 단순히 우려와 염려에 그치지 않고, 코로나19 백신 개발을 위해 천문학적인 금액을 기부했습니다. 여기에 바로 우리 인류의 답이 있습니다. 더 이상 우리는 체제 경쟁이나 경제 전쟁을 위해 다툴 것이 아니라, 바이러스나 박테리아라는 인류 공통의 적을 상대하는데 모든 노력을 경주해야 합니다.

함께 읽어볼 만한 책

▌ 김승섭,《아픔이 길이 되려면》, 동아시아, 2017
▌ 한스 로슬링, 올라 로슬링, 안나 로슬링 뢴룬드, 이창신 역,《팩트풀니스》, 김영사, 2019

글공부 계획을
세울 때 주의점 I

　이 책을 준비하면서 여러 종류의 비슷한 책을 읽어보았습니다. 내용들이 얼마나 알차고 꼼꼼하던지 사소한 부분에서 갸우뚱할 뿐, 틀린 말도 별로 없습니다. 책에 적힌 대로 계획을 세워 따라가면 아무리 독해 능력이 떨어지고 글솜씨가 젬병인 아이들도 금방 독서왕이 되고 글짓기 상을 휩쓸 것 같아요.

　하지만 문제는 우리 아이들에겐 수없이 많은 다른 미션들이 주어진다는 거죠. 읽고 쓰는 공부를 차질 없이 할 환경 자체가 되질 않아요. 당장 다른 공부를 하느라 시간이 안 나고, 들끓는 감정에 글자가 눈에 안 들어오기도 하고, 학교 내신 시험 준비하는 기간에는 독서는 올스톱일 거고, 신체 컨디션이 난조인 날도 수두룩할 거고, 책 읽는 시간에 모자라는 잠을 자는 게 전체적인 성적 향상에 훨씬 도움이 될 수도 있을 거고….

코칭스태프라고 할 수 있는 우리 부모들은 어떤가요? 일단 먹고사는 문제를 해결하는 데만도 대다수의 부모들에겐 시간과 열정이 모자랍니다. 그러니 아무리 근사한 계획이 있더라도 예상치 못한 변수에 무너지기 십상이죠. 이 시점에서, 앞에서 스치듯 언급한 핵이빨 마이크 타이슨 선생의 아포리즘을 되새겨보죠.

"누구에게나 그럴싸한 계획이 있다. 처맞기 전까지는."

그렇다면 글공부 계획은 어떻게 세워야 할까요?

느슨할수록 좋다

'계획'이라는 말에서 영화 〈기생충〉의 대사를 떠올린 분들이 많을 겁니다. 어차피 세상사는 계획대로 되지 않으니 '무계획이 최고의 계획'이라는 거죠. 조금 바꿔서 말해볼까요. 글공부 계획은 헐렁할수록 좋습니다. 제가 참고하려고 읽은 책에서 제시하는 독서 계획은 너무 치밀했습니다. 전문가 포스가 물씬 나는 장점은 있지만, 현실의 삶에서 '처맞기' 십상인 계획이기도 합니다. 치밀한 계획은 쉽게 무너집니다. 게다가 치밀한 계획은 그만큼 복구도 어려워서 한 번 무너지면 자포자기식으로 완전히 박살나기 쉽습니다. 이를 테면, 매일 일정 시간씩 할애해서 얼마간의 기간 동안 어떤 책들을 읽고, 그다음 단계로 나아가고…. 이른바 독서법을 지도하는 책에서 제시하는 대부분의 계획은 이상적인 꿈일 뿐, 현실에서는 절대 그렇게 되지 않습니다. 글쓰기를 지도하는 책에서 흔히 볼 수 있는 과제 제시형 계획도 마찬가지고요.

특히 '매주 책 한 권씩 1년만 제대로 읽으면 독해 수준이 팍팍 올라간다'는 식의 장담은 최악이라고 생각합니다. 초등학생이라면 모를까 중학생이 매주 책 한 권을 제대로 읽기는 쉽지 않아요. 보름에 한 권도 힘들다고 생각합니다. 게다가 1년 동안? 급여 생활자인 부모들 중에 매주 100만 원씩 10년을 저축하는 사람이 흔한가요? 덜 쓰고 덜 먹고 부업을 뛰면 못할 것도 없다고요? 이 시대의 아이들에게 책 한 권의 무게는 딱 그 정도라고 생각해요.

그리하여, 독서도 글쓰기도 느슨한 계획을 짤 필요가 있습니다. 느슨해서 좋은 것이 아니라 치밀할수록 위험하기 때문입니다. 금연이나 다이어트 계획 따위와 비교하지 말아주세요. 제아무리 중독성이 강하고 식욕을 참기 힘들다 해도, 마음만 독하게 먹으면 되는 일들이에요. 매일 수많은 변수가 펀치처럼 쏟아지는 아이들의 상황에 비하면 장난이지요.

틈날 때마다 조금씩

아이가 흥미 있어 하는 지점에서 시작해야 한다는 말씀은 너무 많이 드렸으니까 그만하도록 할게요. 다만, 독서와 글쓰기가 모든 공부 중에서 제일 중요한 것처럼 말하는 사람들의 주장에 혹하지 마시라고 말씀드리고 싶습니다. 그렇지 않아요.

1. 작가나 기자 등등 글과 관련한 진로를 확신하는 아이
2. 독해력이 심각하게 떨어지는 아이

이 두 가지 경우가 아닌 다음에야 독서와 글쓰기는 입시라는 전체 판세에서 일부일 뿐입니다. 독서 전문가입네 하는 사람들을 비롯한 여러 교육학자들은 독해력이 학습 능력의 기본이라고 강조하겠지만, 결국 기본일 뿐입니다. 건강은 매우 중요하지만, 돈도 안 벌고 연애도 안 하고 운동만 하면서 살 순 없잖아요? 스포츠 선수나 트레이너라면 모를까. 금방 얘기한 두 가지 케이스의 학생이 아니라면 글공부는 두 번째, 혹은 세 번째, 어쩌면 취미처럼 즐기듯 하는 게 맞습니다.

정말 아니다 싶으면 놓아주기를

저는 몸 쓰는 일을 좋아합니다. 산책도 좋아하고 달리기도 좋아하고, 오래하면 지겹다고들 하는 웨이트 트레이닝도 5년째 매주 2회씩 하고 있어요. 아주 재미있게요. 최근에는 필라테스도 시작했고요. 그런데 이상하게 구기 종목은 영 별로예요. 어릴 때

부터 다른 아이들이 열을 올리는 축구나 농구도 흥미가 전혀 없었어요. 친구들과 같이 해보려고 애쓰고 혼자 연습도 해봤지만 흥미도 재능도 없으니 될 리가 있나요. 지금도 저는 골프채 한 번 잡아본 적이 없습니다. 아무리 해도… 그냥 공이 싫어요.

서른 권의 책을 쓰고 네이버에서 웹소설을 연재하고 신문에 고정 칼럼 지면을 갖고 있는 작가인데도, 저는 한자가 문맹 수준입니다. 어릴 때부터 그렇게 한자 공부가 싫더라고요. 중학교 때 한문 선생님을 좋아해서 그나마 시험공부라도 열심히 했지, 아마 한문 선생님이 남자였다면 제 이름 외에 어떤 글자도 한자로 못 썼을 겁니다. 부끄러운 이야기지만, 저는 아내 이름은 물론이고 아들 이름도 한자로 못 씁니다. 안 믿긴다고요? 아빠 맞냐고요? 외우려고 노력해봤는데 그림 그리듯 보고 쓰기만 될 뿐 안 되더라고요.

부동산에는 관심도 많고, 매수 매도 타이밍도 늘 최고수급인 제가 주식과 펀드는 마이너스의 손입니다. 혼자 공부도 많이 하고, 고수라는 분들이 쓴 책도 읽고, 주변 사람들 이야기도 유심히 듣지만 참 신기하지요. 제가 돈을 넣는 순간 폭락. 몇 년씩 버티다가 안 되겠다 싶어 돈을 빼면 폭등. 그래서 그냥 포기했습니다.

저는 대한민국에서 매우 사회활동을 열심히 하는 40대 남자인데 골프를 안 쳐, 한자에 까막눈이어도, 주식과 펀드에 관심을 끊어도 잘 살고 있습니다. 대신 다른 것들을, 제가 좋아하고 잘하는 것들을 열심히 하면서 살아요. 아이도 마찬가지예요. 다들 말하지요. '독해력이 떨어지면 모든 과목의 공부가 모래성처럼 무너진다. 영어는 기본이다. 결국 수학에서 판가름 난다. 특히 국영수 세 과목은 무조건 모두 다 잘해야 한다'고 신앙처럼 믿고 있습니다. 네, 국영수 중에서 한 과목이 빠지면 전체적인 성적이 흔들리는 건 사실입니다. 그러나 아예 대학 진학이 불가능한 것은 아닙니다.

아이가 정말 너무너무 책을 싫어한다면, 어느 정도 시도를 해봤는데도 흥미를 안 보인다면? 이번 챕터의 주제이기도 한 여러 가지 변수 중에서 가장 큰 변수가 되겠네요. 아무리 해도 흥미를 못 붙이는 경우는 어쩔 수 없는 겁니다. 책에서 아이를 놓아주세요.

제 경우에도 국어, 영어 과목은 중고등학교 내내 누구에게도 이길 자신이 있었어요. 그런데 제2외국어였던 독일어는 낙제 수준이었습니다. 심지어 대학교 본고사 과목이었는데도요. 언어 체계는 다 비슷해서 국어, 영어를 잘하는 학생은 다른 말도 쉽게 배운다는 게 정설인데, 저는 온갖 짓을 다 해도 안 되더라고요. 그래서 그냥 포기했습니다. 족집게 과외로 벼락치기 대비만 하고, 대신 다른 과목에서 메우기로 과감한 전략을 짰지요.

독서를 싫어한다고 국어 과목을 포기해야 하는 건 아닙니다. 책을 좋아하는 아이만큼 점수를 쉽게 따진 못하겠지만 점수를 확보하는 다른 방법은 얼마든지 있습니다. 최선을 다해 시도는 해봐야겠지만, 정말 아니다 싶으면 놓는 게 상책입니다. 아이와 부모의 정신 건강에도 좋고 다른 과목의 성적 향상을 위해서도 좋아요. 지문이 길고 여러 과목이 뒤섞여 한 문제에 출제되기도 하는 수능시험의 특성상 언어 능력이 다른 과목을 학습하는 능력에도 직결된다는 주장을 인정함에도 불구하고, 저는 그렇게 말하겠습니다. 다 잘하면 좋겠지만 결국 재능과 열정과 시간은 한정되어 있으니까 선택과 집중을 해야죠. 종종, 포기는 실패가 아니라 전략일 수 있습니다.

덧. 어떤 책에서는 하루에 30분씩만 독서에 투자하면 된다고, 딱 3년만 지나면 효과를 보는데 그게 뭐가 어렵냐고 자신만만하게 성공을 장담합니다. 음. 이 책을 읽고 계신 학부모 여러분 중에 매일 30분씩 운동하는 습관을 3년 동안 유지하고 있는 분 있나요? 아니, 그 쉬운 걸 왜 못 하나요? 건강 유지의 비결이자 생명 연장의 마법인데?! 영어 공부도 마찬가지입니다. 매일 딱 30분씩만 영어회화에 투자하면 3년 뒤엔 당신도 자유자재로 영어로 대화할 수 있는데, 왜 안 할까요? 안 하는 게 아니죠. 못 하는 겁니다. 우리가 못 하는 걸 아이에게 강요하지는 맙시다.

글공부 계획을
세울 때 주의점 II

지금부터는 예상치 못한 변수 가운데, '잠'에 관한 이야기를 해보겠습니다. 만약 내 아이가 '하루에 4시간 수면으로, 일주일 동안 기말고사를 치러도 끄떡없다'면, 이 챕터는 사뿐히 지르밟고 건너뛰어도 좋습니다. 반대로 잠이 많은 아이를 둔 부모님이라면, 한 발짝 더 다가와 경청해주시기 바랍니다.

각기 제마다의 이유로 시험을 망친다

공부에 뜻을 둔 성실한 아이가 가장 큰 변화를 겪게 되는 시점은, 고등학교 진학 시기입니다. '초등학교 혹은 중학교 시절, 나 1

등 한 번 해봤어요!'라는 무용담, 숱하게 들어보셨을 겁니다. 하지만 고등학교 시절 1등 했다는 얘기는 주변에서 흔하게 듣기 어렵습니다. 그만큼 고등학교 진학 이후, 학업 성적에서 두각을 드러내는 일은 만만치 않습니다. 초등학교, 중학교 시절에는 가끔 운이 좋아서 혹은 어느 시점에 유독 공부에 열의를 올려서, 뚜렷한 성과를 내곤 합니다. 하지만 고등학교는 사정이 다릅니다. 모든 것이 갖춰져야만 유의미한 결과를 도출할 수 있습니다. '안나 카레니나의 법칙'*을 인용해 말하자면, '우등생의 모습은 대체로 닮아 있지만, 공부를 잘 못하는 친구들은 각기 저마다의 이유로 시험을 망치게 됩니다.'

입시의 최종 관문인 고등학교 시절 뛰어난 성과를 내려면, '국어, 영어, 수학, 과학' 기초도 튼튼해야 하고, 승부욕도 있어야 하며, 성실함과 여러 가지 유혹에 넘어가지 않을 인내심도 갖춰야 합니다. 게다가 절대공부시간을 확보할 수 있는 '엉덩이 힘'도 필요합니다. 중학교까지만 해도 '머리'로 성적을 내는 친구들이 간혹 있습니다만, 고등학교에서는 불가능합니다. '엉덩이 힘'을 뒷받침하는 가장 중요한 요소는 바로 '잠'입니다. 책상에 붙어 앉아 있으려는 의지가 아무리 강해도 수면욕을 이길 수는 없지요. 오

---

* 톨스토이의 작품 《안나 카레니나》의 첫 문장 "행복한 가정은 모두 비슷하게 닮아 있지만, 불행한 가정은 저마다의 이유로 불행하다"에서 힌트를 얻어 제레드 다이아몬드가 명명한 법칙. 성공의 이유를 보통 한 가지에서 찾지만, 대부분의 큰 성공은 수많은 실패 요인을 모두 피했기 때문에 가능하다는 의미를 담고 있다.

죽하면 세상에서 가장 힘센 장사가 와도 들어 올릴 수 없는 게, 졸린 눈꺼풀이란 말이 있을까요.

고등학교에 진학해 예상치 못한 변수를 만나 애먹는 아이들을 주변에서 종종 보게 됩니다. 갑자기 이성 교제에 빠져 헤매는 경우, 뒤늦게 사춘기가 찾아와 '공부는 대체 왜 해야 하는 거야!'라고 반항하며 삼포森浦로 떠나는 경우, 노력은 열심히 하는데 수학이나 물리 같은 도구 과목에서 도저히 성과를 못 내는 경우, 체력이 달리고 잠이 모자라 절대공부시간을 확보하지 못한 경우 등등 변수는 너무나 다양합니다.

개인적으로 제가 워낙 잠이 많았던 경험 탓일까요. 저는 그중 가장 안타까운 변수가 '잠'입니다. 공부할 열의는 충분히 있는데, 잠이 많아서 절대시간 확보가 어려운 케이스죠. '에이, 공부할 의지가 부족한 게지. 깨어 있는 시간에만 열심히 하면 되는 거 아니야?'라고 말씀하시는 분들에게, '대한민국 고등학생의 세계'가 얼마나 냉혹한지 보여드리죠. 〈부부의 세계〉는 명함도 못 내밀, 완전 막장 드라마예요!

냉혹한 학종의 세계

학생부종합전형(학종)이 생긴 이래, '현역은 수능 고득점, 어려워!'라는 말을 자주 들어보셨을 겁니다(교육개혁으로 2025학년도부터는 많은 변화가 예상됩니다만, 지금까지의 교육계 현황을 바탕으로 설명하겠습니다). 먼저, 여전히 대학 입시에서 가장 주류격인 학생부종합전형을 중심으로 살펴볼까요.

대입에서 압도적인 비중을 차지하는 이른바 '학종'을 통해 대학에 들어가기로 마음을 먹는다면, 그다음부터 펼쳐지는 야단법석과 아수라장은 다음과 같습니다.

우선, 교과 수업을 기본적으로 열심히 듣고 예습, 복습을 철저히 해서 내신 성적을 잘 받아놔야 합니다. 교과 내신은 기본이니까요. 수업을 눈이 빠져라 열심히 들었는데, 피로한 몸을 이끌고 또 '방과 후 학교 활동'을 해야 합니다. 여기에 더해 영재 교육 혹은 발명 교육 실적도 만들어야 합니다. 벌써 숨이 턱 막히지요? 하지만 지금까지 나열한 교과 활동은 빙산의 일각입니다. 일명 '자·동·봉·진' 즉 '자율 활동, 동아리 활동, 봉사 활동, 진로 활동'이 케르베로스처럼 아가리를 벌린 채 기다리고 있습니다. 여기에 교내외 각종 수상 실적을 챙기고, 독서 활동까지 마무리해야 드디어 학생부가 완성됩니다. 앗차차! '자소서'를 빠뜨렸군요.

'고등학생은 잠잘 시간이 없다'는 말이 실감나죠? 대한민국 최고의 영재들이 모인다는 서울과학영재고 학생들조차 수능 성적이 변변치(물론, 절대적으로 고득점이지만 본디 서과영 학생들의 능력에 비추어 비교적 점수가 낮다는 말입니다) 않다고 하더군요. 학종으로 대학에 가려면, 그 똑똑한 아이들조차 수능 공부할 틈이 없으니까요. 학종을 위해 수상 실적이라도 내려면 밤을 꼬박 새위가며 보고서를 작성해야 합니다. 이래저래 아이들 공부 시간은 늘어나고, 잠잘 시간은 줄어드는 현실입니다.

절대적으로 수면 시간이 부족한 입시 현실이지만, 그럼에도 아이가 '제대로 공부하려면 최소한의 수면 시간을 확보해줘야 한다!'는 진실을 전하고자, 수면에 관한 이야기를 시작한 겁니다. 아이에게 필요한 최소한의 수면 시간은 아이의 피지컬 컨디션에 따라 천차만별입니다. 최소 수면 시간은 각자 부모가 측정해줘야 합니다. '4당5락'이란 구태의연한 표현은 이제 쓰레기통에 넣어버리시기 바랍니다. 아니, 반드시 폐기해야 하는 낡은 패러다임입니다. 4시간의 수면으로 합격할 수험생은 극소수입니다.

수면의 과학

나이가 들면 잠이 없어진다는 어르신들의 말씀, 많이 들어보셨죠? 특히나 새벽잠이 없어져서 의도치 않게 '아침형 인간'으로 변모했다는 얘기도 종종 들립니다. 하지만 세상엔 공짜가 없죠. 새벽잠이 없어진 반대급부로, 어르신들은 9시 뉴스를 보다가도 꾸벅꾸벅 조는 경우가 다반사입니다. 그러면 자식들이 꼭 한마디씩 쏘아붙이죠. "아이고! 아빠 얼른 들어가 주무세요." "큼큼… 나 안 잤어!"

20만 년 동안의 기나긴 인류 진화 과정 가운데, 밤에도 마음껏 불빛을 사용하게 된 것은 불과 150년밖에 안 됩니다. 우리 인류는 줄곧 해 뜨면 일어나서 먹거리를 찾아 헤매고, 해가 지면 잠자리에 드는 서카디안 리듬circadian rhythm에 맞춰 생활해왔습니다. 그 유전자가 우리 몸을 여전히 지배하고 있죠. 세련되고 문명화된 도시에 살고 있는 우리이지만, 그 몸은 여전히 동굴 생활을 하던 원시 인류의 유전자와 훨씬 더 많은 것을 공유하고 있습니다. 하루 종일 걷고 뛰어다니며 그날의 양식을 채집하거나 수렵하던 시절의 몸뚱이가 남아 있기에, 다이어트는 죽을 만큼 어려운 겁니다. 20만 년 대부분의 기간 동안, 어쩌다 한 번 과일이라도 발견하게 되면 '이게 웬 행운이냐'며 실컷 먹고는 며칠을 쫄쫄 굶어대던 생활의 연속이었습니다. 그러던 우리가 저녁밥 실컷 다 먹고 후식으로 사과, 수박, 포도, 복숭아, 귤을 매일 밤 씹어 삼키게 된 건 불과 50년밖에 안 됩니다. 그러니 살이 찔 수밖에요.

원시인의 유전자에 도시인의 생활환경은 독이 됩니다. 수면도 마찬가지입니다. 자, 상상을 한번 해볼까요. 원시 동굴을 떠올려 보세요. 해가 지면 날이 추워집니다. 운 좋게도 나무를 구했다면 모닥불이라도 피워놓습니다. 따뜻한 불을 중심으로 온 가족이 둘러앉아 잠듭니다. 모닥불이 활활 타오르던 초저녁까지는, 그래도 들짐승들의 위협에서 안전합니다. 하지만 나무가 다 타고 숯이 되어가는 새벽녘부터는 날카로운 이빨을 드러낸 짐승의 무리가 동굴 주변을 어슬렁거립니다. 나이가 많은 어른들은 공동체의 안전을 위해, 새벽같이 깨어 경계에 나섭니다. 이 원시 동굴의 유전자가 여전히 우리 몸을 지배하고 있는 겁니다.

반면, 청소년 시기에 우리는 '올빼미형 인간'으로 살아갑니다. 청소년기 아이들은 늦게까지 잠을 안 잡니다. 친구들과 수다를 떨거나 게임을 하고, 유튜브를 보면서 밤을 지새우려 합니다. 아침마다 벌어지는 등교 전쟁에서 "너 어제 몇 시에 잤어? 몇 시까지 게임하다 잤어? 엄마가 일찍 자라고 했어 안 했어?" 따위의 고성이 오가지만, 아이들은 절대 변하지 않습니다. 부모의 입장에선 당연히 울화가 치밀죠.

하지만 청소년의 뇌에서 벌어지는 일을 알게 된다면, 당신은 절대 아이를 탓할 수 없을 겁니다. 청소년기 아이들은 하늘이 두 쪽 나도 그럴 수밖에 없기 때문이죠. 멜라토닌이란 호르몬을 들어보셨나요? 간뇌 송과체에서 나오며, 햇볕을 많이 쬐어야 원활하게 분비됩니다. 수면을 유도하는 데 결정적인 역할을 담당합니다. 그런데 청소년의 경우 성인보다 2시간 늦게 멜라토닌이 분비됩니다. 그러니 밤늦게까지 학원에서 공부하는 아이들보다 부모가 먼저 졸린 건 당연한 일이지요. 게다가 나이가 들면서 멜라토닌 분비량도 급격하게 줄어듭니다. 20세 청년의 멜라토닌 분비량은 70세 노인이 되면, 4분의 1로 줄어듭니다. 청소년과 노인의 수면 패턴은 완전히 다릅니다.

이런 현상을 빌 브라이슨은 다음과 같이 명쾌하게 정리합니다. '신경학 교수인 프랜시스 E. 젠슨은 2008년 〈하버드 매거진〉에서 이렇게 말했다. "십대의 뇌는 그저 좀 덜 성숙한 어른의 뇌

가 아니다." 그보다는 전혀 다른 종류의 뇌이다.'[*]

자, 잠에 관한 세세한 이야기를 들려드리기에 앞서, 일단 결론부터 제시하고 시작하겠습니다. 독자 여러분의 자녀들이 얼마나 잠을 많이 자든 간에, 절대 깨우지 마십시오. 극단적인 예를 들지요. 설사 고3 학생이 8시간, 9시간을 자더라도 잠을 줄이지 마세요. 잠을 줄여서는 좋은 성적을 기대하기 어렵습니다. 차라리 충분한 수면을 취하고, 깨어 있는 시간을 허투루 보내지 않게 지도하는 편이 훨씬 효율적입니다.

대체 왜 수험생의 잠을 줄이면, 오히려 역효과가 나는 것일까요?

우선, 이 질문에 앞서 청소년은 과연 얼마나 자야 할까요? 미국 질병통제예방센터CDC에 따르면, 청소년은 하루에 8시간 30분에서 9시간 30분 동안 자야 합니다. 놀랍죠? 대한민국 중고등학생들에게 이 결과를 알려주면 어떤 표정을 지을지 상상이 갑니다. '나는 그동안 잠으로 고문 받고 있었구나!'라고 통탄할 겁니다.

물론 이런 현실이 비단 청소년에 국한되는 건 아닙니다. 대한민국 자체가 세계 3위의 수면 부족 국가입니다. 대다수의 직장인들 역시 극심한 수면 부족에 시달리고 있습니다. '잠은 죽어서 자면 돼! 머리끈 질끈 묶고, 자, 다시 달려보자!' 지독한 성장 주도형 사회인 대한민국에서 실컷 잠을 자는 사람은 〈나는 자연인이

---

[*] 빌 브라이슨, 이한음 역,《바디, 우리 몸 안내서》, 까치, 2020, 94쪽

다〉 주인공 정도가 아닐까 생각했지만, 사실 자연인들도 새벽같이 일어나 버섯을 따고, 양봉을 하고, 산삼을 캐고, 닭 모이를 주고, 붕어를 낚더군요. 어른들이야 그러려니 하지만, 청소년기 아이들은 정말 불쌍합니다. 대한민국 청소년의 평균 수면 시간은 6시간 39분이었고, 고등학생의 평균치는 더욱 심하여 5시간 45분으로 측정됩니다. 적정 수면 시간인 8~9시간에 턱없이 모자라는 심각한 상황입니다.

청소년기 수면의 중요성

한창 많은 것을 학습하는 청소년기에, 특히 수면이 중요한 이유는 뇌의 '응고화' 때문입니다. 성인들이야 '조금 괴롭더라도 미래를 위해 잠을 줄이며 악착같이 일해서 성공하겠다! 돈을 더 벌겠다!'라고 주장한다면, 반대는 안 하겠습니다. 희생을 감내할 수 있다면, 얼마든지 가능한 일이기 때문입니다.

하지만 청소년기 학습 과정에서 잠을 줄이는 것은 역효과만 낳습니다. 청소년의 뇌는 복날 삼계탕 집처럼 정신없이 돌아갑니다. 시냅스와 수상돌기가 과잉생산 되고, 가지치기가 일어나며, 수초화가 활발히 이루어집니다. 주간에 청소년의 뇌는 엄청나게 많은 일을 활발하게 해냅니다. 수업을 듣고, 책을 읽고, 문제를 풀고, 단어와 공식을 외웁니다. 그런데 이렇게 열심히 학습

한 내용을 온전히 '내 것'으로 소화하려면, 잠을 푹 자야 합니다. 자는 동안 학습된 내용은 뇌의 기억 영역에 저장되고 응고화합니다. 이러한 일련의 과정을 '장기증강(또는 장기강화)'이라고 합니다.

장기증강은 시냅스가 활발히 활동하고 난 후, 그 전달효율이 커진 상태가 장시간 지속되는 상황을 말합니다. 장기증강은 흥분성 신경전달물질인 글루타메이트가 축삭돌기 말단에 분비되면서 활성화됩니다. 분비된 글루타메이트는 시냅스를 가로질러 가지돌기 수용체와 결합하고 이를 통해 뇌의 신경경로 연결이 강화되는 것입니다.

장기증강이 수면 부족으로 인해 얼마나 처절하게 파괴되는지 보여주는 실험은 이루 열거하기 힘들 정도로 많습니다. 미국 국립과학재단NSF 학술지에 실린 조지아공과대학교 오드리 듀어트Audrey Duarte 교수팀의 연구 결과를 잠시 살펴볼까요. 피험자들은 일주일 동안 수면 시간과 질을 측정하기 위해 팔목에 가속도계를 착용했습니다. 연구팀은 피험자들을 소환해 사전에 나와 있는 낱말 짝짓기 테스트를 했습니다. 예상대로 양질의 수면을 하면 낱말 짝짓기 성적이 올라갔습니다. 여기서 연구팀이 주목한 점은 '나이가 많은 피험자뿐 아니라 젊은 피험자에게서도 똑같은 결과가 나왔다'는 것이었습니다. 듀어트 교수는 '모든 연령대에 걸쳐 충분한 수면이야말로 최상의 인지 활동을 이끌어낸다'는 결론을 강조합니다. "많은 사람들, 특히나 학생들이 공부하느라 늦게까지 잠을 자지 않고, 주말에 잠을 보충하느라 불규칙한 수면을 한다. 연구 결과는 이런 행태가 결코 기억력 향상에 적합한 전략이 아니라는 것을 여실히 보여준다."[*]

충분한 수면의 보답

자, 다시 한 번 강조합니다.

당신의 자녀가 몇 시간을 자든 내버려두십시오. 졸린 눈을 비비며 일어나서 억지로 책상에 앉아 있는 것보다 비효율적인 학습 전략은 없습니다. 아이를 깨우는 데 쓰는 에너지를 '아이가 깨어 있는 시간에 공부에 집중하게' 만드는 노력으로 전환하길 바랍니다. 물론 5~6시간만 자도 쌩쌩한 아이에게 억지로 잠을 권할 필요는 없습니다만, 충분한 잠은 충분한 학습 능률로 보답할 겁니다.

덧. 충분한 수면은 뇌의 활용 단계는 물론이요, 발달 단계에서도 중요한 변수로 작용합니다.

[*] Emily Hokett & Audrey Duarte, 'Age and Race-Related Differences in Sleep Discontinuity Linked to Associative Memory Performance and Its Neural Underpinnings(수면 중단 시 연관 기억력 및 신경 기반과 관련한 연령 및 인종별 차이)', 〈Frontiers in Human Neuroscience〉, 2019년 6월

〈사이언스 어드밴시스Science Advances〉에 실린, UCLA 소속 지나 포 Gina. R. Poe 생리학과 교수팀의 최신 논문(2020년 9월 18일 발표)을 살펴볼까요. 연구 결과에 따르면, 생후 2년 6개월 동안 두뇌가 발달하는 데 렘수면REM은 결정적인 기여를 합니다. 지나 포 교수는 이렇게 표현합니다. "렘수면 중에 아이를 절대 깨우면 안 돼요! 그 시간 동안 뇌는 폭발적으로 성장합니다."

충분히 자야 건강을 유지할 수 있다는 건, 이제 상식에 속합니다. 깨어 있는 동안 뇌 신경세포의 유전자 및 단백질은 손상을 입습니다. 이런 손상 잔류물이 제때 해소되지 않고 쌓이면 뇌 질환을 유발합니다. 뇌 조직의 상처를 복구하고 손상 잔류물을 제거하는 데 필수적인 요소가 바로 수면입니다. 수면 결핍은 현대인의 고질병인 비만, 당뇨, 치매를 야기합니다.

잠을 푹 자야 좋다는 건 누구나 아는 얘기죠. 그런데 두 살 반까지의 수면 부족은 훨씬 심각한 결과를 초래합니다. 두뇌 발달 저하까지 야기한다는 놀라운 결과도 있습니다. 시냅스 생성 및 강화가 모두 렘수면 동안 이루어지기 때문입니다. 그러니 신생아조차 절대 깨우면 안 됩니다. 신생아는 먹고 자는 게 일이라는 어른들 말씀이 하나도 틀리지 않았네요. 자는 동안 열심히 두뇌를 발달시키고 있었던 겁니다.

신생아든 청소년이든 절대 잠을 깨우지 마세요.

푹 자는 게 이기는 길입니다.

4부

아빠의
고민

강남 키즈 vs.
목동 키즈

강남 키즈의
탄생

강남이 본격적으로 개발되기 시작한 때가 1970년대입니다. 지금 강남에서도 아파트 평당가가 제일 비싼 동네인 반포, 그중에서도 그 유명한 반포주공 아파트가 강남 개발의 시초입니다. 그 뒤로 한강변을 따라 잠원동 한신시리즈와 압구정 미성·현대·한양 아파트가 지어졌고, 개포주공, 대치동 은마 아파트, 서초동 삼풍 아파트 등등 지금도 부동산 뉴스가 나올 때면 심심찮게 등장하는 아파트들이 차례로 들어섰죠.

제가 초등학교 때 서울로 이사 와서 처음 살았던 아파트가 바로 반포주공 아파트였습니다. 32평 아파트에 다섯 식구가 복작거리면서 살았던 시절이 엊그제같이 생생합니다. 그 후에 청담동과 압구정동에서 중·고등학교를 나왔으니, 저는 전형적인 8

학군 강남 키즈 1세대가 되겠네요. 어른이 된 뒤에도 계속 강남에 살면서 아이를 키웠으니 우리 아이는 강남 키즈 4세대 혹은 5세대쯤 되려나요?

안타깝습니다. 강남 한복판에서 숨 막히는 입시전쟁을 치르면서 저는 늘 생각했습니다. '내 아이가 자랄 때쯤이면 이런 미친 교육제도는 사라지겠지.' 그 예상은 보기 좋게 빗나갔지요. 군대가 없어질 거라는 예상과 함께요. 오히려 사교육 시장은 우리 때와 비교도 할 수 없을 만큼 커졌고 아이들이 학원으로 내몰리는 나이는 더 어려졌습니다. 저는 중학교를 마칠 즈음부터 학원에 다니기 시작했는데 요즘은 뭐 다들 아시다시피….

강남 8학군은 행정구역상으로 강남구와 서초구를 말합니다. 1980년대까지는 다 강남구였는데, 강남구와 서초구로 분구가 되었으므로 교육의 영역에서 강남이라고 함은 강남구와 서초구를 뜻한다고 보면 됩니다. 서울 25개 구 중에서도 부자 동네 1, 2위를 다투는 강남구와 서초구에는 10개가 넘는 행정동이 있습니다. 그런데 왜 대치동에 학원가가 형성되었는지 궁금해하는 분들이 있을 겁니다. 제 기억으로는 이렇습니다.

사교육이 비즈니스로 전환되던 시점에 다른 강남 지역은 임대료도 비쌌을 뿐 아니라 이미 다른 산업이 자리를 잡고 있었습니다. 금융, 벤처, 유흥가, 법조타운, 명품거리, 가구시장 등등 어른들의 비즈니스가 거리를 선점하고 있었죠. 그에 비해 대치동은 중산층들이 대거 거주하는 주거지 외에 상업용지가 꽤나 넉

넉하게 비어 있었습니다. 제가 대학 입시를 치를 때였던 90년대 중반부터 대치동 상업용지에 슬슬 모이기 시작한 학원들은 21세기에 들어서면서 폭발적 증가세를 보였고, 2010년 즈음에는 이미 지금의 모습을 갖추게 되었죠.

삶이 좀 무료해진다 싶은 분들에게 강추합니다. 한밤중에 대치사거리에 한번 가보시라고요. 그 드넓은 동네에 수많은 학원들, 그리고 거리를 가득 메운 아이들…. 체험 삶의 현장이 따로 없습니다. 아이들 표현을 빌자면 정말 현타 오지죠.

강남 키즈 1세대, 학부모가 되다

라떼는 말이야… 정말로 사교육은 필수가 아닌 선택이었습니다. 아직 대치동 학원가가 제대로 형성되지도 않고, 강남 핵심지가 대치·도곡까지 안 넘어가고 반포와 압구정 쪽에 머물러 있던 때였습니다. 제 기억으로 저는 정말로 사교육을 많이 받는 축이었고, 대부분의 제 친구들은 기껏해야 과외나 학원 두세 개 정도에 불과했습니다.

수능 1세대였던 저희만 해도 아직 체계화된 수능 대비법이 없었고, 전前 세대의 학력고사 대비 공부와 비슷한 방식으로 공부를 했습니다. 학교 수업이 중심이고 이른바 '네임드' 문제지들을 꼼꼼하게 푸는 식이었어요. 본인의 재능과 노력이 성적의 90퍼센트 이상을 좌우했습니다. 부모의 정보력이나 재력의 영향은 그리 크지 않았죠.

학부모가 되어 보는 지금, 강남 키즈의 사교육은 선택이 아닌 필수가 되어버렸습니다. 물론 '내 주변에는 학원 하나 안 다니고 도 전교 1등 하는 애가 있다'고 하는 분도 계시겠지만 대다수는 그렇지 못할 겁니다. 그 이유는 지나치게 이른 나이에 선행학습 이 시작되기 때문입니다. 아이들 스스로 자율적인 학습 방법을 터득할 최소한의 연령에 이르기 전에 학습량이 엄청나게 불어나 기 때문에 사교육 없이 아이 혼자서 공부하기가 어려워지는 거 예요.

모든 학부모들이 한자리에 모여 '우리 다 같이 선행학습을 시 키지 말자'고 결의하고, 위반할 시에는 아이를 유급시키는 처벌 을 주기로 정하기라도 했으면 좋겠습니다. 우리 아이도 그렇고 다른 아이들도 정말 너무 불쌍해요. 공부를 잘하는 아이들은 잘 하는 아이들대로, 못하는 아이들은 못하는 아이들대로 고생이에 요. 아이가 공부를 못한다고 그냥 놔두는 분위기가 아니니까요. 잘하는 애들은 공부하는 재미라도 있지, 공부에 취미가 없는 애 들을 하루 종일 학원으로 돌리면 어떻게 되겠어요? 저를 비롯한 부모들은 왜 그 어린 나이부터 아이를 대치동으로 보낼까요? 다 같이 불행해지려고 작정이라도 한 걸까요?

《이기적 유전자》의 대한민국 사교육 버전

2020년 현재 대치동의 속살을 여실히 엿보게 해주는 기획기사가 있으니 관심 있는 분들은 찾아보세요. '학벌의 탄생, 대치동 리포트'라는 연재기사인데 꽤나 꼼꼼하게 취재를 했더라고요. 그중 '빗장도시에 갇힌 아이들' 편에서 일부를 인용해봅니다.

대치동은 사시사철 뜨겁다. 학원으로 빼곡히 들어찬 빌딩 속으로 쉴 새 없이 사람들이 사라지고, 1층 카페는 학원 숙제를 위해 몰려든 학생들로 붐빈다. 지나가는 학생 누구를 붙잡고 물어도 "학기 중엔 학원 4, 5개, 방학 때는 더 많이"라는 답이 공식처럼 돌아오는 곳. 학원 수업이 끝나는 오후 10시에는 아이들을 데리러 온 부모들로 도로가 북새통을 이룬다. 학군 프리미엄으로 인근보다 집값이 수억 원 더 비싸도 부동산에는 대치동 입성을 바라는 부모들의 문의가 쇄도한다.

대치동 활황의 기저에는 자신의 학력과 부를 대물림하려는 부모들의 욕망이 있다. 그래서 대치동에는 내가 누리고 있는 것들을 자식도 누리기를 바라는 중산층, 전문직 부모들이 유독 많다. 이범 교육평론가는 "명문대, 의대 진학을 통한 성공이라는 대치동식 교육관에 부합하는 사람들이 대치동으로 몰려들고 있다"며 "대치동에는 그래서 자녀 대학에 집착할 필요 없는 청담동, 압구정 같은 '진짜 부자'들보다는 자산이 적은

'애매한 부자'들이 많다"고 말했다.

이런 점에서 대치동을 도시학에서 말하는 '빗장도시Gated Community'로 설명하기도 한다. 최은영 한국도시연구소 소장은 "주택 가격이 너무 높으니까 들어올 수 있는 사람은 제한돼 있는데, 그 안에서 학력과 부를 재생산하고 있다"며 "대치동은 빗장도시의 대표적인 형태"라고 말했다. *

고개가 끄덕여지는 내용입니다. 저 역시 그런 욕심이 있음을 인정합니다. 이 지점에서 리처드 도킨스의 명저《이기적 유전자》가 떠오릅니다. 마치 내 유전자를 자식 개체에 옮기기 위해 안간힘을 쓰듯 나의 재산과 지위를 아이에게 물려줄 방법으로 교육을 택하는 건가 싶습니다.

그런 맥락에서 보면 강남 키즈 1세대였던 저보다 지금의 세대가 더 일찍 더 맹렬하게 사교육으로 내몰리는 이유를 알 것도 같아요. 제가 어린 시절만 해도 팽창의 시대였으니까요. 매년 경제성장률이 두 자릿수에 육박하는 기회의 시대였습니다. 지금은 어떨까요? 월급만으로는 평생 모아도 서울의 집 한 채 마련하기 힘든 수축의 시대가 되었습니다. 그러니 아이에게 이런 말을 하는 부모는 점점 줄어들고 있죠. '네 꿈을 펼쳐라!' '인류의 빛이 되기를!' 'Boys be ambitious!' 우리 때는 지겹도록 자주 듣던 말

---

* 학벌의 탄생, 대치동 리포트-'빗장도시에 갇힌 아이들', 〈한국일보〉, 2020년 1월 2일 자

인데요. 요즘은 어떤지 아십니까? '인서울, 문송합니다, 삼포세대, 의느님, 9급 고시…' 같은 말들이 이 세대를 대변하고 있습니다. 쓰다 보니 우울해지네요.

요약하자면, 지금의 대치동은 부모의 계급 상승 혹은 욕망이 만들어낸 도시라는 겁니다. 이 결론이 단순히 감이나 체험을 통해 나온 것이 아님을 학원의 숫자가 보여줍니다. 강남 3구에 학원이 몇 개나 있을 것 같나요? 교육통계 서비스에 따르면 2019년 기준으로 4,513개, 그중 대치동에만 1,000개가 넘는 학원이 등록되어 있습니다. 등록을 안 하고 이루어지는 팀 특강이나 과외를 포함하면 숫자는 훨씬 더 커지겠죠. 급전직하로 감소하고 있는 학령인구를 감안하면 미스터리 수준입니다. 감이 잘 안 오나요? 강남 3구에 있는 학원 숫자가 대한민국에 있는 일반계 고등학교 전체 수(2016년 기준 1,545개)의 세 배라면 감이 옵니까? 비정상입니다. 이 세상의 모든 차별은 정상과 비정상을 나누는 일에서 시작된다고 믿는 제가 보기에도 이건 비정상입니다. 그것도 아주 나쁜 비정상이죠.

공식 통계로 확인되지 않는 경험도 간단하게 말씀드리죠. 과학고에 다니는 제 아이의 학부모 모임에 가보면 의사, 변호사 같은 전문직 부모가 절반이 넘습니다. 부부동반으로 참석한 어떤 모임에서는 직장인 아빠는 저 혼자인 경우도 있었어요. 다들 교육에 관심이 많고 아이가 자신들처럼 전문직이 되기를 원하더군요. 하지만 엄혹한 진실이 기다리죠. 어릴 때부터 대치동으로 내몰리는 아이들이 전부 공부를 잘하지는 못합니다. 부모가 부자여도, 부모가 서울대를 나와도, 부모가 전문직이어도 아이가 공부를 잘한다는 보장은 없습니다. 중학교 저학년까지는 흔히 말하는 선행빨로 어느 정도 성적이 나옵니다. 그러나 고등학교에 들어갈 때쯤이면 마치 스펙트럼 갈리듯 성적이 쫙 갈려요. 여기서 뒤처지는 아이들의 열패감이나 부모의 당혹감은 이루 말하기 힘들 겁니다. 부모의 재력과 교육열을 상수로 놓는다 해도 아이의 재능, 의지, 태도, 그리고 부모의 역할, 또 부모자식 간의 관계 등등 수많은 변수가 아이의 성적에 영향을 주니까요.

어차피 그들만의 리그라고요? 우리 동네, 우리 아이, 나하고는 상관없는 이야기라고요? 아닙니다. 제가 힘주어 비정상이라고 단언한 대치동, 더 나아가 강남 키즈의 문제는 우리나라의 내일이 달려 있는 문제입니다. 아이들의 독서와 글쓰기 이야기를 하는 이 책에서 이 문제를 짚고 넘어가야만 하는 이유는, 다음 챕터에서 확인하겠습니다.

어느새 나타난
목동 키즈

대치동과 더불어 전국구에서 또 하나의 교육 과몰입 지역은 바로 목동입니다. 목동은 언제부터 학원의 메카가 되었을까요? 팩트 체크부터 하죠. 목동에는 청소년 인구가 많습니다. 서울 여타 지역 평균보다 무려 5퍼센트나 높습니다. 목동 소재 초중고교는 대부분 과밀학급입니다. 그중 압권인 목운중이나 진명여고는 학급당 학생수가 40명이 훌쩍 넘습니다. 요즘엔 보기 드문 광경이죠.

저는 평생직장이 목동에 있는지라, 목동에 자리를 잡았습니다. 하지만 어디 사냐는 질문에 '목동에 살아요!'라고 말하면, 저는 아이 교육에 환장한 아빠 취급을 받습니다. 목동 거주란 말 한마디를 '저는 아이 교육에 유달리 관심이 많답니다. 특히나 사교육이 정말 너무 너무 중요하다고 생각해요. 조기교육 역시 중요하죠. 영어 유치원으로 시작해, 초등학교 졸업 전에 수학 진도는 다 빼놔야 해요!'라는 말로 제멋대로 해석하는 거죠. 제가 아무리 직주근접 때문에 목동에 사는 거라고 설명을 해도 귓등으로 듣습니다. 그러면서 '영어 유치원은 어디가 좋으냐? 수학은 어디 강사진이 최고냐? 과학은 어느 학원이 체계적으로 잘 가르치더냐?' 따위의 질문세례를 퍼붓습니다.

그렇습니다. 대치동과 더불어 목동은 어느덧 사교육의 대명사 혹은 사교육 1번지가 되어버렸습니다. 물론 틀린 말은 아닙니다. 목동 상가 건물 가운데 학원이 입주하지 않은 건물을 찾기란 여간 어려운 일이 아닙니다. 대한민국이 학벌 공화국이 되어버린 현실에 가장 기뻐하는 사람들은 아마도 목동 건물주가 아닐까 싶습니다.

어느 날, 이름만 들으면 알 만한 소고기 숯불구이 전문점이 목동에 생겼습니다. 하지만 1년을 못 버티고 사라지더군요. 유명한 초밥집, 국수집, 패밀리 레스토랑, 중국집도 목동에 입성했다가 소리 소문 없이 사라져 갔습니다. 목동에선 맛집이 성공할 수가 없습니다. 왜냐고요? 대부분의 지출이 아이들 학원비와 교재비에 쓰이기 때문입니다. 교육열만큼이나 소비 욕구도 강한 강남과는 차별화되는 지점입니다. 목동의 부동산은 학원 위주로 재편되어 있습니다. 같은 목동 아파트라 해도 학원 접근이 용이해야 값이 더 나갑니다. 건물 역시 잘나가는 학원이 여럿 입점해 있

상위 1% 아이가 하고 있는 **서울대 아빠식 문해력 독서법**

어야 가치 있는 빌딩으로 평가받습니다. 보통 1층에 스타벅스가 입점해 있는 건물이 각광받듯이, 목동에선 '일타학원'이 들어서 있는 건물이 최고의 가치로 인정받습니다.

학력 사회의 효용은 여전히 유효한가

　목동의 학부모들 대부분은 전문직이나 고액 연봉 월급쟁이들입니다. 그래 봐야 중산층이기에 교육비에 올인하고 나면 외식비로 흥청망청 쓸 돈은 없는 게지요. 또한 본인들 학력이 높으며, 여전히 학력 사회의 효용을 믿고 있는 학부모가 유독 많습니다. 하지만 재일 한국인 2세 강상중 교수는 '학력 사회 모델'이 종언을 고했다고 주장합니다. 강상중 교수의 얘기에 잠시 귀를 기울여볼까요?

　　학력學歷이란 교육기관에서 학생을 선발할 때 그 학생이 필요한 학습 능력 가지고 있는지를 평가하는 수단으로, 이는 누구든 노력하면 유명 대학의 간판을 딸 수 있다는 일종의 평등주의에 기반하고 있습니다. 가문이나 혈통 같은 배경과는 상관없이 학력이라는 필터만 통과한다면 누구나 사회적으로 다시 태어날 수 있다는 일종의 신화가 예전에는 있었던 것이지요.*

일본에서는 버블경제의 붕괴가 이 신화를 무너뜨렸고, 우리나라에선 IMF 외환 위기가 학력 사회 모델을 철저히 부숴버리고 바꿔버렸습니다. 여기서 단순히 붕괴시킨 것 이상으로 '바꿔버렸다'는 표현을 쓴 것에 주목해야 합니다. 우리나라의 경우에는 조금 특이한 상황이 펼쳐졌습니다. 학력 사회 모델이 붕괴된 것도 맞지만, 기이한 모양의 학력 사회 모델 하나가 새롭게 우뚝 선 것도 사실입니다. 이 기이한 사회 모델의 정체를 알아볼까요.

IMF 외환 위기는 대한민국을 가르는 특이점이자 분기점입니다. 사회학적으로 혹은 경제학적으로 특히 그렇습니다. 가장 큰 특징은 그동안 대한민국을 지탱하던 '당위'가 사라졌다는 겁니다. 당위의 실종. IMF 외환 위기가 터지기 일보 직전인 1997학년도까지만 해도, 고등학교 시절 특출하게 공부 잘하던 친구들은 대개 서울대 물리학과에 진학했습니다. 아니, 당연히 공부를 빼어나게 잘하면 서울대 물리학과에 진학해서 국가 과학 기술 발전에 공헌해야 한다고 생각했지요.

하지만 대한민국의 일터에서 평생고용은 유니콘이나 봉황이 되어버렸습니다. 상상 속에서만 존재하는 것이란 말이지요. 평생고용 혹은 평생직장 개념은 사라지고 '개인 경력 모델' 사회로 뒤바뀌게 됩니다. 개인 경력 모델에서 제일 중요한 건 이른바 '자

※ 강상중, 노수경 역,《나를 지키며 일하는 법》, 사계절, 2017, 15쪽

격증'입니다. 이로 인해 대학 입학부터 자격증을 보장해주는 의과대학의 인기가 폭발하기 시작합니다.

의대의 위상

1994년, 〈종합병원〉이란 드라마 히트작을 기억하시나요. 배우 이재룡과 신은경이 주연을 맡았고, 일반외과, 흉부외과, 응급실이 주된 무대였습니다. 주연 배우들은 물론 드라마 OST까지 큰 인기를 끌었습니다. 미디어가 참 놀랍기도 하고 무섭기도 한게, 그해 입시에서 의대 커트라인이 유독 뛰어올랐습니다. 심지어 아주대학교 의예과는 단지 드라마 〈종합병원〉의 실제 촬영지라는 이유로, 95학년도 입시에서 '53대 1'이라는 무시무시한 경쟁률을 보였습니다.

지금이야 서울대에서 시작해 제주대까지 의대 정원을 다 채우고 그다음으로 서울대 공대에 들어가는 시절이라 '그게 뭔 소리야?' 싶겠지만, 당시만 해도 의예과의 인기가 지금만큼 뜨겁지는 않았습니다. 이토록 기이한 현상은 IMF 외환 위기 이후에 벌어진 진풍경입니다. 지금 이 책을 읽고 있는 학부모님들 역시 '내 자식만큼은 꼭 의대에 보내고 싶다'는 바람으로 꾸역꾸역 책장을 넘기고 있을 겁니다. 뭐, 의사가 얼마나 고귀한 직업입니까? 생명을 살리는 일이잖아요. 게다가 사회적 신망과 경제적 안정도 덤으로 얻으니, 얼마나 좋겠어요.

저희 아이도 의대에 가고 싶어 합니다. 의사인 엄마가 보람 있게 일하는 모습을 보고, 혹은 사회적으로 존중받고 경제적으로 자유로운 모습을 보고 아이가 스스로 선택한 것입니다. 앞서, 서울에서 제주까지 의대 정원을 다 채우고 그다음 순위로 공대나 자연대에 진학하는 오늘날의 씁쓸한 현실을 한탄했습니다만, 고백건대 내 아이가 의사가 꿈이라고 하니 내심 싫지는 않더군요.

뭐 아이가 정말 의대가 갈 수 있을지, 아니면 도중에 꿈이 바뀔지는 알 수 없는 노릇이지요. 하지만 본인의 의지와 노력으로 꿈을 이룬다면, 이것 하나만은 아이의 마음에 새겨주려고 합니다. '평생 살아가는 동안 의사라는 기득권에 안주하지 말 것과, 투철한 사명감과 윤리의식을 유지할 것.'

사실 의사처럼 지금의 현실에서 각광받는 직업도, 4차 산업혁명이 실제 우리 삶을 지배할 미래에는 어떤 운명을 맞을지 알 수 없습니다. 부모로서 아이의 미래를 위해 많은 고민을 하고 공부도 하고 있지만, 공부를 하면 할수록 불안이 엄습합니다. 4차 산업혁명이라는 너무도 큰 파도가 넘실거리며 다가오고 있기에, 소중한 내 아이의 미래를 현재의 잣대로 재단하는 것이 과연 얼마나 의미가 있을까 하는 무력감이 드는 거죠.

알 수 없는 미래

1976년생인 저는 미디어 세례를 받고 자랐습니다. 컬러 TV를 보고 자랐고, 극장에서 때론 VHS 비디오로 영화를 감상하기도 했습니다. 라디오는 물론이요, 워크맨으로 가요와 팝을 들으며 성장했죠. 저 역시 방송을 소비만 하다가, 어느 순간 자연스레 생산자가 되고 싶어졌습니다. 방송국 프로듀서는 제 간절한 꿈이었지요.

문제는 제 주변에 저와 같은 꿈을 가진 친구들이 꽤나 많았다는 겁니다. 사법고시나 행정고시도 아닌데, 언론사 입사시험을 언론고시라고 부를 정도로 언론사에 입사하기가 쉽지 않았지요. 언론고시라는 말은 참 어이없게도 당시 얼마나 많은 대학생들이 재수, 삼수까지 해가며 언론사 입사시험에 목을 맸는지 보여주는 신조어입니다.

그 어렵다는 시험을 운 좋게 통과한 저는 20년째 한 방송사에서 프로그램을 제작하고 있습니다. 저의 처음이자, 아마도 마지막 직장이 될 것으로 예상되는 일터에서 보낸 지난 시간을 돌이켜봅니다. 적성에 맞는 일이어서 그런지 힘든 줄 모르고 즐겁게 일해왔습니다. 그러나 방송 산업의 미래를 전망해보다가, 문득 후배 J가 떠올라 쓸쓸해졌습니다.

저보다 한 살 후배인 J도 방송사 입사를 간절히 꿈꾸었습니다. 언론사 공채 시험을 무려 세 해 동안 치렀지만 안타깝게도 모두 실패했습니다. 나이 제한 때문에 더 이상의 도전은 무리라고 판단한 J는 울며 겨자 먹기로 한 외국계 회사에 입사했습니다. J는 다른 회사에 입사하고서도 방송 제작에 미련이 남아, 방송국 얘기라면 귀를 쫑긋 세우며 듣곤 했지요.

그리고 세월이 흘러 몇 년 전, J의 소식을 듣게 되었습니다. J는 구글 재팬의 중역이 되어 있었습니다. 그렇습니다. 15년 전쯤 J가 SBS, MBC, KBS에 떨어지고, 떨어지고, 떨어져서 마지못해 입사한 회사가 바로 구글입니다. J가 그토록 애타게 들어가고 싶어 했던 SBS에 입사한 저는 이제 J가 부럽기만 합니다. 전 세계 온라인 검색의 7할을 차지하는 회사. 전 세계 광고 시장의 40퍼센트를 점유하고 있는 회사. 애플, 마이크로소프트, 아마존과 더불어 미국 주식 시장을 쥐락펴락하는 시가총액 최상위 회사. 이게 바로 구글의 현주소입니다.

참, 세상일이란 알 수 없죠. 현재 가치보다는 미래 가치를 점쳐야 하는데, 그게 세상 어려운 일입니다. 사실 J도 미래를 내다보는 혜안이 있어서 구글에 입사한 게 아닙니다. 떨어지고 떨어져서 들어간 회사가 운 좋게 구글이었던 거죠.

벌써부터 수많은 학무모 독자들의 질문이 쏟아지는 게 들립니다. "그럼 지금부터라도 코딩 학원에 보내야 하나요?" "4차 산업혁명 시대라는데, 컴퓨터 공학과로 방향을 잡을까요?" "AI와 IoT가 대세인 요즘 같은 시대에는, 대체 뭘 전공해야 하나요?" "지금 의대 간다고 저 난리를 피우는데, 우리 아이가 불혹이 될 때쯤엔 인기가 시들해지는 거 아니에요?"

다시 J의 사례로 돌아가 봅니다. J는 방송국이 사양 산업이라는 걸 알고 구글에 입사한 게 아닙니다. 그저 운이 좋았을 뿐이죠. 그렇다면 우리는 '운에 맡겨라' 혹은 '세상사 전부 운이야'라는 신조를 가슴에 새기며, 그저 산 좋고 물 좋은 명당을 찾아가 아이의 복된 미래를 빌어야 할까요. 아닙니다. 미래는 알 수 없습니다. 하지만 '준비'는 해야 합니다.

잘못된 실력 쌓기의 결과

J는 수없이 많은 방송국 입사 시험을 치르면서, 자신도 모르게 내공을 다지게 되었습니다. 비록 자신의 의지와 관계없이 구글에 입사했지만, 입사하고 나서는 이제까지 쌓아온 자신의 실력을 십분 발휘했겠죠. 미래는 알 수 없는 거라고 한탄하며 넋 놓고 있어서는 안 됩니다. 실력을 쌓고 기다려야 합니다.

물론 열정적으로 실력을 쌓긴 하되, 올바른 방법이어야만 합니다. 대치동에 가보세요. 고사리손으로 자기 몸뚱이만 한 캐리어를 힘겹게 끌고 다니는 모습들이 심심치 않게 보입니다. 하지만 이것은 올바른 실력 쌓기가 아닙니다. '절대 아니다!'라고 힘주어 말씀드릴 수 있는 명확한 근거가 있습니다. 다음 장에서는 강남 키즈, 목동 키즈가 흔히 범하는 '잘못된 실력 쌓기'의 폐해를 샅샅이 알려드리겠습니다.

강남 키즈,
이대로 괜찮을까

강남 키즈의 역사와 현재 상황에 대해 앞의 챕터에서 다뤄봤습니다. 결론은 강남 키즈, 그리고 강남에 살지 않아도 강남 키즈들과 경쟁하는 아이들이 모이는 대치동 학원가는 점점 더 번성하고 있다는 겁니다. 여기서 더 이상 심해질 수 없다고 생각하지만 확신할 수 없습니다. 10년 전에도 그렇게 생각했지만 상황은 더 나빠졌거든요. 몇 년 전에 학원 강사가 연봉 10억을 받는다는 얘기를 들었을 때 이제 끝까지 왔구나 싶었습니다. 하지만 어떤 강사는 교재 판매 대금만 매년 수십억에 달하고, 또 어떤 강사는 서른 살 나이에 수백억 강남 빌딩을 현금으로 샀다는 기사를 보고는 사교육 시장의 종착역을 짐작하지 않기로 했습니다.

한 가지 더, 대치동이 대표격이긴 하지만 다른 동네에도 사교육 시설이 밀집된 지역이 존재합니다. 목동에도 어마어마한 학원가가 있고, 강북에서는 노원도 만만치 않죠. 직접 가보지는 않았지만 지방에도 대구 수성구 같은 곳은 학원가가 서울 못지않다고 합니다. 이 챕터에서는 대치동을 특정 지명이 아닌 사교육 열기를 상징하는 대표 장소로 사용하겠습니다.

저출산과 사교육 열풍의 상관관계

(현) 강남 아빠 (구) 강남 키즈 1세대인 저는 앞의 챕터에서 대치동이 점점 더 뜨거워지는 현상이 특정 지역, 특정 세대, 특정 가정의 문제가 아니라고 힘주어 말했습니다. 이 챕터에서는 더 나아가서 망국병이라고 주장합니다. 조금 무시무시한 표 하나를 보여드리죠.

대략 10여 년간 우리나라의 출산율 변화를 보여주는 그래프입니다. 2012년과 2015년까지 소폭의 회복세를 보여주던 출산율은 2016년부터 미끄러지기 시작해 이제 0명대로 떨어져버렸습니다. 정부는 저출산 문제에 무려 100조 원이 넘는 천문학적인 세금을 투입했지만 역부족이었습니다.

저는 오래전부터 저출산의 진짜 문제는 교육과 관련이 있지 않을까 의심했습니다. 정부는 보육과정에 금전적 혜택을 주는

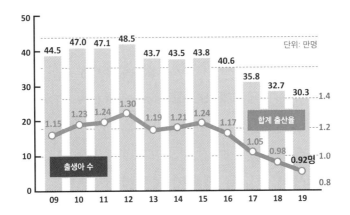

출처: 연합뉴스 2020년 2월 26일 자

합계출산율·출생아 수 추이

단위: 만명

합계 출산율

출생아 수

44.5 47.0 47.1 48.5 43.7 43.5 43.8 40.6 35.8 32.7 30.3

1.15 1.23 1.24 1.30 1.19 1.21 1.24 1.17 1.05 0.98 0.92명

09 10 11 12 13 14 15 16 17 18 19

합계출산율: 여성 1명이 평생 낳을 것으로 예상되는 평균 출생아 수

쪽으로 정책을 쏟아냈죠. 2019년 한 해만 해도 저출산 해결을 위해 30조 원이 넘는 세금을 썼어요. '2040세대 안정적인 삶의 기반 조성'과 '촘촘하고 안전한 돌봄체계 구축'에 12조 이상이 들어갔습니다. '출산·양육비 부담 최소화' '아이와 함께하는 시간 최대화' 등등의 사업 목표에도 수조 원대의 돈이 투입되었고요. 그 결과는 보시다시피 저렇습니다.

제 의견 말고 전문가들의 목소리를 몇 가지 소개해봅니다. 이삼식 한양대 정책학과 교수는 정부의 정책을 보면 근본적인 원인을 치유하기보다는 땜질식으로 처방해왔다고 지적합니다. 주로 기혼 여성이 양육할 때 생기는 애로사항을 지원하는 방식이었다는 거죠. 이어서 그는 아이를 키우는 데 돈이 많이 드는 진짜 이유는, 우리 사회가 좋은 대학을 나오지 않으면 노동시장에서 차별이 생기는 고도의 경쟁 사회이기 때문이며, 이것이 사교육에 따른 고비용 구조로 이어진다고 꼬집었습니다. 그 대안으로 사교육을 없애고 학벌 차이를 없애는 구조적인 노력을 해야 한다고 목소리를 높였습니다.

조영태 서울대 보건대학원 교수도 비슷한 의견입니다. 정부 예산이 주로 복지 분야에 집중되어 있고, 최근에는 젠더 분야에도 눈을 돌리고 있지만 잘못된 진단이라는 겁니다. 그는 인구학 이론을 꺼냈습니다. 경쟁이 격화되면서 물리적 밀도나 심리적 밀도가 높을 때 생존이 힘들어지기 때문에 출산을 하지 않는다는 겁니다. 우리나라의 경우 모든 자원이 서울에 집중되어 있고 대학도 서울로 가야 하므로, 경쟁 상황이 계속되고 있다고 지적했습니다. 행복해지기 위해, 그보다 먼저 살아남기 위해 써야 할 돈과 시간을 자녀의 사교육에 쏟아붓는 분위기가 만연해 있으니, 본능적으로 출산을 기피한다는 얘기입니다. 조영태 교수는 잘못된 진단으로 시작한 정부의 저출산 대책은 방향부터 다 바뀌야 한다고 의견을 냈죠.

두 분 말고도 비슷한 주장을 하는 전문가들이 많습니다만 이 정도만 인용하기로 하죠. 이 책은 정부의 정책을 성토하는 책이 아니니까요. 다만 대치동이 뜨거워질수록 출산율은 떨어진다는, 별 상관없어 보이는 상관관계에 이제는 확신을 갖게 된 것만은 사실입니다. 학생으로서, 또 학부모로서 경험하고 고민한 결과입니다.

대안에 대해서는 아직도 고민 중입니다. 특히 정의와 공정, 비슷하면서도 다른 두 개의 가치를 놓고 저는 생각이 많습니다. 지금 서로 치킨게임을 하듯 사교육에 열을 올리는, 직업도 집값도 학교도 학과도 학생도, 1등부터 꼴찌까지 서열이 매겨지는 우리나라의 무한경쟁 풍토는 결코 '정의롭지' 않습니다. 다만, 현재의 법과 제도 안에서 기회와 혜택을 얻어내려는 아이들과 학부모의 노력이 '공정하다'는 것 역시 사실입니다. 부모의 특권으로 아이가 특혜를 받는 일은 정의롭지도 공정하지도 않으니 논외로 하고요. 공정하지만 정의롭지는 않은 강남 키즈의 존재. 합법이긴 하지만 정상은 아닌 사교육 열풍. 어떻게 해야 할까요? 룰을 바꿔야겠죠. 이 책을 보고 있는 학부형 여러분들도 관심을 갖고 고민했으면 합니다. 그렇지 않으면 이 땅에서 아이들의 웃음소리는 점점 더 희미해질 테니까요.

그럼에도 불구하고 아이들은

전쟁통에 낳은 아이들이 자라 우리 세대를 잉태한 것처럼, 전쟁 같은 사교육 열기 속에서도 아이들은 자라납니다. 꽤나 많은 아이들이 우울해하고 방황하지만, 또 많은 아이들은 학원 수업의 틈바구니 안에서도 장난치고 웃고 떠들고 연애도 합니다. 돌아보면 부모들의 욕심과 공포가 지금의 대치동을 만들지 않았나 싶습니다. 저 역시 그 책임을 면할 길이 없고요. 정의롭진 못해도 공정한 룰로 경쟁하고 있다며 스스로를 위안했지요. 아이들은 죄가 없습니다. 오히려 피해자에 가깝습니다.

책을, 혹은 웹툰이나 웹소설이라도 맘껏 즐길 시간이 없다는 점에서 아이들은 또 피해자입니다. 독서와 글쓰기를 가르치는 학원도 있지만, 그것 역시 국어 성적 향상을 위한 또 다른 사교육일 뿐입니다. 과학고에 진학한 저희 아이의 경우에는 수학과 과학에 올인하다시피 했기에 그런 학원조차 다닐 여력이 없었어요. 그래서 저는 아이에게 국어 성적을 올리기 위한 목적으로 책을 권한 적이 한 번도 없습니다. 적어도 독서만큼은 즐거운 경험이 되기를 바랐기 때문입니다.

현재 시중에는 독서나 글쓰기와 관련한 수많은 책들이 나와 있습니다. 이 책을 준비하면서 저도 여러 권 사서 읽어보았습니다. 아이가 특별히 독서와 글쓰기 지도를 받아야 할 정도로 언어 능력이 떨어지는 경우, 그리고 다른 과목보다 국어 성적을 올리는 일이 우선이라면 부모님들께 꽤나 도움이 되겠다는 생각이 들더군요. 그러나 그렇지 않은 경우에는 권하고 싶지 않습니다. 특히 아이가 국어보다 더 시급한 다른 과목을 위한 학원 스케줄에 시달리고 있는 경우라면 더더욱 비추입니다. 이 부분과 관련한 자세한 이야기들은 앞에서 상세히 다뤘으니 참고하기 바랍니다.

강남 목동 키즈,
아이들은 죄가 없다

밤이면 자동차들로 불야성을 이루는 도로. 그 밤에 아이를 실어 나르러 온 학부모들로 문전성시를 이루는 카페. 끼니도 거르고 학원에 내몰린 아이들이 삼각 김밥에 라면을 우걱우걱 씹어대는 편의점. 초등학생들이 고사리손으로 자기 몸집만 한 캐리어를 끌고 낮부터 늦은 밤까지 전전하는 학원가.

바로 대치동과 목동의 풍경입니다. 지옥도라고 표현한다면 좀 심한 말일까요. 제가 이런 풍경에 손가락질 하는 거라고 오해는 마세요. 목동에 살고 있는 학부모로서 저 역시 다양한 사교육을 아이에게 시켜왔습니다. 다만 지금부터 드리려는 경고는 '지나친 조기 교육'에 관한 것입니다. 조기 교육이 아니라 '조조조조조조기 교육'이 되어버린 현실을 알려드리려고요. 혹시나 지금

이제 막 초등학교에 입학한 아이를 '일주일에 서너 번씩, 한 번에 서너 시간씩' 수업하는 영어학원에 보내고 있나요? 그렇다면, 제 경고에 귀 기울이기 바랍니다.

대치동과 목동 학원가의 패러다임

강남 학원가 혹은 목동 학원가에는 거대한 패러다임이 존재합니다. 사교육의 메카 대치동, 목동의 수많은 학원들이 어떤 메커니즘으로 돌아가는지 간략하게 설명하겠습니다. 지금부터 잠시만 일타학원 상담실장으로 빙의해볼게요.

"저는 아들 서울 공대 보내고 딸은 인서울 의대 집어넣은 돼지 엄마예요. 요즘은 어머님, 아버님 학교 다니던 시절하고 아주 딴판이에요. 옛날 얘기는 노! 노! 딱 질색이에요.

'문송합니다'란 말 들어는 보셨죠? 요즘 공부 좀 하는 애들은 다 이과로 가요. 그 시절에야 문과 1등, 이과 1등이 있었죠. 이과의 최종 종착점, 피라미드 키스톤에는 의대가 있어요. 서울대 의대부터 시작해 제주의대, 고신대 의대까지 꽉꽉 채우고, 서울공대예요.

의대나 서울공대에 입학하기 위해서는 영재고, 과학고를 우선 뚫어야죠. 영재고, 과학고에 입학하려면 초등학교나 중학교 재학 중에 KMO(한국수학올림피아드)와 과학올림피아드에서 수상 실적을 만들어야 해요. 금상이나 은상 정도는 타줘야죠. KMO에서 수상하려면 KMO 대비 문제를 풀어야 하는데, 그러려면 고등학교 전 과정 진도를 다 빼야죠.

왜냐고요? 지수, 로그, 삼각함수, 수열, 미적분을 알아야 KMO 대비 문제를 풀 수 있기 때문이랍니다. 그러니 초등학교 마치기 전에 진도를 다 빼놔야 해요. 아시겠죠? 아이에게 너무 벅차다고요? 거 답답한 소리 좀 그만하세요, 어머님!"

상담실장 윽박질에 솔깃해진 학부모들은 이른바 '과학고, 영재고 테크'를 타게 됩니다. 당연한 귀결로 자기 몸집만큼 큰 캐리어를 끌고 늦은 밤까지 학원가를 전전하는 초등학생이 나오게 되는 겁니다. 초등학교 2학년 혹은 3학년짜리 아이가, 앉은자리에서 몇 시간씩 수학, 영어 수업을 듣고 나오는 모습은 정말이지 끔찍한 지옥도를 방불케 합니다. '조금 일찍 고생해서 실력만 갖출 수 있다면 그럴 수도 있지 않냐!'고 반문하신다면, 고생은 고생대로 하고 실력도 제대로 쌓이지 않는다는 냉정한 현실을 보여드리겠습니다.

다시 한 번 강조합니다. 사교육을 하지 말라는 이야기가 아닙니다. 다만 적절한 타이밍이 얼마나 중요한지 말씀드리려는 겁니다. 저는 김웅용이나 송유근 같은 전설적인 천재 소년들을 미디어에서 접할 때마다, 괜스레 마음이 서글퍼지더군요. 송유근은 여섯 살에 상대성 이론을 이해하고 대학 수준의 미적분을 풀어냈다고 합니다. 그는 만 8세에 대학에 입학하여, 대한민국 최연소 대학생이 됩니다. 이어 열한 살이 되어서는 과학기술연합대학원대학교 천문우주과학전공 석사 과정에 입학합니다. 입이 벌어질 정도로 놀라운 성취를 어린 나이에 이루어냈지만, 이후 여러 논란에 휩싸이며 세간의 주목을 받았습니다. 송유근이란 천재 소년을 제 나이에 맞추어 진학시켰더라면 얼마나 좋은 결과를 낳았을까 하는 진한 아쉬움이 남습니다. 몇 년 먼저 대학에 가는 게, 뭐가 그리 중요했을까 하는 안타까움도 큽니다.

과도한 자극은 독!

한 기사에 따르면, 서울대학교 인지과학연구소 소장을 역임한 서유헌 교수는 "인간의 뇌는 단계별로 적절한 교육을 받아야 정상적으로 성장한다"고 강조합니다. "특정한 뇌는 특정한 시기에 집중적으로 발달합니다. 이때 적절한 자극은 뇌 발달에 도움을 주지만, 장기적으로 과도한 자극을 주게 되면 오히려 뇌기능을 손상시킵니다."

서교수의 연구에 따르면, 외국어 교육은 두정엽과 측두엽의 발달이 완성되는 만 6~12세에 시키는 게 바람직합니다. 즉, 초등학교라도 보내고 나서 영어 사교육을 시키라는 말이지요. 그의 연구는 아직 한글도 완벽하게 구사하지 못하는 미취학 아동을 영어 유치원에 보내는 것이 얼마나 잘못된 교육인지 여실히 증명하고 있습니다.

물론 영어 유치원 혹은 영어학원에서 강조하는 신화가 하나 있습니다. "아이의 뇌는 만 3세면 완성됩니다. '세 살 버릇 여든 간다'는 속담 아시죠? 어릴 때부터 영어를 배워야 원어민 수준으로 할 수 있죠. '바이링구얼bilingual'이라고 들어는 보셨죠? 이중언어 구사자, 즉 바이링구얼이 되려면 어릴수록 좋아요."

결론부터 거칠게 말하자면 이는 완전히 폐기된 가설이자 근거 없는 신화입니다. 한마디로 다 헛소리란 얘기에요. 육아정책연구소에 따르면, 2015년 기준 영유아 사교육비 규모는 3조 2,289억 원입니다. 전년도 2조 6,000억 원보다 무려 22퍼센트나 증가한 수치입니다. 이 천문학적 규모의 비용이 모두 폐기된 가설에 속아 영유아 사교육 기관으로 흘러 들어가고 있습니다.

바이링구얼은 허상

그렇다면 실제 영유아의 뇌는 어떤 과정을 겪으며 성장할까요? 펜실베이니아대학교 신경학과 교수 프랜시스 젠슨의 《10대의 뇌》에 따르면, 생후 1년 만에 시각과 다른 주요 감각에 관여하는 뇌 영역이 완성됩니다. 또한 대근육운동에 관여하는 뇌 영역을 뒷받침하기 위해 신경경로도 연결됩니다. 만 2세 정도면 뇌의 상당 부분이 수초로 절연됩니다. 아이가 특별히 말하는 법을 배우고 소근육운동을 향상시킬 준비가 되어 있는 경우라면, 그 후로 몇 년간은 언어와 소근육운동 협응에 관여하는 고위 영역들이 뒤를 이어 수초화됩니다.

여기서의 방점은 '그 후로 몇 년간'에 찍힙니다.

만 2세 이후 몇 년간 언어를 관장하는 뇌가 수초화됩니다. 그 기간 동안 모국어를 온전히 받아들이기도 벅찬데, 외국어까지 가세한다면 도리어 과부하로 인해 치명적인 뇌 손상이 발생할 수 있습니다. 바이링구얼은 예컨대 아버지가 영어를, 어머니가 한국어를 구사하는 가정에서는 자연스럽게 이루어집니다. 교포들 가운데 학교에서는 영어를 열심히 배우고 사용하다가, 집에서는 한국어를 사용하는 경우에 자연스럽게 이중언어 구사자가 될 수 있습니다. 하지만 영어 유치원 혹은 영어학원에서의 과도한 공부를 통해서 이중언어 구사자를 만들어내기는 어려울 뿐 아니라 심각한 부작용을 낳을 수도 있습니다.

아래 〈뉴시스〉 기사에 나오는 진우(가명)와 민아(가명)의 사례는 특히나 충격적입니다.

> 진우(가명)는 이른바 '영어 영재'다. '36개월 이전에 영어를 익히면 바이링구얼(Bilingual·이중 언어 구사자)이 된다'고 믿었던 진우 엄마는 진우를 가졌을 때부터 영어 교재로 태교했다. 진우는 태어난 뒤에도 언제나 영어에 노출됐다. 생후 18개월 때부턴 영어책을 봤고, 24개월 때엔 유명한 영어 유치원을 다

니면서 한국어보다 영어를 먼저 익혔다. 초등학교 3학년이 된 뒤 본격적으로 참가하기 시작한 '영어 말하기 대회'에선 1등을 거의 놓치지 않았다.

그런데 초등학교 5학년이 되자 부쩍 이상 행동들을 보이기 시작했다. 불평·불만이 늘었고, 친구들과 다투는 일이 많아졌다. 자꾸 혼자 있으려는 성향도 보였다. 선생님이 나무라자 교실을 뛰쳐나가기도 했다. 곧 괜찮아질 것이라고 여겨진 진우의 상태는 점점 나빠졌고 급기야 아무것도 하지 않는 무기력증까지 나타났다.

진우의 뇌 검사 결과는 충격적이었다. '감정의 뇌'라고 불리는 대뇌변연계, 그중에도 편도체와 기저핵에서 이상이 발견됐다. 대뇌변연계가 손상되면 감정 조절이 미숙해지고 단기 기억에 어려움을 느낀다. 진우가 짜증을 내거나 소리를 지르고 쉽게 포기했던 것도 이 때문이다. 전문가는 "아이들은 발달 단계에 맞는 적절한 자극 대신 과도한 자극, 즉 문자 학습에 노출되면 스트레스를 받는다"며 "그 결과 뇌에서 '코르티솔'이라는 스트레스 호르몬이 과다 분비돼 신경세포 발달을 억제했다"고 분석했다.

민아(가명)도 비슷한 경우다. 민아는 4살 때 혼자서 한글을 깨우쳤다. 처음엔 친구들의 이름표에 적힌 글자와 음을 맞춰가며 따라 읽더니 나중엔 길거리에 있는 간판, 그리고 엄마가 읽어주는 그림책과 신문에서 아는 글자를 더듬더듬 읽어냈다. 모르는 글자가 나올 땐 물어봤고, 이렇게 익힌 글자 수는 빠른 속도로 늘어났다. 6개월이 지났을 무렵 완벽하진 않지만 혼자서 그림책을 읽을 수 있게 됐다.

5살 땐 다니던 어린이집을 그만두고 비싼 영어 유치원으로 옮겼다. 더 늦기 전에 영어를 가르쳐야겠다는 민아 어머니 결정 때문이었다. 다행히 민아는 또래 아이들과는 달리 영어를 곧잘 따라 했다. 6살 땐 수학을 시작했다. 더하기, 빼기, 곱하기, 나누기는 물론 간단한 수 개념과 도형까지 배웠다. 민아는 이때에도 며칠 만에 구구단을 외워 주위를 놀라게 했다.

그러던 민아도 어느 날부터 이상 행동을 보이기 시작했다. 수학 공부를 시작한 뒤 소리를 크게 지르거나 울부짖는 일이 잦아졌다. 짜증도 늘었다. 친구들과의 놀이에 점점 흥미를 잃었고 혼자 책을 보거나 비디오를 보는 시간이 많아졌다. 민아 할머니는 걱정스러운 마음에 아동상담센터에 가볼 것을 권했으나 민아 부모는 펄쩍 뛰며 "아이가 영재성이 있어 좀 예민한 것뿐"이라고 무시했다.

하지만 소아정신과 전문의, 영·유아 심리 전문가 사이에서는 이런 아이들이 급증하는 데 우려의 목소리가 높다.

아동 발달심리 전문가 정석진 박사는 "영·유아 중에 정서불안, 도피, 충동적 행동, 주의 산만, 창의성 발달 저하 등 심각한 문제를 일으키는 아이들이 점점 많아지고 있다"며 "과도한 인지 교육으로 인한 스트레스, 즉 공부를 너무 많이 했기 때문에 나타난 현상이다"라고 추정했다.[*]

조기 교육의 문제점은 단순히 사교육에 한정되지 않습니다. 자기주도 학습이 실종된 원격 조종 학습 역시 또 다른 조기 교육 학습의 부작용입니다. 제 경험을 하나 들려드리겠습니다. 아이가 초등학교에 입학하자 학부모들 사이에서 '영재원' 바람이 불기 시작했습니다. 서울, 경기, 용산, 경복, 경동 등 이른바 5대 공립 중학교가 존재하던 비평준화 시절도 아니니, 초등학교 6년 동안은 평화로울 줄 알았습니다. 하지만 '내가 아주 단단히 착각했구나'라고 깨닫는 데에는 불과 몇 달이 걸리지 않았습니다.

초등 6년도 평화롭지 않은 현실

적어도 중학교에 입학하고 나서야 영재고, 과학고, 외고, 자사고 등을 걱정하는 학부모들의 조바심 레이스가 시작될 줄 알았던 겁니다. 돌이켜보면 순진한 건지 멍청한 건지 구분이 안 될 정도로 대책 없는 애비의 모습이었습니다. 낙불사촉樂不思蜀, 유선의 아둔함에 비견할 정도였지요. '서울대나 의대에 가려면 영재고, 과학고, 외고에 입학해야 합니다. 영재고에 입학하려면 중학교 때 수학, 과학 경시대회에 나가 금메달을 따와야 하죠. KMO나 과학올림피아드에 나가 메달을 목에 걸려면 초등학교 시절

※　'3세 신화의 함정… 조기교육이 아이 뇌 망친다', 〈뉴시스〉, 2016년 2월 29일 자

영재원 정도는 다녀줘야 합니다!'라는 게 그 학부모들의 논리입니다. 이 신비로운 역산의 논리는 어김없이 적용되더군요.

제가 살고 있는 서울을 기준으로 말하면 서울교육대학교 영재원의 인기가 가장 뜨겁습니다. 감사하게도 아이의 2학년 담임 선생님이 "지우는 무조건 합격할 거예요. 교대 영재원에 지원해보세요!"라고 말씀해주셨습니다. 영재원 시험은 1차에서 독서록과 자기소개서를 제출합니다. 그리고 여기서 합격하게 되면 2차 심층면접이 치러집니다.

독서록과 자기소개서를 제출하고 '심층면접은 어떨까?' 기대하며 2차 시험에 대비하고 있던 어느 날, 날벼락이 떨어졌습니다. 불합격! 1차 시험조차 합격하지 못할 줄이야! 원래 자기 자식은 다 천재인 줄 착각한다는데, '나 역시 예외가 아니구나!'라는 탄식이 절로 나왔습니다. 1차만 잘 넘어가면 2차는 왠지 합격할 것 같은 근거 없는 자신감에 가득 차 있었던지라, 믿는 나무에 곰이 핀 듯 실망스럽더군요.

그러나 며칠 후 아이의 선생님과 다른 학부모들의 이야기를 들은 후, 실망의 감정은 분노로 돌변했습니다. 독서록과 자기소개서를 아이 혼자 힘으로 작성한 지원자는 우리 아이밖에 없다는 사실을 알게 되었거든요. '세상이 왜 이리 불공평하냐!'는 생각이 들다가 종국엔 '부모가 어리바리해서 자식 앞길을 망치는구나!'란 자괴감까지 들더군요. 다른 집은 엄마, 아빠가 열과 성을 다해 자소서와 독서록을 써줬다는데! 아이고! 초등학교 2학년짜리 아이에게 온통 떠맡겨버린 애비의 한심함에 화가 치밀어 올랐습니다. 순진하게도 독서록에 《WHY 신체의 신비》나 《WHY 발명과 발견》 따위의 책들을 적어냈으니 말이죠. 물론 아이가 실제로 재밌게 읽었던 책이었지만, 합격을 위한 목록은 저런 유치한 초등학생용 도서로 채워지지 않는다는 사실을 뒤늦게 깨달았습니다. 초등학교 2학년인데 벌써부터 이렇게 부모가 나서야 하면, 앞으로 대체 어찌 해야 하나? 분노는 순식간에 절망감으로 바뀌었습니다.

부모 점수와 부모 숙제

조부모의 재력, 엄마의 정보력, 그리고 아빠의 무관심. 이 삼박자를 갖춰야 아이가 명문대에 진학한다는 우스개가 어찌나 씁쓸하게 다가오던지요. '아빠는 충분히 무관심했는데, 엄마의 정보력이 부족했다'며 핑계를 대고 이 괴로움에서 빠져나가고 싶었습니다. 그러나 어느덧 베르길리우스를 따라 대한민국 입시 지옥에 빠져 허우적대는 자신을 발견하게 되었습니다. 단테의 《신곡》 가운데 여덟 번째 지옥쯤에 해당하지 않을까 싶네요. 위선자, 권모술수에 능한 자, 위조자, 아첨꾼이 떨어지는 지옥 말입니다.

서울교대 영재원에 낙방하고 교육청 영재원에 합격해, 3학년과 4학년 두 해 동안 열심히 다녔습니다. 그리고 5학년을 앞 둔 어느 날, 분노에 휩싸인 애비는 다시 한 번 교대 영재원에 지원해보리라! 다짐했습니다. 지옥에서 돌아온 애비는 지난번처럼 순진하게 굴지 않았습니다. 심사를 맡은 서울교대 교수들에게 어필할 만한 책들을 골라 읽혔고, 자기소개서도 직접 첨삭해가며 여러 차례 수정하게 했습니다. 결과는 1차 서류전형에 이어, 2차 심층면접까지 합격!

매주 토요일마다 서울교대까지 아이를 데려다주었습니다. 어느 봄날, 따사로운 햇살을 맞으며 교대 벤치에 앉아 있는데 '서글프면서 부끄럽고 짜증나면서도 기쁜' 도저히 형언할 길 없는 기괴한 감정이 명치를 때리며 훅! 올라왔습니다. '드디어 내 아이가 교대 영재원에 다니는구나! 행복하다' '진작 이렇게 도와줄 것을….' '젠장! 이게 대체 뭐하는 짓인가….' '벌써부터 이러면 앞으로 대학 갈 때까지 도대체 어찌해야 하나?' 저는 근본도 없고 계통도 없는 감정의 소용돌이에 갇혀 어지러워졌습니다.

목동에서 교대까지 먼 길이었지만, 오고 가는 차 안에서 그날 배운 것들을 주워섬기는 아이를 보며 흐뭇했습니다. 수준에 맞는 아이들과 최고의 교수진이 제공하는 창의적인 커리큘럼에 기분이 좋아져, 어느새 콧노래가 절로 났지요. 그렇게 1년이 다 되어 가던 어느 날, 영재원에서 과제를 내주었습니다. 수학 혹은 과학 관련 주제를 정해서, 실험을 하고 그 결과를 보고서 양식으로 제출하라는 것이었습니다. 일종의 소논문 제출 과제를 내준 겁니다. 겨우 초등학교 5학년에게 말이지요.

아, 이게 바로 말로만 듣던 '엄마, 아빠 숙제'구나 하는 직감이 들었고, 동시에 갈등이 찾아왔습니다. '내가 해줘야 하나?'라는 질문에서 시작해 '내가 해줄 수 있나?'라는 자괴감으로 마무리 되는 내적 갈등! 그러나 이내 귀차니즘이 발동한 저는 '아니, 영재원 숙제를 혼자서 해야 영재지, 부모가 미주알고주알 참견하면 그건 영재가 아니지!'라는 대의명분 아니, 비루한 핑계를 내세우며 아이에게 혼자서 숙제를 하라고 했습니다. 그리고 마침내 소논문 발표의 날, 깨달았습니다. 내가 또, 다시, 어게인, 바보짓을 했구나!

대학생 아니, 대학원생들이 논문 발표하는 줄 알았습니다. 초등학교 5학년짜리 아이들이 화려한 파워포인트를 띄워 놓고, 스티브 잡스처럼 멋지게 발표하더군요. 인명 구조용 뱀 로봇을 만들어온 아이도 있었고, '한 입만'이라며 빵을 뺏어 먹었을 때 병균이 얼마나 증식하는지 무려 '로그 값'을 활용해 실험 결과를 발표하는 아이도 있었습니다. 누가 봐도 구조용 로봇은 공대 교수 아빠가, 병균 실험은 의대 교수 아빠가 해준 듯 보였습니다.

집으로 돌아오는 길, 저는 절망에 빠진 채 창밖으로 흘러가는 강물만 하염없이 바라보았습니다. 교수 아빠가 아닌 제 자신이 너무도 원망스럽더군요. 지금이야 '초등학생이고, 대입에 직접 반영되는 것도 아닌데 뭘…'이라며 자위할 수 있다지만, 고등학생이 되었을 때를 상상하니 가슴이 답답해졌습니다. 불행인지 다행인지, 이런 고민이나 울분이 비단 저만의 것은 아니었습니다. 학부모들이 느끼는 불공정함은 사회적 합의를 이뤄냈고, 이른바 '학종'은 큰 변화를 맞이하게 되었습니다.

학종의 종말?

교육제도 개혁으로, '학생부종합전형' 이른바 '학종'의 근간인 학교생활기록부에 기재할 수 없는 것들이 많아졌습니다. 2024학년도 대입부터는 '방과 후 수강 내용, 영재교육 실적, 발명 실적, 자율 동아리, 청소년 단체 활동, 소논문, 개인 봉사활동, 수상 경력, 독서 활동, 진로 활동'을 기재하지 못하거나, 대입에 반영하지 못하도록 변경되었습니다. 학생생활기록부의 일대 대변혁이라고 할 수 있는 변화입니다.

그야말로 상전벽해! 상황이 이렇게 바뀌다 보니, 그간 아이에게 죽이 되든 밥이 되든 혼자 끙끙대며 해보라고 했던 기억들이 도리어 뿌듯해지더군요. 강남 키즈나 목동 키즈가 입시에 유리한 건 맞습니다. 여전히 부인할 수 없는 팩트입니다. 다만 자기주도 학습 능력이 그 어느 때보다 중요해진 시기가 도래한 것 역시 사실입니다. 대치동의 불야성 같은 학원이나 목동의 수많은 사교육 강사들이 도울 수 없는 부분이 분명 존재합니다. 지금 쓰고 있는 이 원고가 대치동 일타 강사도 떠먹여줄 수 없는 '자기주도 학습 능력'을 키워주기 위한 작은 불쏘시개가 되었으면 좋겠습니다.

아이의 꿈이
작가나
언론인이라고요?

돌이켜보니 글을 써서 돈 버는 직업을 저보다 여럿 가져 본 사람이 또 있을까 싶네요.

제가 처음 글을 써서 돈을 벌었던 때는 20대 초반입니다. 그 뒤로 지금까지 30권이 넘는 책을 썼습니다. 소설가로서 오래 활동하다가 무대를 네이버로 옮겼지요. 네이버 웹소설 원년멤버로서 일을 시작했습니다. 횟수로 8년, 만으로 7년을 넘기는 세월 동안 딱 세 달을 쉬었으니 네이버에서 가장 오래 연재하고 있는 웹소설 작가가 아닐까 싶네요. 네이버 웹툰에서도 작년부터 연재를 시작했습니다. 그림 작가가 따로 있고 저는 글 작가로 일하고 있죠.

소설이나 웹툰 말고 카피라이터로 일한 적도 있어요. 당시에는 광고 사관학교로 불렸던 광고대행사 오리콤에서 딱 1년, 신인 카피라이터로 빡세게 굴렀던 기억이 생생합니다. 기간은 짧았지만 정말 많은 것을 배웠습니다. 시나리오 작가로도 꽤 오래 일하면서 여러 작품이 개봉되었습니다. 요즘은 일을 그만두었지만요. 칼럼도 제법 많이 썼습니다. 특히 〈한겨레〉 신문에서는 2013년 봄부터 지금까지 한 번도 안 쉬고 격주로 칼럼을 연재 중입니다. 매년 다른 칼럼니스트들과 함께 송년회를 하는데 제가 제일 오래 고인 물이더라고요.

왜 이렇게 이력서를 구구절절 늘어놓느냐고요? 이렇게 경험이 많으니 저를 믿으셔야 합니다. 적어도 글 써서 돈 버는 일에서만큼은 저보다 더 두루두루 생생하게 이야기해줄 사람은 없다니까요.

웹작가를
꿈꾸는 아이에게는

　모든 산업에는 흥망성쇠가 있습니다. 소설 시장도 산업이라고 한다면 요즘만큼 호황인 때가 없다고 봐야죠. 종이책 시장에서 소설책은 판매가 부진합니다만 웹툰-웹소설 시장은 가파른 성장을 이어가고 있습니다. 2019년 말 발표에 따르면, 국내 웹툰 기업 매출은 2016년 5,845억 원에서 8,805억 원으로 늘었다고 합니다. 웹소설 시장은 2013년 100억 원에서 2018년 4,000억 원 규모로 커졌다고 한국콘텐츠진흥원이 밝힌 바 있죠.

　웹툰 매출은 이미 조 단위로 커졌고 웹소설 시장도 5,000억이 눈앞이네요. 웹툰은 말할 것도 없고, 웹소설만 해도 처음 등장했던 2013년 당시 100억 원이었던 시장이 7년 만에 50배로 커진 겁니다.

국내 토종 앱마켓 원스토어의 이재환 대표가 공개한 자료에 따르면 대표적인 웹툰 및 웹소설 플랫폼 카카오페이지의 경우 기업 가치를 1조 5,000억 원에서 4조 원까지 평가받는다고 합니다. 세계정복을 눈앞에 둔 네이버 웹툰은 뭐 말할 것도 없죠….

저 역시 이렇게 팽창한 시장의 수혜자였습니다. 그래서 단언할 수 있습니다. 이 시장은 젖과 꿀이 흐르는 가나안이며 금맥이 번쩍이는 금광입니다. 동시에 잊지 말아야죠. 약속의 땅 가나안에 들어가기 위해 얼마나 많은 히브리 사람들이 얼마나 긴 세월을 유랑했는지. 노다지를 찾아 서부로 떠난 사람들 중 정말 부자가 된 사람은 몇이나 있었는지.

웹툰-웹소설 시장도 마찬가지입니다. 한 달에 몇 억씩 수입을 올리는 작가들도 있지만 회사원 월급과 비슷하게 버는 작가들도 많고, 고정적인 연재 플랫폼과 계약하지 못해 연재를 드문드문하는 작가들도 있다는 현실은 짚고 넘어가야 할 것 같습니다.

이른바 등단 제도를 통해 문단에 나온 기존 소설가들 중에 웹소설 플랫폼에 안착한 작가는 제가 유일한 걸로 알고 있습니다. 웹소설이 종이책보다 더 낫다는 얘기는 아닙니다. 각각의 가치와 장단점이 있지요. 선택의 문제일 텐데 저는 웹소설을 선택했고요. 다만 기성 작가들 중에 웹소설 플랫폼에서 연재를 시도했던 작가들이 여럿 있지만 지속적인 연재로 이어지지 못한 점을 들어 비교해보려는 겁니다.

그렇다면 독자님들께 물어볼게요. 1997년에 등단한 이재익이라는 소설가가 멀지 않은 미래에 웹소설이라는 플랫폼이 나올 테니 미리 대비해야겠다고 생각했을까요? 천만의 말씀. 저는 네이버로부터 연재 제안을 받을 때까지 그런 게 있는 줄도 몰랐습니다. 그렇다면 다른 기성 소설가들과 달리 제가 웹소설 플랫폼으로 갈아탈 수 있었던 이유는 뭘까요?

첫째도 상상력 둘째도 상상력

저는 문체나 상징, 문학적 주제 의식 등등보다는 이야기 그 자체에 관심이 많던 작가였습니다. 그냥 제 생각이 아니라 문학상 낙선 에피소드에서 여실히 드러납니다.

저는 '문학사상 장편소설상'을 받고 등단했는데, 치기 어린 욕심에 몇 년 뒤인 2000년 '문학동네 소설상'에 응모했습니다. 운 좋게도 경쟁작 없이 유일하게 최종심에 올랐죠. 20년 전에 상금이 무려 5,000만 원이었을 만큼 대단한 상이었습니다. 단독으로 올라갔기에 당연히 상을 받을 줄 알았으나 결과는 낙선이었어요. 그때 제가 응모했던 작품 〈아이린〉의 심사평은 대략 이런 내용이었습니다.

심사위원들은 은희경, 전경린으로 이어진 문학동네 소설상이 어떤 작품으로 새로운 한국문학의 문을 열어젖힐 것인가 들떠 있었다며 심사 전의 분위기를 전한 후에, 다섯 편을 본심에 올린 뒤 최종적으로 제 작품 '아이린'만 남았다고 했습니다.

이 작품이 젊은 활력과 동시대 언어에 직접 닿아 있으며 이 작품을 쓴 작가는 극적 구성에서 거의 본능적 센스를 갖추고 있어 책장이 숨차게 넘어가게 만든다며 칭찬을 해주었지만, 결과는 반전이었습니다.

소설은 처음 읽을 때의 흥미나 충격도 중요하겠지만 두 번 세 번의 정독에 버틸 수 있는 형식미와 내적 역동성을 갖추고 있을 때 비로소 참다운 문학의 질서에 편입되는 것이라며, 그해에는 당선작을 내지 않기로 결정하고 저에게 문학에 임하는 진지한 자세를 권했습니다.

한마디로 이거지요. 이야기는 재미있는데 완성도가 떨어지고 진지함이 부족하다.

그 당시 저는 외국계 음반 회사에 다니다가 그만두고 광고회사 카피라이터로 일하고 있었습니다. 음반 회사를 그만둔 이유는 간단했습니다. MP3라는 놈이 등장하면서 사람들이 CD로 만들어지는 앨범에 등을 돌렸고 시장이 몰락했거든요. 아무리 정성껏 진지하게 완성도를 높여 훌륭한 앨범을 만들어 봤자 사람들은 디지털 파일로 짧고 인상적인 노래만 쏙쏙 듣고 마는 식으로 대중의 취향이 변하는 모습을 목격했습니다. 그뿐인가요? 이미 PC통신에서 시작된 인터넷 소설 열풍이 후끈 달아오르면서 〈엽기적인 그녀〉가 영화로 제작되던 즈음이었습니다. 종이책 소설의 판매고는 나날이 추락일로였고요.

그런데 완성도와 진지함을 높여 달라?

1년 내내 매달려 완성도 높고 진지한 소설을 내놔 봤자 기껏 수천 명이나 볼까 말까, 상 받고 평론가들에게 칭찬받느니 그냥 소설을 쓰지 말자고 생각했습니다. 그래서 꽤 오래 절필을 하고 영화 시나리오만 썼던 시절이 있었습니다. 그러다가 장르 소설의 범주에 들어가는 책을 몇 권 냈고 웹소설 플랫폼으로 초대를 받은 거지요.

제가 원하던 바로 그 세상이었습니다. 물론 평론가들은 평론의 대상조차 안 된다고 하겠지만요. 공부 스트레스에 찌든 아이들에게 숨이라도 쉴 여유를 주는 소설(애들이나 좋아할 수준 낮은 소설), 아무리 해도 나아지지 않는 현실을 잠시 잊게 해주는 몰입감 끝장 소설(흥미 쫓기에 급급한 통속 소설), 연애할 돈도 없는 이들도 왕자님 공주님과 연애하는 기분을 맛볼 수 있는 소설(뻔하디뻔한 연애 소설) 등등 완성도도 떨어지고 진지하지도 않지만 이 시대 대중이 갈구하는 소설들이 잔뜩 모여 있는 그런 세상. 저는 지금도 그 행복한 세상에서 이야기를 쏟아냅니다.

그렇습니다. 이야기. 글보다는 이야기.

이 챕터만큼은 글쓰기를 업으로 고민하는 아이를 둔 부모님들을 위한 챕터라고 이미 밝혔지요. 그중에서도 자녀가 웹툰이나 웹소설 작가를 꿈꾼다면 글보다는 '이야기'를 만들어내는 능력을 키우도록 도와주셔야 합니다. 이 시대는 이야기의 시대라고 해도 과언이 아닙니다. 웹툰, 웹소설, 영화, 드라마, 게임 등등 거대한 콘텐츠 시장의 중심에 '이야기'가 있습니다.

10년 뒤에도 웹툰-웹소설이 전성기를 누리고 있을지는 모르겠으나, 이야기의 힘과 효용은 그대로일 겁니다. 아까 제가 얘기했죠? 적어도 글 써서 돈 버는 영역에서만큼은 저를 믿으셔야 한다고요. 게다가 콘텐츠 플랫폼 사이의 OSMU(원 소스 멀티 유즈) 현상은 더욱 가속화됩니다. 웹툰과 웹소설이 영화나 드라마로 만들어지고 게임으로도 개발되어 시장을 휩쓰는 세상입니다. 그런 경우의 수익은… 그냥 상상에 맡기겠습니다.

영상 작가에 비해 웹툰-웹소설 작가는 훨씬 더 자유로운 상상력이 허용됩니다. 제작비의 제한이 없기 때문이죠. 중세 시대를 배경으로 하는 판타지 장르는 할리우드라면 가능하겠지만 우리나라에서는 영화로 제작하기 힘듭니다. 그럼에도 요즘 웹소설에서 가장 각광받는 장르입니다. 특히 웹툰 작품들 중에서는 도저히 여기서 다 소개하기 어려울 정도로 기발한 상상력을 보여주는 작품들이 많습니다.

앞에서 언급한 제 작품의 낙선 심사평에서 평론가는 제게 이런 칭찬을 해주었습니다. "신선한 충격과 흥미, 그 속에 내장된 힘과 젊음, 그리고 동시대의 언어 감각." 이미 그것들은 밋밋하고 낡고 구시대적인 감각이 되어버렸습니다. 제 글을 평론해주신 분들이 요즘 웹툰-웹소설을 보고는 어떤 평을 할지 궁금하긴 합니다. 외계인의 감각, 외계인의 언어라고 하려나요? 그러니 부모님들께서는 기성세대의 논리와 현실 감각은 접어두고, 아이들이 마음껏 엉뚱한 상상을 펼칠 수 있도록 각오를 단단히 하셔야 합니다.

방법이 뭐냐고요? 스마트폰을 마음껏 허락해주세요. 이 챕터만큼은 전반적인 학과 성적보다 작가가 되겠다는 아이들, 특히 웹툰이나 웹소설 작가가 꿈인 아이들을 위한 챕터니까 더더욱 그러합니다. 뭐 기본적으로 스마트폰에 관한 제 태도가 다른 부모님들과 너무 다르긴 합니다.

왜냐고요? 저희 어릴 때 컴퓨터에 미쳐 있던 아이들이 지금 우리나라 IT업계의 큰손들이 되었음을 상기해보세요. 물론 그 시절 컴퓨터에 매달렸던 아이들이 다 그렇게 된 건 아닙니다. 극소수겠지요. 책을 좋아하는 아이들이 다 학자가 되는 건 아니니까요. 그래서 어떤 사람들은 소비자로서가 아니라 개발자나 크리에이터의 마인드로 스마트폰을 잡도록 아이들을 교육시켜야 한다고 주장하기도 하는데, 저는 어이없는 헛소리라고 생각합니다. 아이가 소설이나 영화, 혹은 만화를 볼 때 무한정 지원해주세요. 뭘 그런 걸 보냐고 중얼거리는 순간, 핸드폰을 압수하는 순간, 대화의 문은 닫히기 시작합니다.

정말 상상력이 전부인가요?

너무 상상력만 강조한 감이 있는데 대단한 상상력 없이 소소한 일상의 사건들로 이뤄진 작품들이 인기를 얻는 경우도 많습니다. 현대 로맨스 장르의 웹소설 대부분이 그렇고, 일상툰이라고 불리는 장르의 웹툰이 그렇습니다. 가족, 친구, 동료들과 복닥거리며 사는 이야기를 세심한 관찰력으로 되살려내 독자들의 공감을 얻는 거죠. 왜 이런 뻔한 이야기에 열광하냐고요? 라면 끓여 먹는 모습을 핸드폰으로 찍은 영상을, 수십억 제작비를 들인 드라마보다 더 많이 보는 세상입니다. 평범한 취준생이 말없이 공부하는 모습을 담은 영상을 극장에 걸린 영화보다 더 많이 보는 세상입니다. 이해하려고 하지 마시고 그저 받아들이세요.

물론 기발한 상상력이나 세심한 관찰력에 탄탄한 문장까지 수반된다면 더할 나위가 없겠죠. 웹툰에 맞는 문장, 웹소설에 맞는 문장이 따로 있기는 합니다. 그러나 순수 문학의 문장을 수련하는 데 드는 시간과 노력에 비하면 훨씬 더 익히기 쉬운 수준이에요. 게다가 독자들이 선호하는 문체가 매년 조금씩 바뀌는 지경이라 각 장르의 현재 히트작을 필사하는 연습이 제일 효과적입니다. 전 회차를 다 할 필요는 없고 5화 정도까지 필사해보면 적당히 감을 익힐 수 있습니다.

진짜 웹작가가 직업이 될 수 있나요?

아주 짧게 네이버의 시스템을 말씀드릴게요. 카카오페이지

쪽은 잘 모릅니다. 네이버 웹툰과 웹소설은 아무나 참여할 수 있는 '챌린지 리그'와 그곳에서 일정 수준 인기를 얻은 작품을 모아놓은 '베스트 리그', 그리고 베스트 리그에서도 편집부의 기준을 통과한 작가들이 연재하는 '정식 연재 리그'로 나눠져 있습니다. 정식 작가로 뽑히면 월급처럼 매달 수백만 원 씩 연재료를 받고 미리보기를 통해 유료 판매 수익을 따로 정산 받습니다.

엉뚱한 이야기를 잘 지어내는 아이라면, 이미 챌린지 리그에서 혼자 연재를 해봤거나 지금 연재 중일 수도 있습니다. 부모님만 모르고 있을 수도 있죠. 저도 습작을 할 때 부모님께 말한 적은 없으니까요. 만약 아이가 곧잘 글도 쓰고 웹소설에 관심도 많은데 연재 경험이 없다면 넌지시 챌린지 리그에 연재를 해보라고 권해보세요. 아주 좋은 경험이 될 겁니다.

끝까지 연재를 못 마칠 수도 있고, 악플이나 무플에 상처받을 수도 있어요. 그런데 그런 경험 없이는 절대로 성장할 수 없습니다. 넘어질까 겁나서 트랙에 오르지 않는다면 어떻게 육상 선수로 뛰겠습니까? 많이 응원해주세요. 혹여 챌린지 리그에서 반응이 좋아 베스트 리그로 승격이라도 되면, 그때는 이야기가 달라지죠. 베스트 리그에서도 유료 판매가 가능한 루트가 있을 뿐 아니라, 이런 이력이 문학이나 창작 관련 학과에 입학할 때 도움이 될지도 모릅니다. 물론 이조차도 경쟁이 치열합니다. 공무원 시험 못지않아요.

이 정도에서 웹소설 이야기를 마무리할까 하다가, 대체 웹소설 한 편을 쓰면 얼마나 수익이 나길래 이러냐고, 진짜 우리 아이가 소설가나 만화가가 되어도 괜찮겠냐고 궁금해하실 분들을 위해 사진 한 장을 준비했습니다. 뭐 누구나 다 쉽게 찾아볼 수 있는 화면입니다.

요즘 인기 있는 웹소설 '재혼황후'의 유료 결제 페이지입니다. 다운로드 횟수 보이시나요? 1억 이상. 다운로드는 대여와 구매로 나뉘는데, 대여는 100원, 구매는 300원이니 매출이 얼마일까요? 최소 100억에서 300억 사이 어딘가로 봐야겠네요. 제 작품의 대여와 구매 비율을 참고하면 아마 150억쯤 될 듯싶습니다. 심지어 이 작품은 아직 연재가 절반도 진행이 안 된 상황입니다. 음… 연재가 끝나고 나면 2억 다운로드 넘어가려나요? 소설 한편의 인세가 중소기업의 1년 순이익 수준인 세상이 도래했습니

다. 총 매출에서 네이버가 적게는 30~40퍼센트를 떼고 나머지
가 작가의 몫이니까, 계산되시죠? 게다가 나중에 영화나 드라마
로 제작되면 다시 불이 붙습니다.

물론 이건 아주 인기작의 경우고 대부분 이 정도 매출은 나오
기 힘듭니다. 부모님들이 모르는 사이 이런 엄청난 시장이 만들
어졌다는 점을 알려드리기 위해 보여드린 사진이었습니다. 물론
웹소설 시장보다는 웹툰 시장이 훨씬 크고, 웹툰 시장보다는 게
임 시장이 훨씬 훨씬 더 큽니다. 이야기의 힘, 이야기가 버는 돈
이 이 정돕니다.

너는 어느 정도냐고요?

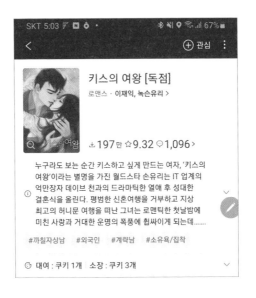

약소합니다… 심지어 이 작품이 제일 잘된 작품이라는 건 안

비밀. 혹시 아나요? 저도 열심히 쓰다 보면 인세로 수십억 입금되는 작품이 나올지.

다음 챕터는 방송 작가가 꿈인 자녀를 둔 분들이 눈여겨보길 바랍니다.

방송국에서
일하고 싶은 아이에게는

　　요즘 직장으로서 방송국의 인기는 예전만 못합니다. 방송을 대체하거나 넘어서는 매체가 너무나도 많이 생겼으니까요. 포털 사이트도 다들 각자의 TV 채널을 운영하고 유튜브나 넷플릭스 같은 초거대 플랫폼의 위세는 언급할 필요도 없죠. 아프리카 TV를 위시한, 1인 방송 크리에이터들이 활동하는 곳도 정말 많고요. 그럼에도 글쓰기를 좋아하는 아이들에게 방송국은 여전히 큰 시장입니다. 작가가 없으면 돌아가지 않는 시스템이기 때문이고, 앞으로 실력 있는 작가의 가치는 점점 더 커질 것이기 때문입니다. 여기서는 시나리오 작가로서 일했던 경험과 방송국 PD로 일했던 경험을 함께 버무려 이야기해볼까 합니다.

극작가가 되고 싶은 아이

독서나 글쓰기를 좋아하는 아이들 중에는 영화나 드라마 작가가 되고 싶어 하는 친구들이 꽤 있을 거예요. 그런데 정작 부모는 업계에 대한 이해가 전혀 없는 경우가 많죠. 영화와 드라마. 얼핏 보기엔 비슷해 보입니다. 그러나 영화와 드라마의 산업 구조는 완전히 다릅니다. 작가의 역할도 다르죠. 대본만 봐도 러닝 타임 2시간 안에 캐릭터와 줄거리를 구현해야 하는 영화와, 10회~20회 혹은 그 이상까지도 회차가 길어지는 드라마 대본은 다를 수밖에 없습니다. 영화는 최대한의 압축미를 살리는 일이 중요하고, 적지 않은 돈을 내고 보는 관람 행위의 만족감을 충족시켜야 합니다. 드라마에서는 꽤나 환영받는, 시간 때우기 식의 말랑말랑한 내용이 영화에서는 드문 이유이기도 합니다. 드라마는 전체 이야기도 중요하지만 한 편 안에서도 기승전결의 흐름이 있어야 하고, 매 회차에 다음 회차를 기대하게 만드는 엔딩도 고민해야 합니다.

여기서 현실적인 이야기 하나 하고 넘어가죠. 이 책을 읽고 있는 학부모 독자님들은 영화 시나리오 작가의 이름을 몇이나 알고 있나요? 아마 한 명도 모르는 분들이 태반일 겁니다. 그에 반해 드라마 작가는 어떤가요? 김수현이나 문용남, 송지나 같은 레전드급부터 시작해 김은숙, 박지은, 김은희, 홍자매 등등 요즘 인기 있는 작가들 이름도 여럿 아실 듯합니다. 같은 맥락에서 영화는 감독 놀음이고 드라마는 작가가 왕이라는 표현도 들어보셨을 겁니다. 그 이유는 뭘까요? 영화는 압축을 지향하고 드라마는 팽창을 지향하기 때문입니다. 이야기를 영상미로 압축해야 하는 영화에서는 감독이 우위에 서고, 영상을 통해 이야기를 뻗어내야 하는 드라마에서는 작가의 영향력이 절대적일 수밖에요. 반대로 유명한 영화감독은 너무나 많지만 대중에게 자기 이름을 각인시킨 드라마 감독은 몇 없습니다.

그럼 우리 아이가 극작가에 관심을 기울인다면 드라마 작가 쪽으로 초점을 맞춰야 하는 걸까요? 전혀 그렇지 않습니다. 이른바 도제 시스템이 확고하고 산업 간의 벽도 공고했던 예전에는 일찍부터 특정 분야를 정해 뛰어드는 쪽이 유리했습니다. 그러나 이미 제작 과정에서 영상 매체 사이의 벽이 허물어진 지 오래입니다. 소설, 웹툰, 영화, 드라마 등등 예전 같으면 엄격히 구분되었을 작가들이 활동 영역을 넘나드는 일이 비일비재합니다. 당연히 앞으로 이런 경향은 심해질 겁니다. 우리 아이들이 사회활동을 할 시대에는 아예 시나리오 작가나 드라마 작가 같은 구분 자체가 사라질지도 모를 일입니다.

한 가지 더. 마음이 급해서 대본의 형식이나 호흡, 테크닉 등등에 대해 빨리 배우고 싶어 하는 아이들이 있을지도 모릅니다. 그런 것들은 실제 습작 단계에서 배워도 전혀 늦지 않습니다. 운동과 마찬가지로 글을 쓰는 일도 기초 체력부터 쌓은 다음 기교를 배워야 합니다. 같은 이유로, 아직 아이가 중고등학생이라면 구체적인 영화·드라마 대본 작법서는 안 읽는 편이 더 낫습니다.

구성 작가가 꿈인 아이

구성 작가라는 표현이 낯선 분도 있을 거예요. 구성 작가란 방송 작가 중에서 드라마 작가를 제외한 작가를 말합니다. 예능, 다큐멘터리, 라디오 프로그램에서 일하는 작가들이죠. 저 역시 매일 구성 작가들과 호흡을 맞추고 있습니다. 간혹 예능 작가들 중에서 드라마를 넘나드는 경우도 있습니다만, 전체 시장에서 보면 예외적인 케이스로 보입니다. 드라마 작가와 구성 작가의 일은 완전히 다르고 요구되는 자질 또한 다릅니다.

구성 작가가 되고 싶은 아이들에게는 그냥 글을 잘 쓰고 이야기를 잘 만들어내는 능력 외의 것들이 요구됩니다. 프로그램에 대한 아이디어, 연예계에 대한 이해와 흥미, 그리고 협업에 적합한 성격도 아주 중요합니다. 영화 시나리오 작가나 드라마 작가의 경우에는 아무리 괴팍한 성격의 소유자라 할지라도 글만 끝내주게 쓰면 대성할 수 있습니다. 그러나 구성 작가는 그렇지 않습니다. 매일 PD와 다른 작가들, 또 방송 진행자와 게스트들과 함께 웃고 떠들고 부딪치고 싸우고 참고 화해해야 합니다. 제가 입버릇처럼 방송국에서는 '성격도 능력'이라고 말하는 이유가 다 이 때문입니다. 물론 성격만 좋다고 되는 건 아니지만요.

PD들마다 같이 일하고 싶어 하는 구성 작가의 스타일이 다릅니다. 글맛이 좋은 작가를 선호하는 PD도 있고 두루두루 잘 어울리는 작가를 찾는 PD도 있지요. 어떤 PD는 섭외력을 최고로 치기도 합니다. 자신과 닮은 성향의 작가를 좋아하는 PD도 있고, 자신과 정반대의 성향을 가진 작가를 원하는 PD도 있습니다. 그러나 어떤 PD든 간에 공통적으로 원하는 자질이 있죠. 그건 방송이라는 일에 대한 열정입니다.

어느 분야든 안 그러냐고요? 아니요, 안 그렇습니다. 세상에는 열정이 없어도 할 수 있는 일들이 얼마든지 많습니다. 그렇다고 그런 일들이 고귀하지 못한 것도 아니고요. 심지어 영화나 드라마를 별로 좋아하지 않는 작가들도 종종 괜찮은 대본을 써내곤 합니다. 글쓰기를 끔찍하게 싫어하는 소설가도 많이 봤습니다. 그러나 구성 작가만큼은 다릅니다. 교양이든 예능이든 라디오든 그 분야의 일에 열정이 없으면 안 됩니다. 그 이유는 뭘까요?

일상이기 때문입니다. 영화나 드라마 대본은 1년 내내 매일 쓰지 않아요. 한 작품을 하고 완성하고 나면 꽤 쉽니다. 다음 작품 구상도 할 수 있고요. 제작 기간 중이라 할지라도 대본 작업 외의 시간, 이를 테면 투자나 캐스팅, 편집 등등의 단계에서 작가가 할 일은 거의 없습니다. 그러나 구성 작가는 매일매일 방송을 해야 합니다. 연 단위 기획의 다큐멘터리 정도를 빼면 주간 단위의 방송을 매번 준비해야 하고, 라디오 작가의 경우에는 매일 두 시간 방송을 준비해야 하죠. 게다가 녹화나 생방송 현장에서도 스태프로 꼬박꼬박 자리를 지켜야 합니다. 방송에 대한 열정이 없다면, 정말로 방송 자체를 즐기지 않는다면 본인으로서도 엄청난 고역입니다.

예를 들어, 연예인들의 신변잡기를 질색하는 사람이 예능 프로그램 작가로 일한다고 생각해보세요. 동물에 아무 관심이 없는 사람이 자연 다큐멘터리 작가로 일하는 경우도요. 라디오는 안 듣고 유튜브나 TV만 보는 사람이 라디오 작가라면 어떨까요? 하루하루가 얼마나 재미없고 힘들겠어요. 반대로 TV나 연예계를 정말 좋아하는 아이라면 구성 작가는 최고의 직업일 수 있습니다.

방송 작가의 세계에 대해 아이가 관심도 많고 궁금해한다면 작가들이 직접 쓴 책이 많이 나와 있으니 함께 읽어보세요. 학교에도 방송반이 있으니 이 일은 다른 직업에 비해 어렴풋하게나마 경험해볼 방법이 많습니다.

직업으로서의 글쓰기에 대한 이야기는 이쯤에서 마무리하겠습니다.

핀잔은
금물!

바로 앞의 챕터만 읽어보면, 글만 열심히 쓰면 누구나 부자가 될 수 있을 것 같지만 실상은 조금 다릅니다. 오히려 다분히 비관적일 수 있는 이 챕터가 현실 세계와 더 가까울지도 모르겠습니다.

전통 매체인 종이책을 쓰는 일만으로 생계를 꾸리는 일은 편의점 알바만으로 평생을 사는 쪽보다 더 어려울 수도 있습니다. 그냥 하는 말이 아니라 종이책의 판매량을 보면 알 수 있습니다. 국내에서 전업 작가로만 생계유지가 가능한 사람이 몇 명이나 될까요? 도전의 가치와 불가능한 꿈 등등의 구호를 종종 읊는 저로서도 제 자식에게는 그 희박한 가능성에 인생을 걸라고 말 못하겠어요. 앞에서 희망적으로 말했던 웹작가의 경우도 마찬가지입니다. 매달 수억씩 수입을 올리는 작가는 극도로 한정되어 있고 대부분의 작가들은 생계유지조차 힘든 경우가 태반입니다. 얼마 전 이런 기사가 나왔습니다. 헤드라인이 무척 자극적입니다.

'일확천금의 꿈 웹소설 작가… 어떤 이는 치킨값도 못 번다'

한 웹소설 작가의 형편을 보여주면서, 산업의 화려한 성장 이면에 가려진 대부분의 무명작가들이 겪는 생활고를 조명한 기사였습니다. 네이버나 카카오페이지 같은, 이른바 메이저 플랫폼에서 자리를 잡은 작가들을 제외한 대부분 작가들의 수익은 최저 생계비에 수렴한다는 내용도 실려 있고요. 여기에 필자도 한마디 얹자면, 자리를 잡은 이른바 네임드 작가들 경우에도 차기작을 계속 연재하지 못할지 모른다는 두려움을 늘 갖고 있습니다. 다른 작가들에 비해 덜할지는 몰라도 저 역시 그런 불안감이 들기는 마찬가지입니다. 더 나아가서는 언젠가 트렌드에서 완전히 밀려 다신 연재를 할 수 없게 될지도 모른다는 근원적 공포도 있죠. 그러나 그 정도는 직장에서 잘릴지 모른다는 불안을 안고 사는 직장인들의 공포와 비슷하니 그냥 넘어가죠.

여하튼 모든 프리랜서가 그렇듯 작가의 일 역시 마찬가지입니다. 그래서인지 웹소설 작가들은 본업이 따로 있는 경우가 많습니다. 저만 해도 그렇고, 매년 네이버에서 열어주는 웹소설 작가의 밤에 가서 친교를 쌓다 보면 별의별 직업이 다 있어요. 의사나 약사 같은 전문직에서 평범한 회사원에 이르기까지 다양합니다. 물론 오직 글로만 승부를 보겠다며 전업 작가의 길을 걸어가는 작가들도 있습니다.

전업과 부업의 장단점은 분명합니다. 먼저 제가 전업 작가들에게 부러운 점들은 이런 것들입니다. 일단 무엇보다 시간의 문제예요. 다른 일을 하면서 짬짬이 글을 쓴다는 게 말이 쉽지, 아주 단단히 습관이 되어 있지 않으면 의미 있는 수익으로까지 이어지기 힘듭니다. 전업 작가처럼 글 쓸 시간이 많다면 얼마나 좋을까 부러워했던 적이 한두 번이 아닙니다. 그리고 집중력의 문제도 있습니다. 다른 직업이 있다면 아무래도 신경이 분산되기 마련입니다. 직장에서 일이 술술 풀린다면 몰라도, 무슨 일이라도 생기면 퇴근하고 집에 와서 글을 쓸 때 방해받기 마련입니다.

전업 작가의 최대 단점이자, 반대로 부업으로 글을 쓰는 경우의 최대 장점은 수입이죠. 돈에 쫓겨서 글을 쓰면 오히려 제대로 된 글이 안 나오니까요. 게다가 심리적으로도 위축되는 경우도 많고요. 생계유지에 걱정이 없는 직장을 가진 경우엔 확실히 여유가 생깁니다. 그리고 사회생활을 하면서 얻는 경험이 글의 재료가 되는 경우도 있습니다. 오직 취재와 상상만으로 글을 써야 하는 전업 작가들에게 아쉬운 부분이죠. 여러 가지 일을 해본 제 경우는 그런 면에서는 월등히 유리합니다.

이 챕터를 쓰는 지금 제 기분은 마치 금융회사 직원이 된 것 같습니다. 펀드를 판매할 때 항상 이런 얘기를 해줘야 합니다. 이 펀드의 위험성이 어느 정도인지, 어떤 손실을 볼 수 있는지 등 주의 사항을 고객에게 안내하는 것은 금융 기관의 의무죠. 저도 그런 의무를 다하고 싶은 마음입니다. 중요한 건 선택의 문제입니다. 자녀를 잘 살펴보고 조언을 해주세요. 재능, 근성, 용기, 가치관 등등 여러 요소를 고려해서 전업이냐 부업이냐를 결정해야 합니다. 그리고 잊지 마세요. 선택에는 책임이 따릅니다.

마지막으로 한 가지 더. 아이가 전업 작가의 길을 걷겠다고 해서 반드시 문학이나 문예 창작을 전공할 필요는 없습니다.

반드시 돈이 되는 글쓰기만 해야 하나요?

이 질문은 답이 정해져 있습니다. 당연히 '그렇지 않다'는 것이죠. 군인보다 밀리터리 분야에 관심도 많고 더 해박한 민간인들이 있듯이, 독서와 글쓰기를 좋아한다고 해서 반드시 그걸 일과 연관시킬 필요는 없습니다. 오히려 독서나 글쓰기란 그것이 취미에 머무를 때 가장 고상해질 수 있으니까요. 특히 입시를 앞둔 아이들의 경우에 글쓰기가 취미가 된다면 그건 축복입니다.

이 시대는 그 어느 때보다 글쓰기를 취미로 삼기 좋은 환경이 구축되어 있습니다. 블로그도 있고 포털 사이트 카페도 있죠. 본인이 그런 환경을 직접 만드는 일도 전혀 어렵지 않고, 이미 정말 수없이 많은 분야로 분화되어 있습니다. 당연히 글쓰기 자체에 관한 카페와 블로그도 넘쳐납니다. 요즘은 '브런치'라는 공간이 인기가 높습니다. 브런치에 취미 삼아 글을 쓰다가 나중에 출판을 하는 경우도 있더군요. 꼭 스마트폰이나 PC 환경이 아니더라도 레트로한 감성으로 취미를 삼는 것도 방법입니다. 만년필이 질 좋은 종이에 사각거리는 느낌은 제아무리 비싼 스마트폰으로도 흉내 낼 수 없으니까요.

이 시점에서 어느 두 청년의 이야기를 들려드릴까 합니다.

유난히 차를 좋아하던 고등학생이 있었습니다. 그런데 이 아이가 차에 대한 애정을 표현하는 방법이 좀 특이했죠. 자동차 사진 찍기였어요. 어린 시절부터 이어져온 이 학생의 취미였습니다. 아이는 열정과 카메라는 있었지만 찍을 차가 없었어요. 그래서 우리나라 최대 자동차 커뮤니티에 이런 제목의 글을 올렸죠.

'고딩입니다. 찍을 차가 없습니다. 슬픕니다. 회원님들의 차량을 제가 찍어드리고 싶습니다. 물론 무료로요.'

반신반의하면서 학생에게 자동차 사진을 맡긴 회원들은 사진의 퀄리티에 깜짝 놀랐습니다. 아이는 그 결과물을 종종 게시판에 올렸고 반응은 점점 뜨거워졌죠. 언제부터인가는 우리나라 자동차 회사는 물론이고 BMW, 벤츠, 재규어 등등 수입차 회사들로부터 작업 의뢰가 들어오기 시작했습니다. 그렇게 이 아이는 19살에 자동차 사진 전문 포토그래퍼가 되었습니다. 이것은 백건우 작가에게 2년 동안 벌어진 실화입니다. 세상에! 뉘집 아들이길래, 얼굴은 또 얼마나 잘 생겼는지! 검색해보시기를.

또 한 아이를 소개합니다. 이 아이는 자동차가 아니라 신발에 미쳐 있었어요. 그 아이 역시 신발 사진 찍기를 좋아해서 동호회까지 운영하기에 이르죠. 어린아이답게 동호회 이름도 직설적입니다. '무진장 신발 사진 많은 곳.' 이 아이는 대학에서도 패션 디자인을 공부하고 내친김에 동호회 이름으로 작은 회사를 만들어버립니다. 긴 이름을 줄여 일명 '무신사'라 부르죠. 동대문 시장에서 조달해온 옷이나 신발을 파는 쇼핑몰로 시작한 이 회사의 지금 상황은 어떨까요?

무신사는 2019년 11월 한국의 열 번째 유니콘 기업으로 등록되었습니다. 유니콘 기업이란 기업가치 10억 달러 이상인 비상장 스타트업 회사를 말합니다. 글로벌 벤처캐피털 회사로부터 수천억 원대의 투자를 받기도 하는 무신사의 현재 기업 가치는 2조 원대. 민망하게도 제가 다니는 방송국 SBS의 기업 가치보다도 몇 배나 더 크네요. 현재 무신사에는 3,500개가 넘는 브랜드가 입점해 있고 회원 수는 500만 명이 넘습니다. 더욱 막강한 지점은 회원의 70퍼센트가 10~20대라는 것이죠. 젊은 세대로부터 처절하게 외면당하고 있는 지상파 방송국으로서는 그 흡인력이 미치도록 부러울 뿐입니다.

어린 나이에 무서울 정도로 성공한 두 젊은이의 공통점은 바로 취미입니다. 처음에는 그저 취미에 푹 빠졌고 돈을 벌 생각도 없었지요. 미치도록 뭔가를 열심히 하다 보니 자연스럽게 비즈니스와 접점이 생긴 겁니다. 우리 아이들이 살게 될 미래에는 이런 식의 성공 루트가 더 자연스러워질 겁니다. 어린 시절의 독서와 글쓰기라는 취미 역시 상상할 수 없는 방식으로 사업화될지도 모를 일입니다. 그러니 꼭 독서나 글쓰기가 아니더라도, 뭐든 취미를 응원해주세요. 응원해줄 마음이 도저히 안 생긴다면 방해는 말아주세요. 대학 가는 데 도움도 안 되고 돈벌이도 안 된다며 핀잔을 주는 일은 절대 금물입니다.

같은 엄마 아빠들에게
작은 도움이 될 수 있기를

역사 덕후인 저는 어린 시절부터 불혹을 훌쩍 넘긴 지금까지, 수많은 역사책을 섭렵했습니다. 빌 브라이슨의 재치가 돋보이는 역사 이야기도 좋았고, 하워드 진의 날카로운 시선이 압권인 역사서도 좋았습니다. 사마천의 비분강개가 묻어나는 《사기》도 흥미진진했고, 《곰브리치 세계사》는 달달해서 좋았습니다.

이렇듯 제가 사랑했던 수많은 역사책 가운데, 제 마음을 오롯이 사로잡은 주인공은 자와할랄 네루의 《세계사 편력》입니다. 인도 독립운동 중 수감된 네루는 딸에게 편지를 보내기 시작합니다. 아버지 네루는 물론이요 어머니, 할머니, 할아버지 모두 독립운동을 하다 수감되었기 때문에, 네루의 딸은 외로운 하루하루를 보내야만 했습니다. 그런 딸을 위로하기 위해 3년이란 수감 기간 동안 무려 백아흔여섯 번 편지를 보냈고, 이를 엮어 만든 책이 바로《세계사 편력》입니다.

훌륭한 책이긴 하지만, 역사 관련 서적 가운데 천상천하 유아독존은 아닙니다. 그럼에도 제가 첫손에 꼽는 이유는, '아버지가 딸에게 들려주는 역사 이야기'라는 독특한 형식 때문입니다. 비록 독립운동을 하다 투옥된 신산한 신세이지만, 딸에게만큼은 세상의 이치를 올바르게 알려주려는 애비의 사랑과 절절함이 묻어나는 책입니다.

졸고를 준비하면서, 그 어느 때보다 저는 행복했습니다.

'왜일까?' 의아하더군요. 벌써 여섯 번째 책인데, 마치 처음 책을 출간하던 그때처럼 들뜨고 신났습니다. 곰곰이 이유를 생각해보니, 한 가지 답이 떠올랐습니다. 제 아들 지우와 함께 만든 책이기 때문에, 유독 신명나게 자료를 찾고 분석하며 원고를 써내려갈 수 있었던 겁니다. 백아흔여섯 통의 편지를 보내는 네루의 심정으로, 한 챕터 한 챕터 아들과 교감하며 채워나갔습니다.

언젠가 아들과 함께 한라산에 오른 적이 있습니다. 성판악 휴게소에서 출발해 한 걸음 한 걸음을 디뎌 백록담 정상에 올랐을 때, 그 당시 느낀 성취감은 이루 말할 수 없을 정도로 뜨거웠습니다. 이마와 등허리를 타고 흐르던 땀을, 한라산 정상의 바람이 시원하게 식혀주었습니다. 그 순간 느껴지던 행복감이란! 이번 원고를 탈고하며 다시금 만끽했습니다.

백아흔여섯 통의 편지를 받은 네루의 외동딸 인디라 간디는 훗날, 인도 최초의 여성 총리가 됩니다. '이 책을 완독하면 당신의 자녀도 총리가 될 수 있다'라는 사탕발림을 하려는 게 아닙니다. 인디라 간디가 만약 행복한 삶을 살았다고 회고한다면 단언컨대, 총리 자리에 올랐기 때문이 아니라 사랑으로 가득 찬 백아흔여섯 통의 편지를 받았기 때문일 겁니다.

　　희부윰 동트는 새벽, 졸린 눈을 비비며 출근해서 야근에, 회식에, 만원 버스에, 피로에 절어 귀가하는 엄마, 아빠에게 조금이라도 도움이 되었으면 좋겠다는 바람으로, 원고를 한 땀 한 땀 채워나갔습니다. 여러분이 여러분만의 백아흔여섯 통의 편지를 힘겹게 써나갈 때, 졸고가 조금이라도 힘을 보탤 수 있다면 더할 나위 없는 기쁨일 겁니다.